乳幼児・児童の心理臨床

小林真理子・塩﨑尚美

乳幼児・児童の心理臨床('17)
©2017　小林真理子・塩﨑尚美

装丁・ブックデザイン：畑中　猛

まえがき

　日本の社会における子どもをとりまく状況は，この十数年に大きな変化を遂げてきています。それにともない，心理臨床の場で出会う子どもの姿が変化し，現れる問題も姿を変えてきました。

　核家族化や家族の孤立は，都市部ではすでに当たり前の状況になっています。加えて，育児期の共働き世帯は増加し，イクメンブームのような父親の育児参加啓発によって，子どもは母親だけが育てるのではなく，父親も共に子育てをし，保育所も協力して共同で子どもを育てるという考え方が浸透してきました。また子育て支援の制度も，社会で子どもを育てるという指向を強めています。その一方で，離婚率が高くなり，ひとり親家庭や再婚家庭は増加しています。つまり，子育てや親子関係のあり方は非常に多様になり，何を基準にすればいいのか分からず，迷い混乱する親子も増えています。そうした確かな基盤のなさが，育児ストレスや育児期の親の抑うつ，さらには児童虐待の原因にもなっています。そして，子どもたちの表す問題を一層複雑にしています。また，発達障害と診断される子どもが増加する中で，発達障害の診断基準が変遷を重ね，支援に携わる者の間にも，戸惑いや混乱が生じています。

　このような中で，心理臨床に期待されること，臨床心理士が担うべき役割もますます多様になってきました。働く領域も医療・教育領域だけでなく，福祉領域（児童相談所や児童福祉施設）や子育て支援や保育カウンセリング，災害後の心理支援，離婚家庭やひとり親家庭の支援など多岐にわたってきています。それにともない，それぞれの領域において臨床心理士に期待される役割も多様化しており，現場に合わせて働くスタイルを柔軟に変えることも求められています。さらに，支援の方法も，基本的な親面接や遊戯療法に加えて，認知行動療法やグループアプロー

チ，コミュニティアプローチなど，新しい技法を学び身につけていかなければ，適切な支援ができなくなってきています。

　こうした変化を受けて，このたび『乳幼児・児童の心理臨床』は内容を大幅にリニューアルして開講する運びとなりました。本科目では，心理臨床の基本として従来から変わることなく学ぶ必要のある発達理論や，遊戯療法に加えて，近年注目されているトピックスをとりあげ，さらに，様ざまな臨床現場における臨床心理士の役割についても学ぶことができるように構成されています。個人から家族，グループへの関わり，さらには，コミュニティの中での他職種との協働まで，これからの心理臨床はますます多様化していくことでしょう。そうした社会のニーズに応えることのできる臨床家になるために，本科目の学びが活かされることを願っています。

　なお，心理臨床の仕事は，働く現場によって使用される名称が異なっています。本書では，各現場の仕事をありのままに理解してもらうため，あえて名称を統一せず，「臨床心理士」「心理士」「心理職」「臨床家」「セラピスト」など，その現場で用いられている名称をそのまま用いています。

　本書の作成にあたり，最後まで細やかな編集作業をして下さった西谷恒志氏，放送教材作成に当たり，心強いサポートと配慮をして下さったプロデューサーの佐伯友弘氏，ディレクターの山野晶子氏，千葉くらら氏，技術スタッフの皆様に，この場を借りて心より御礼申し上げます。また，お忙しい中，快く取材に応じて下さいました各機関の皆さまに，深く感謝申し上げます。

執筆者を代表して

2016年10月
小林真理子
塩﨑尚美

目次

まえがき　　小林真理子・塩﨑尚美　3

1　子どもを取り巻く現状と心理臨床
　　　　　　　　　　　　　　　　　｜ 小林真理子　10

1. 子どもを取り巻く現状　10
2. 子どもの心理的問題　12
3. 子どもの心理臨床の視点と場　18

2　乳幼児期・児童期の心の発達　｜ 塩﨑尚美　26

1. 乳幼児期の子どもの発達過程　26
2. 児童期の心の発達　38
3. まとめ　40

3　子どもの心理療法1　遊戯療法
　　　　　　　　　　　　　　　　　｜ 吉田弘道　42

1. はじめに　42
2. 遊戯療法の歴史　42
3. 遊戯療法の意義　43
4. 遊戯療法の目的　47
5. 遊戯療法におけるアセスメント　50
6. 遊戯療法の構成要素　56
7. おわりに　60

4 子どもの心理療法2　親面接　| 吉田弘道　64

1．はじめに　64
2．親面接の目的　65
3．親面接の流れ・進行過程　68
4．セラピストの基本的態度　76
5．親面接の学び方　77

5 子どもの心理療法3　認知行動療法
| 小林真理子　82

1．子どもの認知行動療法とは　82
2．子どもの認知行動療法における工夫　83
3．ケースフォーミュレーション　86
4．子どもの認知行動療法の実際　87
5．認知行動療法を用いた予防プログラム　94

6 子どもの心理療法4　グループアプローチ
| 村松健司　100

1．グループアプローチの意義　100
2．グループアプローチの実践　105
3．子どもの成長を育むグループ体験　110

7 トピックス1　児童虐待　　村松健司　116

1. 我が国における対応　116
2. 児童虐待の分類　118
3. 児童虐待の現状と予防　119
4. 虐待の影響と支援　121
5. アタッチメントと児童虐待　124
6. 児童虐待と発達障害　125
7. 虐待を受けた子どもの学力と学校問題　127

8 トピックス2　発達障害　　塩﨑尚美　138

1. 発達障害の特徴と診断名　138
2. 発達障害のアセスメント　145
3. 発達障害の支援　148
4. まとめ　150

9 トピックス3　ひとり親・再婚家庭の子ども　　塩﨑尚美　156

1. ひとり親家庭の現状　156
2. 離婚が子どもに及ぼす影響　158
3. 親の離婚を経験する子どもの支援　161
4. 再婚家庭と子ども　165
5. 離婚家庭支援プログラムの実際　167
6. まとめ　168

10 トピックス4　災害後の子どもの心理支援　｜ 小林真理子　175

1. サイコロジカル・ファーストエイド　176
2. 東日本大震災後の心のケアモデル　179
3. 震災後の子どもの心理的支援　181

11 臨床現場から1　子育て支援・保育カウンセリング　｜ 塩﨑尚美　195

1. 乳幼児を取り巻く日本社会の現状　195
2. 臨床の場の紹介　199
3. それぞれの現場から　204
4. まとめ　209

12 臨床現場から2　教育センター・教育相談室　｜ 小林真理子　213

1. 教育領域における心理的支援　213
2. 教育相談における心理職の役割　216
3. 北区教育委員会・北区立教育相談所　218
4. 立川市子ども未来センター　222

13 臨床現場から3　児童福祉施設・児童相談所
　　　　　　　　　　　　　　　　　　　｜ 村松健司　231
　　1．児童福祉の概要　231
　　2．入所児童への支援　237

14 臨床現場から4　小児科・児童精神科
　　　　　　　　　　　　　　　　　　　｜ 小林真理子　251
　　1．小児医療における心理的支援　251
　　2．チーム医療における心理士の役割　256
　　3．自治医科大学とちぎ子ども医療センター　260

15 子どもの心理臨床のこれから　｜ 塩﨑尚美　270
　　1．子どもを取り巻く環境の変化　270
　　2．予防的介入　272
　　3．他職種との連携からチーム支援へ　276
　　4．危機支援　279
　　5．コミュニティ支援　280
　　6．おわりに　283

索　　引　287
コラム執筆協力者リスト　291

1 | 子どもを取り巻く現状と心理臨床

小林真理子

《目標&ポイント》 子どもを取り巻く状況は,虐待や貧困,いじめや不登校,災害によるトラウマなど様ざまな問題が山積し厳しいものとなっている。そのような社会に生きる子どもを対象とした心理臨床の領域を紹介するとともに,子どもの援助者として大切な視点や姿勢について考える。
《キーワード》 不登校,いじめ,生物─心理─社会モデル,心理臨床の視点

1. 子どもを取り巻く現状

　現代の高度情報化,急激な少子化と核家族化の進展などにより,子どもの生活や周囲の人との関わり方に変化が起きている。また不安定な経済・雇用形態や離婚などによる貧困の問題,児童虐待の問題,さらに頻発する自然災害による影響など,子どもを取り巻く社会の現状は厳しい。このような社会の中で,子どもはどのような育ちをしているのだろうか。

(1) 子どもとメディア

　現在の子どもの育ちを考える上で,メディアの使用がよく俎上にあげられる。メディアの中でもスマートフォンの使用は,急激に伸びており,それを使用する母親とともに過ごす乳幼児にも使用が広がっている(図1-1)。

　文部科学省(2011)「コミュニケーション教育推進会議審議経過報告」によると,メディアの影響による直接的な対人コミュニケーションの機

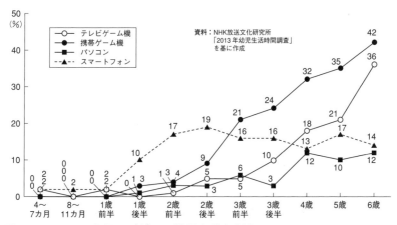

図1-1　0〜6歳児のデジタル機器を使う割合
(出典：日本子ども家庭総合研究所編『日本子ども資料年鑑　2015』KTC中央出版, p.322)

会が減少することにより，人間関係を形成する力が不足してきていると指摘されている。また，「小学生・中学生の意識に関する調査報告書」では，「直接だと言えない事も，携帯電話やメールなら言えると思う」に小学生では約4割，中学生では半数近くが該当する（「あてはまる」と「まああてはまる」）と回答している（内閣府, 2014）。現代の子どもたちは，体験活動や外遊びを通した相手との直接的なコミュニケーションの機会が減っており，メディアが気軽に利用できる一方で，直接相手に言いたいことを言い出せないなど，対人面での生きづらさを抱え，常に緊張を強いられていると言えるかもしれない。ネットによるいじめは増加・深刻化しており，犯罪に結び付いてしまうこともあり，その予防対策とともに，いじめの対象となった子どものケアが急務である。

　一方で，メディアは使い方次第であり，否定的側面ばかりではない。学校ではタブレット端末などのメディアを用いた教育が推進されている。

また、家庭においても、関係の希薄な親子やひとり親家庭の親子のコミュニケーションを豊かにする可能性も秘めている。どのように学校や家庭でのコミュニケーションにメディアを生かし、子どもに肯定的な影響をもたらすようにするかについて、調査研究を重ねて検証していく必要があろう。

（2） 子どもの生活時間—忙しい子どもたち

　子どもの放課後の過ごし方について、ベネッセ教育総合研究所「第2回放課後の生活時間調査」（2013）によると、2008年調査時と比較して、小学生・中学生ともに、外遊び・スポーツの時間が減少していた一方で、小学生の8割が塾や習い事に行っている。また、同調査では、半数が就寝するのは小学生で22時、中学1・2年生で23時、中学3年生は23時45分となっていた。日本学校保健会（2014）の調査では、睡眠不足を感じている児童の割合は小学校低学年でも2割近くおり、中学生では5〜6割に達している。睡眠不足の理由は小学生では「なんとなく夜更かし」、「宿題や勉強」、「家族の寝る時間が遅い」が上位に挙がっている。そして、生活に対する子どもの意識として、「忙しい」「もっとゆっくり過ごしたい」と感じる小学生、中学生が半数を超えている。総じて、毎日の生活を「忙しい」と感じる子どもが増加し、「行動の内向き化」の傾向が指摘され（ベネッセ教育総合研究所, 2013）、心にゆとりが持てない子どもたちが増えていると言えるだろう。

2. 子どもの心理的問題

　2015年12月にまとめられた文部科学省の「学校における教育相談に関する資料」によると、学齢期の子どもを取り巻く問題状況として、いじ

め，不登校，暴力行為，自殺，児童虐待，子どもの貧困が取り上げられている。児童虐待や子どもの貧困については，他の章（7章，15章）で詳しく述べるので，ここでは学校生活に関する問題を取り上げる。発生件数が多く重要視されているのは，不登校といじめである。いずれも友人関係の困難がきっかけとなることが多く，子どもたちの仲間関係を見守りつつ，その変化に注意を払うなど，周囲の慎重な関わりが必要である。また，近年では，攻撃性・衝動性をコントロールすることが難しい子どもが増えており，小学校での暴力行為の件数が増加しているという現状がある。

①不登校[注1]

　文部科学省の調査報告によると，2014年度の「不登校」を理由とする児童生徒数は，小学校で25,864人（前年度24,175人）であり，在籍者数に占める割合は0.39％（前年度0.36％），中学校では97,033人（前年度95,442人），割合は2.76％（前年度2.69％）であり，増加傾向にある（文部科学省，2015e）。不登校になったきっかけと考えられる状況としては，小学校では，「不安などの情緒的混乱」が36.1％，「無気力」が23.0％，「親子関係をめぐる問題」が19.1％となっている（同，2016）。同調査によると，不登校との関連で新たに指摘されている課題として，保護者によるネグレクトや発達障害による学校適応の困難が挙げられている（同，2015a）。

　不登校の要因について，小学校低学年では，幼児期の登園拒否として生じる現象と同じく分離不安によるものが多く，家庭外の対人関係の不足など家庭環境が絡んでいることもある。高学年になると，友人関係の困難や学業でのつまずき，過剰適応など，不登校の要因は多様になり，それらが複雑に絡まりあって生じるようになる。子ども本人・家族・学

14

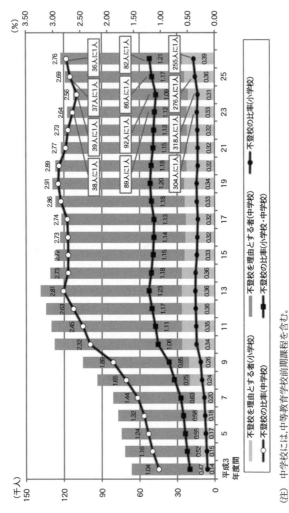

(注) 中学校には,中等教育学校前期課程を含む。

図1−2 全児童生徒数に占める「不登校」を理由とする者の割合の推移

(出典：文部科学省 平成27年度学校基本調査を基に作成)

校に関わる要因や関係をアセスメントし，子ども本人や保護者へ個別に関わるとともに，家庭や学校などの環境を調整することが求められよう。

注1：「不登校」とは，文部科学省（2015a）の定義によると，「何らかの心理的，情緒的，身体的あるいは社会的要因・背景により，登校しない，あるいはしたくともできない状況にあるため年間30日以上欠席した者のうち，病気や経済的な理由による者を除いたもの」をいう。そして，2016年2月には，不登校の実態をより詳細に把握するため，従来の「30日以上欠席」に加え，「90日以上欠席」，「出席日数が10日以下」，「出席日数が0日」という新たな調査項目を設けることに決めたことが発表された。

②いじめ[注2]

　小学校高学年になると，仲間と集団を作り，連帯感を保つことが重要になってくる。そこで同調性への圧力が強まり，微細な異質性であっても排除しようとする心性が働きいじめへと発展することがある。いじめは隠れて行われ，いじめられている子どもが事実を語らないことも多いため，周囲の大人が見つけることは難しい。いじめは決して許されないことであるが，どの学校にも，どの子どもにも起こりうる問題であるという認識の下，学校での調査が強化されている。

　文部科学省の調査（2016）によると，2014年度のいじめの認知件数は，小学校122,734件（前年度118,748件），中学校52,971件（前年度55,248件）であり，特に小学校において増加している。いじめの態様には，言葉によるもの，暴力によるものが上位を占めるが，パソコンや携帯電話などを使ったいわゆる「ネットいじめ」も小学校で1.3％，中学校では7.8％存在している。小学校での発見のきっかけは，子どもへのアンケート調査などの学校の取組によるものが55.5％で最も多く，本人からの訴えは

14.8％，学級担任の発見は12.5％となっている。スクールカウンセラーなどの相談員は，いじめられた子どもへの対応だけでなく，いじめた子どもに対しても，継続的にカウンセリングを行うことが増えてきている。また教育委員会や児童相談所などの関係機関との連携も増えている。

　深刻化するいじめに対応するための方法の一つとして，文部科学省（2013）は，子どもたちが全国どこからでも，いつでも相談できる「24時間子供SOSダイヤル」という全国共通番号の相談ダイヤルを設置している（0120-0-78310）。2013年度の利用実績は表1-1のとおりであった。1年間の相談件数は約13万件であり，不明なものを除き，子ども本人よりも保護者の相談の方が多いことが分かる。相談内容別に見ると，子どもは，いじめ問題が2,616件と最も多く，友人関係1,584件，家庭の問題933件の順に，保護者は不登校への対応が5,313件，いじめ問題が4,355件，友人関係2,710件，家庭の問題2,630件の順であった。相談者の

表1-1　24時間子供SOSダイヤルの相談実績

文部科学省調べ（平成25年度実績）

（単位：件）

相談者	相談内容								計
	不登校への対応	いじめ問題への対応	暴力行為への対応	友人関係	家庭の問題	学業・進路	その他	相談内容の区別をしていないもの，または不明なもの	
児童の相談人数	438	2,616	44	1,584	933	390	6,022	801	12,828
保護者の相談人数	5,313	4,355	242	2,710	2,630	2,137	11,936	1,061	30,384
相談者の区別をしていないもの，または不明なもの	7,065	5,632	94	1,863	2,695	2,924	40,522	25,503	86,298
計	12,816	12,603	380	6,157	6,258	5,451	58,480	27,365	129,510

（出典：文部科学省（2015）学校における教育相談に関する資料）

区別が不明である件数が多いのは，匿名性を重んじる電話相談の特徴であろう。

　子ども時代にいじめられた経験が心の傷（トラウマ）となって，その後の対人関係に困難さを抱えてしまうことも少なくない。子どもが勇気を出していじめ被害について話してくれた際，周囲の大人は批判せずにじっくりと話を聴き安心できる心の拠り所を提供してほしい。

注２：「いじめ」とは，文部科学省によると，いじめ防止対策推進法の施行に伴い，平成25年度から「児童生徒に対して，当該児童生徒が在籍する学校に在籍している等，当該児童生徒と一定の人的関係のある他の児童生徒が行う心理的又は物理的な影響を与える行為（インターネットを通じて行われるものも含む）であって，当該行為の対象となった児童生徒が心身の苦痛を感じているもの。なお，起こった場所は学校の内外を問わない」と定義されている。さらに，「『いじめ』の中には，犯罪行為として取り扱われるべきと認められ，早期に警察に相談することが重要なものや，児童生徒の生命，身体又は財産に重大な被害が生じるような，直ちに警察に通報することが必要なものが含まれる。これらについては，教育的な配慮や被害者の意向への配慮の上で，早期に警察に相談・通報の上，警察と連携した対応を取ることが必要である。」とされ，子どもに関わる大人の役割・義務についても述べている。

③暴力行為

　子どもの暴力行為の低年齢化が懸念されている。文部科学省の調査（2016）では，学校内外における暴力行為発生件数は，小学校で2006年に約3,803件だったものが増加し続けて，2014年には11,472件となっている。そのうち，7,118件が児童生徒間で発生し，次いで2,151件が対教師暴力であることが分かった。暴力の背景として，幼少期からの暴力的な

環境（虐待や両親間のDV），学校や家庭でのストレス，周囲からの過剰なプレッシャーなどが挙げられる。またAD/HD（注意欠如・多動性障害）といった衝動性のコントロールが難しい場合の問題も指摘されている。

　暴力を行った子どもへの対応として主に，学校の担任や管理職による指導がなされるが，これに加えてスクールカウンセラーなどの相談員がカウンセリングを行う場合もある。近年では，アンガーマネジメントといった，子どもが怒りや不安などの感情をコントロールするプログラムやソーシャルスキルトレーニングが提唱され，取り入れる学校も増えてきている（5章参照）。子どもを叱責するのではなく，置かれた状況を理解し子どもの抱える不安やストレスを軽減していくこと，ネガティブな感情との付き合い方を学ぶ機会を提供することが必要である。自分の感情をコントロールするスキルを学び，人との良好な関係が構築できるようになったとき，その子どもは自己肯定感を得ることになるだろう。

3. 子どもの心理臨床の視点と場

　これまで見てきたように，子どもの問題は様ざまな形で現れる。頭痛や腹痛，アレルギーなど身体症状として現れることもあれば，不安やうつなどの精神症状，不登校やひきこもりといった不適応行動，あるいは暴力行為や非行など反社会的な行動として現れることもある。子どもの問題の背景には，子ども自身の要因とともに，家庭や学校，地域など子どもが置かれている環境の問題があり，それらは複雑に絡まり合っている。問題の原因は一つではなく，また原因がはっきりしないことも多く，表出された問題のみに着目するのではなく，その背景も含め多面的に見ていく必要がある。

（1） 生物－心理－社会モデル

問題を整理し，対応していく際の視点として，「生物―心理―社会モデル」(Bio-Psycho-Social model: Engel, G.H., 1977) が役立つだろう。人間の存在を，①生物的存在，②心理的存在，③社会的存在として統合的に見ようとする立場から，生じている問題を，①生物的要因，②心理的要因，③社会的要因という3つの観点から捉えようとする。①の観点では，問題を遺伝や神経学的な要因などによる身体的な病気として捉え，該当する場合には薬物療法や身体的な治療を行う（生物的アプローチ）。②の観点では，心理的な葛藤やストレスなどの要因を考え，カウンセリングや心理教育などの心理的支援を行う（心理的アプローチ）。③の観点では，家庭や学校，地域といった社会的要因を検討し，環境調整やコミュニティ支援を実施する（社会的アプローチ）。問題や病気はこれらの要因が相互に絡み合い複合的に生じており，3つの観点から見ていくことで，問題を抱えたその人を偏りなく統合的に見て対処していくこと

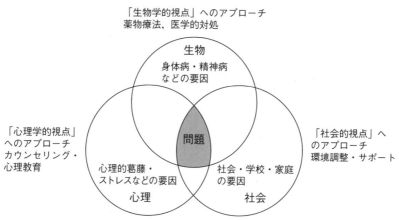

図1-3 生物―心理―社会モデル
（出典：武藤安子・井上果子（2005）『子どもの心理臨床―関係性を育む―』建帛社，p.28）

が可能になる。

　子どもは心身未分化であり，心の問題が身体症状として表出されることは多い（①と②の重なり）。また，子どもは家庭と学校という狭い世界で大人の庇護のもとに生きている。不適切な養育や学校でのいじめなど，その環境がうまく機能していない場合でも，成人と違って，そういう環境から逃れたり変えたりすることはできず，家庭環境や学校環境が与える影響は非常に大きい（②と③の重なり）。幼児虐待のような深刻な状況が続く場合，その影響は脳の発達にも大きなダメージを与えることが，最近の研究で示されている（友田，2011）（①と②と③の重なり）。私たちは，偏った見方で大事な兆候を見落とすことがないように，これらの要因を一つ一つ丁寧にアセスメントし，必要な複数のアプローチを並行して行っていくことが必要である。その中で，私たちは「心の専門家」として，どのような状況でも「心理的」視点が失われないよう，バランスを取り，子どもの心理的成長に寄与していくことが求められよう。

（2）　子どもの発達への視点

　もう一つ大切な視点は，子どもは日々成長発達しているという視点である。子どもの成長・発達は，大人とは違って本来，心身ともに上向きの著しい変化を伴う過程である。育児相談のフォローアップの際など，半年後に再会すると見違えるように身体が成長し，言葉やできる活動が増えていて驚くことは多い。対象となる子どもが今，何歳・何年生なのか，身体的・心理的・社会的な発達段階のどのあたりにいるのかを常に考慮しておく必要がある（2章参照）。心理臨床の場で出会う子どもたちは，何らかの問題や症状を抱え，その解決・軽減を求めて来談するため，そのネガティブで病理的な面に目が向きがちとなる。もちろん問題を探り原因を分析することは必要な作業であるが，それだけでは十分と

は言えない。子どもはどのような状態にあっても，日々成長している存在であることを忘れずに，子どもの持っている能力や可能性についてのアセスメントをすることが重要である。成長可能性を視野に入れた，より多面的な視点からのアセスメントは，生きづらさを抱えている子どもや家族が，新たな方向性を見いだすための風穴を開けることにつながるだろう（小林，2013）。

(3) 子どもを対象とした心理臨床の場

このような子どもの深刻化，複雑化する心理的な問題に対する受け皿としての役割が，様ざまな現場で働く心理職に期待されている。

1）乳幼児期－コミュニティ支援

子育て相談機関，保健センター，保育カウンセラー，児童相談所などがある。乳幼児健診では子どもの発達チェックや親の育児相談などに関わり，子どもの愛着に関する問題，排泄自立にまつわる問題，就園などの新しい環境へのストレス反応，幼児期に顕在化する発達障害などについての知識と対応が求められる。子ども本人よりも母親の育児困難への対応など養育者への支援が主になることも多い。早期からの子育て支援は問題の予防の観点からも重要な領域である（11章参照）。

2）児童期－学校・教育における支援

学校現場では，1995年よりスクールカウンセラー事業が始まり，現在もスクールカウンセラーや相談員の配置が拡充され，小学校への配置割合が年々増加している（図1－4）。子どもをめぐる多くの課題に対応するため，文部科学省は2015年，スクールカウンセラー（SC）とスクールソーシャルワーカー（SSW）の配置を拡充し支援体制を充実させる

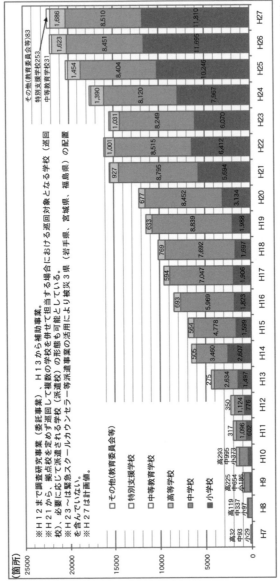

図1-4 スクールカウンセラーの配置状況（出典：文部科学省（2015）学校における教育相談に関する資料）

方針を打ち出した。また,「チーム学校」の構想も検討されている（15章参照）。

　また,学校に密接に関わる相談機関として,全国に公立教育相談機関が設置され,心理士が相談を受けている（12章参照）。近年,学習障害や注意欠如・多動性障害,自閉症スペクトラム障害など,学校適応に困難を抱える子どもが増加し,特別支援教育の推進がなされている。これらの発達障害の二次障害として不登校やいじめ,暴力の問題が生じる場合もあり,心理士は個々の子どもに合った支援を行う役割も担っている。

3）　医療機関・福祉機関

　子どもの身体の病気や心の病気の治療に関わる小児医療の領域でも心理士はチーム医療の一員として多職種との協働の中で,子どもと家族の心理面での支援をしている（14章参照）。さらに,近年,新しい領域として児童養護施設においても虐待を受けた子どもへの心理的ケアをする職種として心理士が関与するようになり実績を積んできている（13章参照）。

まとめ

　子どもと家族をめぐる多くの課題に向き合っていくために,心理臨床の視点は不可欠であり,社会からの要請も非常に高まっている。本章では主に学齢期の子どもや学校に関する状況を述べてきたが,乳幼児・保育領域（11章）,教育領域・教育相談（12章）,福祉領域（13章）,小児医療領域（14章）については,それぞれの章で臨床現場の紹介も含めて詳しく述べられている。実際にはどの領域にもまたがる課題が多く（それらのいくつかはトピックスとして7～10章に取り上げている）,領域を超え,多職種が協働した重層的な支援が必要である。心理職の置かれ

る状況やニーズは変化しており，その流れを受け入れつつ柔軟に対応していかなければならない。社会のニーズを受けてアプローチも多様になってきている。例えば，従来の個別の遊戯療法（3章）や親面接（4章）に加えて，認知行動療法（5章）やグループアプローチ（6章）のような技法の発展も期待されるようになってきた。その基本として，目の前の子どもが少しでも生きやすくなるように，専門的な技量を高める努力をしながら，心理臨床的な関わりを積み重ねていくことが肝要である。

学習課題

1. 子どもを取り巻く社会の変化が，子どもの育ちに与える影響について，いろいろな資料に当たって調べてみよう。
2. 子どもの問題に対する心理臨床的視点について，大切なポイントをまとめてみよう。

引用文献

Engel, G.H.(1977). *The Need for a New Medical Model*: A challenge for Biomedicine. Science, 196, 129-136.
小林真理子（2013）.「心理療法とアセスメント（2）子どもの場合」大場登・小野けい子（編）『臨床心理面接特論』放送大学教育振興会
武藤安子・井上果子（2005）.『子どもの心理臨床―関係性を育む―』建帛社
友田明美（2011）.『いやされない傷―児童虐待と傷ついていく脳』診断と治療社

参考文献・参考サイト

ベネッセ教育総合研究所（2013）.「第2回放課後の生活時間調査」
文部科学省（2011）.「コミュニケーション教育推進会議審議経過報告」
　http://www.mext.go.jp/b_menu/houdou/23/08/_icsFiles/afieldfile/2011/08/30/1310607_2.pdf
文部科学省（2013）.「24時間子供SOSダイヤルについて」
　http://www.mext.go.jp/ijime/detail/dial.htm
文部科学省（2015a）.「不登校児童生徒への支援に関する中間報告」
　http://www.mext.go.jp/component/b_menu/shingi/toushin/_icsFile/2015/09/07/1361492_01.pdf
文部科学省（2015b）.「学校における教育相談に関する資料」
　http://www.mext.go.jp/b_menu/shingi/chousa/shotou/120/gijiroku/__icsFiles/afieldfile/2016/02/12/1366025_07_1.pdf
文部科学省（2015c）.「平成27年度学校基本調査（確定値）の公表について」
　http://www.mext.go.jp/component/b_menu/other/__icsFiles/afieldfile/2016/01/18/1365622_1_1.pdf
文部科学省（2016）.「平成26年度児童生徒の問題行動等生徒指導上の諸問題に関する調査」について
　http://www.mext.go.jp/b_menu/houdou/28/03/__icsFiles/afieldfile/2016/03/01/1367737_01_1.pdf
内閣府（2014）.「小学生・中学生の意識に関する調査報告書」
NHK放送文化協会（2013）「2013年幼児生活時間調査」
　https://www.nhk.or.jp/bunken/summary/yoron/lifetime/pdf/130904.pdf
日本学校保健会（2014）.「平成26年度児童生徒の健康状態サーベイランス事業報告書」
日本子ども家庭総合研究所編（2015）.「日本子ども資料年鑑2015」

2 | 乳幼児期・児童期の心の発達

塩﨑尚美

《目標&ポイント》 乳幼児期から児童期の子どもを対象とした臨床実践においては，心の発達についての理解が必要不可欠である。この章では心理臨床を実践する上で理解しておくべき，心の発達の諸理論を概説する。
《キーワード》 アタッチメント（愛着）理論，分離―個体化理論，自己感の発達，心理・社会的発達理論，発達課題

1. 乳幼児期の子どもの発達過程

　誕生から就学前までの乳幼児期は，心身ともに大変大きな変化を遂げる時期である。身体的には歩行ができるようになり，さらに走ったりジャンプしたり様ざまな運動機能が飛躍的に成長していく。また，指先が器用になり，食事，衣類の着脱などの自立が進む。言語を獲得し，それを使ってコミュニケーションを取ることができるようになる。そうした各領域の発達と心理的発達は相互に影響しあうものであるが，そのような発達過程については，他の講義で学ぶことができるので，ここでは表2-1に概略を示し，心理的な発達のみに焦点を当てて学んでいく。なかでも臨床実践に役立てられる，養育者との関係における発達理論を中心に紹介し，養育的な環境と乳幼児との相互作用が，乳幼児の心的表象をどのように発達させ，その後の発達過程において自己や社会の理解にどのような影響を及ぼすと考えられているのかを学んでいきたい。ここでは，代表的な理論である，アタッチメント（愛着）理論，分離―個体化理論，自己感の発達理論，心理・社会的発達理論を紹介する。

表2-1　各領域の発達段階

年齢（月齢）	身体	認知・言語・社会性	アタッチメント	分離─個体化
生後2, 3週	反射	人の顔を注視	生理的微笑（筋肉反射的）	正常な自閉期
3週～3カ月	首のすわり 手を口に持っていってしゃぶる	人の追視 声の方を向く 刺激に発声（喃語）	社会的微笑（誰の働きかけに対しても微笑み返す）	正常な共生期
3カ月～6カ月	寝返り ガラガラを握る 物に手を伸ばす	鏡の自己像に興味	特定の対象に対するアタッチメント行動	分化期 母親の顔の探索 母親の身に付けているものの探索　↓
6カ月～9カ月	一人座り つかまり立ち	手段と目的の分化（障害物を取り除いて欲しい物を手に入れるなど） 共同注意（養育者と同じものを一緒に見る）	人見知り反応 後追い（8カ月不安）	
9カ月～12カ月	四つ這い 伝い歩き	名前の理解 指さし行動 バイバイなどの模倣 物の永続性の理解（隠したものを見つける）	母を安全基地として探索 分離不安	初期練習期
12カ月～14, 5カ月	自立歩行 積木を積む	初語の出現 指示の理解		本来の練習期
14, 5カ月～24カ月	走る 歩きながら手を使える	遅延模倣 二語文		再接近期　↓
24カ月～3歳	両足跳び 飛び降り ボールを転がす なぐり描き	日常会話 ごっこ遊び		
3歳～6歳	片足跳び スキップ 基本的生活習慣の自立	言葉で意志を伝える 心の理論の成立	アタッチメント表象の獲得	個体化の確立 対象恒常性の獲得

（作表：塩﨑）

(1) アタッチメント（愛着）理論

ボウルビィ（Bowlby, J.）は，第二次世界大戦後に乳児院などの子どもを観察し，養育者と乳児の間にアタッチメント（愛着）が形成されることは，栄養を与えられることによる二次的な産物ではなく，独立した欲求であることを見いだした。アタッチメントとは，危機を感じたり不安が喚起される状況で，特定の対象に近づけば不安を和らげ保護をしてもらえると信じることができる感覚のことである（数井・遠藤，2007）。その後，ボウルビィとエインズワース（Ainsworth, M. D. S.）によって，アタッチメントの発達段階と個人差が明らかにされ，乳児期に形成されたアタッチメント表象は生涯にわたって自己理解や他者との関係に重要な役割を果たすことが見いだされている。

1) アタッチメントの発達段階

第1段階（誕生から8～12週）：特定の人を識別せず，誰の働きかけにも微笑んだり，声を発するなどのアタッチメント行動を示す。

第2段階（12週から6カ月ごろ）：いつも関わってくれる特定の対象（父母や祖父母など）に対するアタッチメント行動が示される時期。母親にはよく微笑み，母親の声に反応して声を発する一方で，見知らぬ人にはあまり反応をしなくなる時期である。

第3段階（6カ月～2，3歳ごろ）：特定の対象とそうでない対象との区別が明確になり，見知らぬ人に警戒心を抱いたり関わりを避けるような人見知り反応が表れる。また，不安になったときに母親に接近して身体接触を求め，母親がそばにいないと後追いをするような行動が見られる。スピッツ（Spitz, R. A.）はこのような反応を8カ月不安と呼んだ。

第4段階（3歳以降）：アタッチメント対象は，不安になったときには自分を保護し助けてくれる存在であるという表象が形成されるため，

母親が不在でも心の中に母親のことを思い浮かべることができ，安定していることができるようになる。

2) アタッチメントの個人差

アタッチメントが発達する段階で，不安を抱いたり危機に直面する状況において母親がどのように応答してくれるのかにより，周りの世界に対する内的表象に違いが生じてくる。世界は信頼できるのか，自分は困ったときに助けてもらえる存在なのかというような，他者や自分に対する捉え方の基盤になるのが，アタッチメントの内的表象モデルである。

どのようなアタッチメント表象が形成されているのかによって，アタッチメントをいくつかのタイプに分けることができる。エインズワースはこのタイプを分類するために，ストレンジ・シチュエーション法を開発した。ストレンジ・シチュエーション法は，①新奇な実験室で，子どもが母親を安全基地として探索行動を行っているか。②2回の母子分離とその後の再会場面において，子どもが母親の不在に不安を感じ，再会したときに母親に接近するか，また母親は子どもの接近にどのように反応するのかの2点に注目して，子どもと母親の行動を観察し，アタッチメントタイプを分類する方法である。

アタッチメントタイプは，表2-2のように安定型（Bタイプ），回避型（Aタイプ），アンヴィバレント型（Cタイプ），無秩序型（Dタイプ）の4つのタイプに分類される。安定型のBタイプは，母親が子どもの働きかけに敏感に反応しており，不安で助けを求めに来たときには受け止め，活発に探索しているときには見守るというように，受け止めと探索の行き来に適切に反応している。それに対して，Aタイプは回避型であり，子どもに拒否的な傾向があり，特に不安や苦痛の表現を嫌がる傾向がある。また，Cタイプはアンヴィバレント型であり，子どもの

出す信号に敏感に反応せず，一貫性を欠いた応答になる傾向がある。Dタイプは後から追加されたタイプであり，母親自身が不安定で，子どもをおびえさせるような言動や不適切な養育をしている場合もある。子どもの発達に何らかの問題が生じることも少なくない。

表 2-2　アタッチメントタイプ

	子どもの行動特徴	養育者の日常の関わり
Aタイプ（回避型）	新奇場面で養育者を安全基地とした探索行動があまり見られない。分離場面では養育者が部屋を出ても不安を示さず，戻ってきても目をそらしたり，母親を避けようとする。	子どもの働きかけに拒否的にふるまうことが多く，子どもと対面しても微笑むことや身体接触が少ない。子どもが苦痛を示すとそれを嫌がり，遠ざけようとすることもある。
Bタイプ（安全型）	新奇場面では，養育者を安全基地として積極的に探索活動をする。分離場面では養育者がいなくなると泣いたり混乱して親を求める。養育者が戻ってくると抱っこや身体接触を求める。	子どもの欲求や状態の変化に相対的に敏感であり，子どもに対して無理な働きかけが少ない。子どもとの相互交渉は全般的に調和的で，遊びや身体接触を楽しんでいる。
Cタイプ（アンヴィバレント型）	新奇場面で，養育者から離れられず，安心して探索活動ができない。分離場面では養育者がいなくなるとひどく混乱する。養育者が戻ってくると身体接触を求める一方で怒りを示して押しやったりするような行動を示す。	子どもが送るシグナルに対する敏感さが低く，子どもの行動や感情状態を適切に調整することがやや不得手。子どもとの肯定的な相互交渉は少なくないが，養育者の気分や都合に合わせたものであることが多い。結果的に子どもへの反応に一貫性を欠いたり，タイミングがずれることが多くなる。
Dタイプ（無秩序・無方向型）	母親と一緒にいても何をしたいのか読み取りづらく，初めて会う実験者の方に自然な態度を取ることもある。不自然でぎこちない動きをしたり，タイミングがずれて固まって動かなくなることもある。養育者が戻ってきても，顔をそむけながら近づいたり，しがみついたと思うと倒れこんだり，接近と回避の行動が同時に起こる。	このタイプの養育者の特質に関してはまだ十分な証左があるとは言えないが，被虐待児や抑うつなどの感情障害の親を持つ子どもに，多く認められることから，子どもをひどくおびえさせるような行動を示すことが多く，不適切な養育を施すこともあることが推察されている。また，ストレスに対して脆弱で無力感に陥りやすく，情緒的に引きこもりやすい養育者像も推定されている。

（出典：数井みゆき・遠藤利彦編著『アタッチメントと臨床領域』（ミネルヴァ書房）p.22を参照し作成）

子どもの心理的な問題を理解する上で，アタッチメントの発達過程のどの段階でつまずきがあるのか，アタッチメントタイプはどれに分類されるのかを検討することは，支援の方法を決める上で重要な指針になる。

（2）　分離―個体化理論
　マーラー（Mahler, M., 1975）は，母子の相互作用の縦断的な観察研究を行い，乳幼児が母子一体の共生的関係から孵化し，母親とは別の個体として心理的に誕生していく過程を明らかにした。この理論は，分離―個体化理論と呼ばれている（表2-1）。

1）　分離―個体化過程以前
① 　正常な自閉期（生後数週間）：この時期の乳児は覚醒している時間よりも眠っている時間が長い。空腹によって泣いて目覚め，授乳によって満足し，母親に抱かれて緊張から解放され，再び眠りにつくことを繰り返す。この状態を，子宮内環境から現実外界環境に慣れていくために，刺激防壁に守られている状態であると考え，正常な自閉期と名付けた。この自閉という言葉は，外部刺激に対する反応性の欠如を意味するのではなく，徐々に現実外界を知覚するようになっていく段階という意味である。
② 　正常な共生期（生後2カ月～4，5カ月頃まで）：生後2カ月ごろから，母子単一体という共生球によって包まれるようになる。この段階を正常な共生期と名付けた。この時期の乳児は，母親と未分化な融合された状態にあり，不快感や不安な状態は，その融合された世界によって和らげられると感じている。つまり，乳児が泣いたり呼びかけたりすると，母親がそばに来て必要に応じて欲求を満たさせてくれ，不快感を取り除いてくれるという関わりによって，世界は安全で安心できるという感覚

を確かなものにしていく段階である。

　自閉期と共生期に「正常な」という言葉を付けたのは，乳児期の自閉や共生は，正常な発達過程において必ず認められる状態であることと，その後に続く正常な分離―個体化過程の基盤として欠くことのできないものであることを表現するためである。＜正常な自閉期＞，＜正常な共生期＞に母親に保護され欲求に応えてもらう体験が，身体的心理的自己同一性の核を形成し，心理的誕生をもたらすという考えである。

2)　分離―個体化段階

第1段階：分化期

　分離―個体化の第1段階は，＜分化期＞と呼ばれ，生後4，5カ月ごろから始まる。マーラーらは，この過程を卵からヒナが＜孵化＞することに例えている。この時期の乳児には，母親の髪の毛や耳，鼻などを引っ張ったり，母親をよく見ようとして体を母親からぐっと反らして離れるといった行動が見られるようになる。また，6，7カ月ごろからは，母親の顔だけでなく，身につけているアクセサリーやメガネも触るようになり，乳児は次第に，母親の体とそうでないものとを区別したり，自分の体と母親の体を区別するようになる。さらにそれが，なじみのあるもの（母親）となじみのないもの（見知らぬ人）とを区別することへと発展し，「人見知り反応」が生じるようになる。マーラーらは，＜共生期＞に共生的一体感を通して基本的信頼感を確立した乳児は，この時期に，見知らぬ人の顔や姿の特徴を，母親と比較・照合するような反応が見られるようになることを発見した。このような現象を「人見知り反応」と呼んだが，見知らぬ人に対して激しく泣いてしまうような「人見知り不安」と区別している。激しい「人見知り不安」は，共生段階が不満足だったために，母親以外の他者の世界に確信を持って入っていくた

めの土台ができていない可能性を示唆している。
　第2段階：練習期
　練習期は，子どもの運動能力（移動能力）の発達に応じて＜初期練習期＞と＜本来の練習期＞に分けられる。
① 初期練習期：概ね8，9カ月ごろから，はいはいができるようになって，母親から自分の力で離れたり，接近したりできるようになることによって始まる。この移動能力の獲得によって，乳児の世界は開け，物への関心も急速に高まるが，まだ母親から離れていられる時間がそれほど長くはない。情緒的燃料補給のために時どき母親の元に戻り，しばらく母親との身体接触を求めて関わると，再び探索に出かける。こうした行き来の間隔がまだ短いのが，初期練習期の特徴である。また，母親が少し離れたところから見守ってくれているという安心感が，乳児の探索を活発にするのであり，母親が別の部屋に行ってしまったり，他のことに関心を移してしまうと，意欲が低下し不安を示す。この時期の母親には，乳児が自分から離れて自由に探索できるような適度な距離を保つことと，乳児が戻ってきたときに情緒的補給の基地として受け入れることの両方の関わりが求められる。
② 本来の練習期：自立歩行の開始とともに，概ね12カ月前後から始まり，14〜18カ月ごろまで続く。自立歩行は，子どもの個体化への大きな一歩であり，視野の変化をもたらし，新しい視点から，現実世界を探索し理解するようになる。子どもは，自分の能力と，自分の世界の大きさに酔いしれ，多くの物事に関心を持ち，様ざまな練習に夢中になる。母親から離れていられる時間が長くなり，あたかも母親の存在を忘れてしまったかのように見えることもあるが，部屋からいなくなったことに気付くと調子の下がった状態になり，物事への関心が低下する。しかし，母親と再会するとそうした状態から回復する。

第3段階：再接近期

　16カ月ごろになると，欲求不満耐性が低下し，再び分離不安が増大する時期を迎える。それは，本格的に母親からの分離—個体化が進んできていることを，幼児自身が認識できるようになることで生じる分離不安である。この時期になると母親は単なる「基地」ではなく，分離した人間として認識されるようになり，世界について広がる様ざまな発見を分かち合いたいと願う人間となる。つまり，子どもの関心は，世界の探求や移動運動の練習ではなく，他者との≪社会的相互作用≫へと移行するのである。しかし，一方では，母親を押しのけたい欲望としがみつきたい欲望との間で両価的傾向を持つのがこの時期の特徴でもある。そのため，母親にとっても子どもの欲求や合図が読み取りにくく，両者が著しく混乱して危機的状況に陥ることも少なくない。

3)　個体性の確立と情緒的対象恒常性の始まり

　生後3年目ごろになると，個体化と対象恒常性がある程度達成される。愛情対象が不在のときに，欲求不満や不快の状態に陥ったとしても，内在化された表象として母親を思い出すことができ，それによって自らの力で不快な状態を乗り越えられるようになる。また，母親以外の他の対象を信頼することが可能となっていく。さらに，対象表象とは明確に分離した自己表象が内在化することで個体性が確立される。

(3)　自己感の発達

　スターン（Stern, D. N., 1985）は，乳児は生まれながらにして自己の感覚を持ち，能力の成熟とともに新しい自己感が生まれてくると考えて，自己感の発達の過程を明らかにした（図2-1）。
① 新生自己感：乳児は生まれながらにして，外界の出来事に選択的に

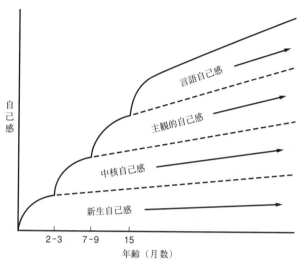

図 2-1 スターン自己感の発達
(出典：D.N. スターン；小此木啓吾・丸田俊彦・神庭靖子・神庭重信（訳）『乳児の対人世界：理論編』岩崎学術出版社, p. 39)

応じて自己をオーガナイズしていると考え，これを新生自己感と呼んだ。
② 中核自己感：2カ月から6カ月になると，自分自身の発動性，情動，時間的連続性の感覚を持ち，境界をもって独立し，まとまりのある身体的単位であるという感覚を持つ。この感覚を中核自己感という。
③ 主観的自己感：7～15カ月ごろになると，自己の主観的体験が，他者と共有可能であることを学び，他者との間で間主観的世界を作り上げることに力を注ぐようになる。この感覚を主観的自己感と名付けた。
④ 言語自己感：15カ月を過ぎると象徴的な遊びや言語の使用が可能となり，自分自身を客観的な存在として捉えられるようになる。他者とも言語という新しい交流手段によって互いに意味を共有できるようになる。こうしたことにともなって生じる自己感を言語自己感と呼んだ。

スターン（Stern, D. N.）の理論は，乳児の認知的有能性についての知見を取り入れ，新生児であっても外界と選択的に関わっており，養育者との境界をもったまとまりのある自己を形成しているとして，マーラーらの自閉期・共生期の概念を批判している。また，発達段階に応じて新しい力を身につけていくが，それ以前の段階の能力も生涯にわたって機能し続け，共存し続けると考えた。それによって，一つの段階を越えると次の段階に進むというボウルビィやマーラーの方法論に新しい視点を提起した。

（4）　心理・社会的発達理論

　乳幼児期だけにとどまらず，誕生から死に至るまでの生涯にわたる発達のプロセスを明らかにしようとした理論に，エリクソン（Erikson, E. H., 1997）の発達理論がある。エリクソンは個人の発達に影響する社会的要因を重視したことから，心理・社会的発達理論といわれている。

　エリクソンは，人間の一生をライフサイクルと呼び，8つの段階に分けた。各段階には，解決しなければならない発達課題があり，表2-3に示したように，その発達課題を達成できなかった場合の心理・社会的危機とを対応させている。また，それぞれの段階において重要な関係の範囲があり，相互に影響を与え合うことで発達することの意義を説いている。乳幼児期には以下の3つ段階の発達課題があるとされている。

第Ⅰ段階：乳児期（0～1歳）

　母親的人物との間で，適切な相互作用をとおして，自分は他者に助けてもらうことができ，他者は信頼できる存在であるという「基本的信頼感」を確立することが発達課題である。何らかの事情でそれが上手くいかないと他者を信頼して依存することができず，人との関係において緊張感が強くなり，生涯を通じて他者との関係に影響を及ぼす可能性もあ

表2-3　エリクソンの心理・社会的発達理論

発達段階	心理・社会的危機	重要な関係の範囲
Ⅰ　乳児期 （0〜1歳）	基本的信頼　対　基本的不信	母親的人物
Ⅱ　幼児期初期 （1〜3歳）	自律性　対　恥, 疑惑	親的人物
Ⅲ　遊戯期 （3〜6歳）	自発性　対　罪悪感	基本家族
Ⅳ　学童期 （小学生）	勤勉性　対　劣等感	「近隣」, 学校
Ⅴ　青年期 （中学〜20歳ごろ）	同一性　対　同一性拡散	仲間集団と外集団
Ⅵ　前成人期 （20歳〜30歳ごろ）	親密　対　孤立	友情・性愛・競争・協力の関係におけるパートナー
Ⅶ　成人期 （30歳〜60歳ごろ）	生殖性　対　停滞性	労働と家庭
Ⅷ　老年期 （60歳〜）	統合　対　絶望	「人類」,「種族」

（出典：E. H. エリクソン・J. M. エリクソン；村瀬孝雄・近藤邦夫（訳）『ライフサイクル, その完結』（みすず書房）p. 34より一部抜粋, および改変）

るとしている。

第Ⅱ段階：幼児期初期（1〜3歳）

　養育者は, 社会に適応できるように子どもに排泄や身辺の自立のためのしつけを行うが, それはやがて幼児自らの意思で自分をコントロールする力となっていき, 自律性が獲得される。しかし, 自分の意思を持ち始めた幼児は, 自分の意思を主張したいという思いと, しつけを受け入れて養育者からほめられたいという気持ちとの間で葛藤を持つようになる。失敗をすれば恥ずかしい気持ちを抱き, 自分の力に疑惑を持つこと

もある。養育者には、一方的に幼児をコントロールするのではなく、子どもの恥や疑惑の気持ちを和らげて、自律性が獲得できるように工夫しながら関わることが求められる時期である。

第Ⅲ段階：遊戯期（3～6歳）

他者との関わりにおいて、主張したり受け入れたりする関わりが、状況に応じて自発的にできるようになることがこの時期の発達課題である。しかし、このような相反する関わりをほどよく身につけることは難しく、主張しすぎて他者からの攻撃や非難にあうと罪悪感を抱く。罪悪感を強く感じすぎてしまうと、自発的に他者と関わることが困難になると考えられている。

以上述べてきた乳幼児期の発達理論は、それぞれに批判もあるが、各理論は、その年齢の乳幼児を支援し理解する上で、多角的な視点から検討することを可能にしてくれる。またそれだけでなく、児童期以降の事例を理解する際にも、有用な指針ともなりうるのである。

2. 児童期の心の発達

ここからは、児童期の発達を理解する上で役立つ理論を紹介する。児童期は、小学校入学から卒業するまでの期間であり、児童にとっては、初めて学校という本格的な社会的環境への適応が求められ、学校における様ざまな経験が発達に大きな影響を及ぼす時期である。

(1) エリクソンの心理・社会的発達理論

乳幼児期のところで紹介したエリクソンの理論は、生涯発達の理論であり、第Ⅳ段階の＜学童期＞に、その発達課題が挙げられている（表2-3）。重要な関係の範囲に「近隣・学校」が挙げられているように、

子どもの世界は家族という小社会から飛躍的に広がり，また親の関与は徐々に減少し，子ども同士の関係へと移行していく時期である。勉強や運動など，得意不得意によって格付けされるという現実にぶつかるようになり，劣等感を感じる機会も増える。劣等感は，自分を理解する上で重要な感情であるが，それを持ちながらも自らの有能感や自尊感情を持ち続けられることが必要である。そのために，知識を吸収し，技能を向上させるために勤勉性を獲得することが課題とされる。

(2) 身体発達と知的発達

小学校の6年間は，エリクソンの発達理論では同一段階にまとめられているが，実際にはその間にもいくつかの段階があり，変化が大きい時期である。身体的な発達においても，特に女児では，高学年になると身長が急に伸びて体型が女性らしくなり始め，第二次性徴を迎える。子どもから大人へと変化し，前思春期に入るのである。

知的な発達では，ピアジェ（Piaget, J., 1924/1969）によれば，7歳から11歳は『具体的操作期』と呼ばれ，思考に論理性が伴うようになる。例えば，コップに入った水を細長い容器に移し替えても量は変わらないことが理解できる（保存の概念）ようになる。11歳を過ぎると，『形式的操作期』に入り，目の前に対象がなくても形式的に仮定に基づいて思考することが可能になる。

(3) 対人関係と自己の発達

（2）で述べた思考の発達は，対人認知にも変化をもたらし，小学校中学年ごろから自分中心の見方ではなく，他者の視点に立って相手の感情や状況を理解できるようになる。それとともに，友人関係は，外面的特性に基づいたものから，内面的特徴や性格特性に基づいた関係へと変

化する。小学校中学年から高学年のころになると，特定の親密な同性友人との間で結束の強い仲間集団を形成し，その関係を通して養育者からの自立が進む。このような時代はギャングエイジと呼ばれてきたが，近年，友人関係の希薄化に伴い，こうした現象が多くの子どもに見られるわけではなくなってきている。しかし，小学校中学年ごろから友人関係は閉鎖的な少人数の固定したグループを形成することは依然として認められる現象である。この関係は互いに同質性を求めすぎるあまりいじめにつながったり，仲間との間での競争や相互比較による緊張を強めている傾向にある。小倉（2006）が指摘するように，この時期の子どもは哲学的，思索的に自分という存在に向き合い始めることもあり，養育者の支えがまだまだ必要な時期である。一方では，養育者と距離を取りたがり，友人関係に重きを置いているのであるが，養育者は，子どもの様子に気を配り，干渉しすぎない程度に遠くから見守り支えるという関わりが求められている時期と言えるだろう。

3. まとめ

　乳幼児から児童期の子どもの問題は，子どもの定型発達と照らし合わせながら検討していく必要がある。同じ問題でも，年齢によってその影響は異なり，また，養育者との関係の適切なあり方も子どもの年齢によって異なるからである。乳幼児期に抱えた問題は，その後生涯にわたって様ざまな影響を及ぼす可能性があり，この段階で早期に介入し，適切な支援を行えるようになることが求められている。

学習問題

1．マーラーの発達理論とスターンの発達理論との違いを調べてまとめてみよう。
2．乳児（1歳以下）とその親との関わりを観察し，この章で学んだ発達理論の中で挙げられている現象（人見知り反応や探索と情緒的燃料供給の往来など）が分かる場面を言葉で記録してみよう。

引用文献

Bowlby, J.（1969）. *Attachment and Loss Vol. I Attachment.*（黒田実郎他（訳）（1976）.『母子関係の理論Ⅰ：愛着行動』岩崎学術出版社）

Bowlby, J.（1979）. *The Making & Breaking of Affectional Bonds.*（作田勉（訳）（1981）.『ボウルビィ母子関係入門』星和書店）

Erikson, E. H.; Erikson, J. M.（1997）. *The Life Cycle Completed: A Review.* Expanded Edition（村瀬孝雄・近藤邦夫（訳）（2001）.『ライフサイクル，その完結』みすず書房）

数井みゆき・遠藤利彦（2007）.『アタッチメントと臨床領域』ミネルヴァ書房

Mahler, M. Pine, F. Bergman, A.（1975）. *The Psychological Birth of the Human Infant.*（高橋雅士・織田正美・浜畑紀（訳）（1988）.『乳幼児の心理的誕生』黎明書房）

小倉清（2006）.『小倉清著作集1　子どもの臨床』岩崎学術出版社

Piaget, J.（1924）. *Le Jugement et raisonnement chez l'enfant*, Paris: Delachaux et Niestle.（滝沢武久・岸田秀（訳）（1969）.『判断と推理の発達心理学』国土社）

Stern, D. N.（1985）. *The Interpersonal World of the Infant.*（小此木啓吾・丸田俊彦・神庭靖子・神庭重信（訳）（1989）.『乳児の対人世界：理論編』岩崎学術出版社）

3 | 子どもの心理療法1　遊戯療法

吉田弘道

《目標＆ポイント》　遊戯療法の意義と目的，および，遊戯療法の中で行われるアセスメント，遊戯療法の重要な構成要素である，場所，時間的枠組み，心理的枠組み，用いられる遊具，セラピストの対応について解説する。
《キーワード》　遊戯療法の歴史，遊戯療法の意義・目的，アセスメント，遊戯療法の構成要素

1. はじめに

　遊戯療法は，子どもを対象に，遊びを利用して行われる心理療法の一つである。幼児期から児童期の終わりまでの子どもに適用されている。この遊戯療法が，いつ頃から行われるようになったのかという遊戯療法の歴史，そして，遊戯療法が使われる意義と目的，遊戯療法を行うに当たって，遊戯療法の中で行われるアセスメント，遊戯療法を作り上げている構成要素，について解説する。

2. 遊戯療法の歴史

　遊戯療法は，精神分析療法の立場で1920年30年代に行われるようになり（Freud, 1926/1927; Klein, 1932），その後，来談者中心療法の立場（Axline, 1947; Dorfman, 1951）も加わって発展してきた。この他に30年代には解放的・構造的立場の遊戯療法が，また40年代からは個人心理学の立場の遊戯療法も発展したとされているが（Menassa, 2009），我が

国では，この二つの立場の遊戯療法はそれほど発展しているとは言えない。二つの立場の遊戯療法については，p.59を参照されたい。

3．遊戯療法の意義

それでは，なぜ，子どもに対して，遊びを利用した遊戯療法が行われているのであろうか。この点については，弘中（2000）が「遊戯療法の機能」という言い方で分かりやすく整理しているので，その考えを紹介しながら，遊戯療法の意義について表3-1を用いて解説する。

表3-1　遊戯療法の意義

1）関係性の意義
①セラピストとの信頼できる，安定した治療関係の中で，子どもは遊びを通して，自由に内面を開く
その過程の中で主体的に行動し，自分の心的発達に必要なことを行う
②認められ，大切にされる体験の場
よい人間関係の体験，自分の気持ちを理解され，自由な感情表現や行動を受け入れられる体験となる
固有の存在として認められる，自己肯定感を感じる
③子どもの内面にあるさまざまな対象との関係をセラピストに投影し，それについてセラピストから適切に対応される
2）表現することの意義
①カタルシス，代償行為としての遊び
感情を遊びの中で表現して，すっきりするカタルシス機能
遊びが単に情緒的な開放を意味するばかりでなく，遊びながら処理す

る
　②表現としての遊び
　　遊びは子どもの内的な世界を表現する媒体である
　　言葉で伝えることができる，できないを超えた表現である
　　イメージ・象徴的表現を通して，直接的に，また集約的に表現することができる
　③心の作業としての場・手段としての遊び
　　心の成長に密接に結びつく作業をする場・手段である

3）体験することの意義
　　言語化・意識化以前の体験としての遊び
　　遊び，表現すること自体が意味のある体験を引き起こす
　　遊びが内的世界を伝える表現としての機能を果たすだけでなく，前概念的な体験をする

4）守りの機能
　　守りの場としての遊び
　　現実場面で生じると危険なことでも，遊びとして，遊びの場で生じることによって，受けとめられ，認められる
　　遊びは，子どもがさまざまな心的活動を表現するための守られた容器である

（出典：弘中（2000）にしたがって吉田が整理）

（1） 関係性の意義

　遊戯療法の場では，セラピストは，クライエントである子どもが安心できるようにと考えて，セラピストとの信頼できる安定した治療関係を形成することができるような機会を子どもに提供する。子どもは，その関係性に支えられて，遊びながら，心の内側で思っていることや感情を自由に表現することができる①。また，その治療関係の中で，セラピストから自分の気持ちを理解され，受け入れられる体験をする。このような体験は，子どもにとっては固有の人格を持っている一個の人間として認められる体験となり，子どもの自己肯定感を高めることに役立つ②。その他，子どもは，それまでの人生の中で関係を持ってきた親や家族など重要な人物に対する，怒りや寂しさ，依存したいができない，などの気持ちを，遊びの中でセラピスト相手に表現するが，その気持ちはセラピストによって適切に対応され，様ざまな感情や葛藤を処理するのを助けられる③。

（2） 表現することの意義

　子どもは，言葉を使って伝えることもあるが，言葉でまだ上手く伝えることができないこともある。それらのことを，遊びの中で，絵や粘土の作品，ごっこ遊びなどを通して，イメージとして，あるいは象徴的表現として表現する。その作業は，感情を遊びの中で表現して，すっきりするカタルシス機能としての意義を持っている①。また，遊びは，子どもの自由で自発的な表現活動である。遊びをとおして内的な世界，気持ち，感情を表現しながら，セラピストに理解されるだけでなく，同時に子ども自身も表現をとおして自己理解を深めることになる②。

　しかし，ただそれだけでなく，感情を表し，セラピストに理解され，対応される体験そのものが，子ども自身が自分の感情を理解し，自分で

感情を抱えたり処理できたりするような自己成長へとつなげていくことになる。さらに，尊重されながらセラピストに対応される体験そのものが，子どもの自尊心を高め，自己イメージの改善につながる③。

（3） 体験することの意義

ここまでに述べたことは，意識的な体験であるが，それ以外にも，遊戯療法の中では，言葉でなかなか表現できない体験や，意識化されにくい体験もある。セラピストと一緒に遊んだことや表現したことは，そのことについて言葉による意味付けをされなくても，遊ぶこと自体に体験的な意義があるのである。子どもは，ただ遊んでいるだけで，とても落ち着いて，まとまりのある心の状態に成長することがある。子どもの遊びとは，本来そういうものなのかもしれない。

（4） 守りの機能

上述した関係性，表現すること，体験することの意義が果たせるためには，遊戯療法の場が，安全で守られていることが重要である。攻撃性を，現実場面で表現すると自他共に危険である。しかし，遊戯療法という守られた空間の中で，遊びを媒介として表現されることによって，攻撃性は，セラピストに受け止められ，そして子ども自身にとっても受け止められるものとなる。それによって，危険な攻撃性は，子ども自身が扱える感情になる。このことが，遊戯療法の場が，守られた容器であるゆえんである。

以上，ここに挙げたことは，どの学派の遊戯療法にもあてはまる。子どもは，乳児のように幼くて，言葉で理解されたり，言葉で伝えることができる前に，泣いたり笑ったりして感情を表現し，それに対して大人から抱かれたり，あやされたりした体験が，人間に対する安心感の根源

になっており，自分自身を作る根っこになっている。遊戯療法は，そのような機会を子どもに与えている。

4. 遊戯療法の目的

遊戯療法が，子どもに対して用いられる目的を表3-2に示した。

表3-2　遊戯療法の目的

① 不安の消化・不安への対処
② 自我機能を高める
　　自己の発達の援助
③ 対人関係の形成への援助
④ 社会性の発達の援助
⑤ 感情発達の援助

（作表：吉田）

（1）不安の消化・不安への対処

目的①は，子どもに何らかの不安があるために，心因性の不適応問題や症状が起きていると考えられる子どもに対して，その不安がどういうものであるのかを理解し，その不安の解消や，不安がありながらも適応的に生活ができるように，不安に対処する力を育てることである。遊戯療法は，最初のうちは主にこの目的の下に発展した。例えば，雨が降ると外に出るのが怖いという症状のある子どもについて，症状の背後にある不安は何かと考え，その不安に対して遊戯療法の中で対応し，不安を和らげ，症状の軽減を図るのである。

（2） 自我機能を高める・自己の発達の援助

　目的②の「自我機能を高める」は，心因性の問題が拡大して，生活習慣を維持する能力の減退や，衝動コントロールの悪さ，対人関係の問題など，問題の範囲が広い子どもに対して，自我の統制能力を高めることを目的に遊戯療法を行うことである。例えば，授業中に落ち着きなく歩き回り，ゲームをするとルールを守れない，そのうち衝動的に怒りを表出し，他の子どもをたたいてしまうという子どもに対して，遊戯療法の中で対応して，自我統制能力を高めるようにするのである。

　目的②の「自己の発達の援助」は，自我機能を高めることと重なるところもあるが，子どもが主体的に行動して，まとまった心をもって，自分らしく落ち着いていることができるようになることを狙っている。例えば，自我機能は高くて，学校生活に適応して，親を困らせないよい子であるが，自分らしさの感覚が乏しい子どもを思い描くと，自己の発達への援助ということが理解されやすい。遊戯療法の事例報告の中では，「自己の確立」（徳田，2014），「新たな自己像を生み出す」（今泉，2014），「自己感の形成」（森岡，2014）などの言葉で表現されている。詳しいことは，ここに紹介した引用文献を参照されたい。

（3） 対人関係の形成への援助

　目的③は，対人関係を形成するのを助けるという意味である。親を含めて人を信頼していなかった子どもが，遊戯療法の中で，セラピストとの間に安定的な関わり合いを行う過程をとおして人を信頼できるようになり，他の人との間にも情緒的で，安心できる関係を形成できるようになることを狙っている。

(4) 社会性の発達の援助

目的④の社会性とは，子どもが社会の中で人との関係を持ちながら，適応的に行動できるようになることである。目的④は，この社会性の発達の援助のことを言っている。社会性は広い概念であるため，目的④は，他の目的②③⑤と互いに関連し合っている。

(5) 感情発達の援助

目的⑤は感情発達を助けることである。感情発達とは以下のことを含んでいる。すなわち，発達につれて，それまでになかった感情が生じてくること，自分の気持ちが分かるようになり，それを年齢相応の言葉や表情で表現できること，相手の気持ちが分かり，共感して思いやりを持って接することができること，そして最後は，自分の感情コントロールが年齢相応にできることである。感情コントロールができない子どもが遊戯療法の対象になることが多いが，そのような子どもの多くは，自分の気持ちがよく分からなくて，感情発達が悪いと言える。そのような子どもには，遊戯療法の中で対応する意義は大きい。感情を表現できるようになり，それをセラピストに共感してもらい，言葉でも明確にしてもらう関わりによって，自分の気持ちが理解できるようになり，それに伴って感情のコントロールができるようになっていく。

以上分かりやすく説明するために，一つ一つ目的を挙げて述べたが，遊戯療法が行われている子どもたちは，一つの目的だけが適用される子どもは少なく，多くの場合には複数の目的のために，遊戯療法が用いられている。

5. 遊戯療法におけるアセスメント

　遊戯療法の目的について述べたが，これらの目的を持って遊戯療法を行うには，その前のアセスメントが必要である。親面接の中で生育歴を聞くことや，心理検査の所見からアセスメントを行うほかに，遊戯療法の中での関わりをとおしてアセスメントを行うことも重要である。遊戯療法の中で行うアセスメントのポイントとして，以下の4点に整理して述べることにする。

（1）　不安の内容と，不安の強度，不安への対処方法

　このアセスメントのポイントは，目的①に対応している。子どもが，症状を示している背後にどのような不安を抱えていて，その不安はどれくらい強いか，その不安の元になっている欲求・衝動・感情は何であるか，子どもは，その不安に対してどのように対処しているのか，これらについて，子どもに関わって観察しながら，子どもの態度や行動，遊びの内容や遊び方から評定するのである。この，欲求・衝動・感情，不安，対処方法の流れは，精神分析の短期療法の専門家であるマラン（Malan, D.H., 1979）の示している考えを念頭におくと分かりやすい。この図3-1は，筆者がマランの考えに基づき，より分かりやすくしたものである。この図では，症状は，対処方法，防衛と同じ位置にあり，対処方法の一つ，あるいは，対処方法自体がうまく機能しなかったことによる結果として考えられている。子どもは，まず，この三角図の左側の角にある症状を呈して心理相談に訪れる。この症状の背後には図の右側の角に位置する不安があるが，その不安は治療初期にはまだ明確にされていない。さらに，不安の背後には，三角図の下の角に位置する不安のもととなる欲求・衝動・感情があるが，これは，不安よりも分かりにくいことが多

図3-1　欲求・衝動・感情，不安，防衛の関係
　　　（出典：マランの考えに基づき吉田作成）

い。セラピストは，この三角図のそれぞれの角にある事柄の相互関係，あるいは，流れについて整理し，子どもの症状の意味を理解することが大切である。例えば，「本当はお母さんに甘えたいが（欲求），お母さんは妹が生まれたので忙しくて大変そうだ，だから，自分が甘えるとお母さんは怒るかもしれないし，無理して自分の相手をするとお母さんは病気になるかもしれない（不安），だから，よい子でいて頑張っていたが（対処方法），頑張りきれなくなって，学校に行けなくなってしまった（症状）」というように，である。子どもの，欲求，不安，不安への対処法の見方について，精神分析のクライン（Klein, M., 1932）は，子どもが，どのようなおもちゃを選ぶか，ある遊びからどの時点で何かの役を演じることへと移るか，なぜ子どもがその遊びを変えるのか，遊びの内容を表現するのにどのような手段を選ぶのか，これらすべてのことに道筋があるので，注意深く見ていると，意味が見えてくると述べている。

(2) 対人関係の質のアセスメント

対人関係の質のアセスメントのポイントは，目的③④に関連している。この関係の質を理解するときに役立つ理論はアタッチメント理論である（第2章参照）。ここでは，アタッチメント理論と，子どものアタッチメントのタイプの違いなどについてはそちらを読んで理解を深めていただくことにして話を進める。

親子関係は形成されるものである。そのため，子どもの年齢によって親子の行動は異なる。また，アタッチメントの質によっても異なるので，親子の行動のやり取りの違いとして表れる。セラピストは，子どもの年齢を加味した上で，相談機関に親子が訪れ，プレイルームに入るときの親子の分離，そして，遊戯療法が終わってから親子が再会し，その後相談機関から帰るまでの間の親子のやり取りを連続して観察すると，親子関係の質とその親子の間の関係性の特徴を理解することができる。表3-3は，相談機関で見られる親子のやり取りのうち，アタッチメントのタイプAとタイプCについて，分かりやすいところを例示したものである。また，子どものアタッチメントのタイプの違いは，プレイルームにおけるセラピストに対する行動にも反映される。表3-4は，その特徴を分かりやすく示したものである。なお，タイプBの安定型の子どもについては，心理相談に訪れることが少ないために，また，アタッチメントタイプDの子どもについては，相談に訪れることが多いが，行動の例を提示するのが複雑であるために，ここでは載せなかった。

ところで，ここで触れている親子関係のアセスメントは，先に述べた不安の内容と不安の強度，不安への対処方法のアセスメントにも関係している。例えば，アタッチメントを母親との間に形成していることが分かりにくい子どもは，幼い年齢であるにもかかわらず，新規場面であるプレイルームと初対面のセラピストに対して不安をあまり表現しないか

表3-3　相談室での親子関係の表れ

タイプA傾向	①	相談室に来るとき，親だけ先に歩いて来る。子どもが後から来るがそれに気を配っていない。極端な場合には，関係ない大人と子どものように見えることもある。
	②	待合室で待っている間，親子の間に交流が見られず，それぞれ別のことをしている。
	③	来たとき，帰るときに親子の間に交流が見られないか，見られても疎遠な感じを受ける。
	④	プレイルームでの子どもの様子と，帰るときに親に会ってからの様子が違う。例えば，プレイルームでは感情を表現していたのに，親の前ではそれを隠しているように見える。
	⑤	心理療法のために迎えに行ったとき，子どもはマンガ本を読んでいてなかなか返事をしないことがある。
タイプC傾向	①	親子一緒に来る。一組のくっついた親子という印象を与える。
	②	何かを訴えるときに，子どもにぐずることが見られる。
	③	待合室で待っているときに，親と子が近づいて座っており，親が何かと世話をしている。
	④	親子が離れるときに離れがたい感じが漂う。

(出典：吉田 (2002))

もしれないし，母親からの分離の時にも不安を示さないかもしれない。しかし内心では，親に甘えたいという欲求は持っているので，人形に哺乳瓶でミルクを飲ませようとするかもしれない。しかし，その欲求が動き，自分が甘えたいという欲求を持っていることに気づくことは，母親からその欲求を満たしてもらえるという安心感がないために，また，自分はそのような欲求を持っていない立派な子どもだと思いたいために不安であるので，すぐにミルクを飲ませることをやめて，その場を離れ，

表3-4　初期に見られるプレイルームでの親子関係の特徴の表れ

タイプA傾向	① 強がる。「ここは子どもっぽいおもちゃしかない」,「このおもちゃの使い方をよく知っている」,「このゲームは上手である」など。 ② ゲームをするが負けるのをいやがる。 ③ 情緒的に交流するよりも,言葉を多く使って知的に関わろうとする。 例えば,いろいろと質問してくる,得意なゲームのやり方を説明するなど。
タイプC傾向	① 親から離れることに抵抗する。 ② 親のことを気にする。 ③ 初めてのプレイルーム体験に不安を感じていることが伝わってくる。 ④ 自信なさそうに行動する。

(出典：吉田 (2002))

文字を書くという知的な行動に移るかもしれない。しかし,哺乳瓶を飲ませようとする行動は一時的であれ出現しているので,甘えたいという欲求に対する不安は,隠しておかなければならないほど強すぎるものではないことを表していると理解される。

(3) 自我機能,自己のまとまりのアセスメント

　自我機能は,自分の欲求を適切に主張することと,統制することの両方を含んでいる。遊戯療法においては,この後に述べる,遊戯療法の物理的構造,時間的構造,心理的構造をめぐって分かりやすく表れる。例えば,遊戯療法では,遊べる時間は50分,あるいは60分と決められている。子どもが,この時間枠を守って行動するか,それとも時間枠を超えて遊ぶかに,自我機能の特徴が反映される。初めはその時間を守ってい

たが，心理相談を続ける段階で，次第に遊ぶ時間を延長しようとする欲求が強くなってくる子どもは，元々は時間を守る自我機能は保たれていることになる。それとは違って，最初から時間を延長しようとする子どももいる。このような子どもは，時間を守る自我機能が弱いと言える。最初から危険な行動が見られる子どもは，してはいけない，と禁止されている心理的枠組みを壊そうとしていることになるので，自我機能が弱いと言える。

　自我機能の特徴は，枠をめぐるほかに，遊び方と遊びの内容にも表れる。例えば，闘いごっこをするために，子どもとセラピストそれぞれが，陣地と城を作るとする。そして，その両者の間には境界がある。この時，闘いが始まって，どの程度，お互いの陣地と城という構造が維持されるかを見ていると分かりやすい。最初はお互いの陣地と城の構造が保たれ，その時間がある程度維持された後に，闘いによって子どもが勝者になり，相手の陣地と城が子どものものになるという遊びは，遊びの中で作られている空間的構造と，敵，味方の区別が分かりやすいので，自我機能は高いと判断できる。

（4）　感情発達のアセスメント

　感情発達の援助を目的にする遊戯療法も多い。先にも述べたが，感情発達とは，感情が生まれること，自分の気持ちが分かるようになり，それを年齢相応の言葉で表現できること，相手の気持ちが分かり，思いやりを持って接することができること，自分の感情コントロールが年齢相応にできることである。遊戯療法は，情緒面に対して多くの刺激を与える機会である。したがって，遊戯療法の中で，子どもの表情の変化，言葉による気持ちの表現，セラピストに対する共感，怒りや攻撃性の表現と抑制について観察することによってアセスメントできる。

6. 遊戯療法の構成要素

　遊戯療法は，いくつかの構成要素に基づいて設定されている。その構成要素は物理的・時間的・心理的構造，遊具，セラピストの態度の3つに整理できる。

(1) 物理的・時間的・心理的構造

　遊戯療法では，遊ぶ部屋（プレイルーム）が決まっている。原則として，一人の子どもが使う部屋は治療途中で変更されることはない。また，毎回の治療開始時には，この部屋はいつも一定の状態に戻されていて，他の子どもが使った痕跡は残されていない。治療中に他の人が入ってくることはなく，危険が少ない造りになっている。つまり，一定の状態と，守られた空間が子どもに提供されるのである。この部屋の広さはどれくらいにするか，また，遊具棚の配置をどのようにするかは，セラピストが遊戯療法において何を目的とするかによって違ってくる。また，セラピスト個人の考えのほかに，相談機関の目的によっても異なる。

　治療時間も，決まった曜日の決まった時間に，1回50分，あるいは60分と決められていて，不安定に変更されることはない。頻度も，毎週1回，あるいは，数回で行われる。これが時間的構造である。筆者は，砂場を使って遊ぶ子どもで，50分では十分に作品を作れなくて，いつも中途半端になってしまうケースに対して，1時間半の時間を設定した構造を作ったことがある。この場合にもずっとその構造を維持した。

　心理的構造としては，主に，秘密を守ることと治療中の禁止がある。遊戯療法では，治療中に行われた遊びは，親に対して秘密にされる。物理的に守られ，心理的にも秘密が守られた構造であるからこそ，子どもは心の中に秘めていることを，遊びをとおして表現するのである。ただ，

子ども自身とセラピストに対して危険な行為はしてはいけないという一定の決まりごとはある（禁止）。それは，最初から子どもに伝えられるわけではなく，必要な場面でセラピストから伝えられる。

（2） 遊具

遊戯療法では，表3-5に示した遊具が用いられている。遊具は，対人関係（①），攻撃性（①④⑤⑦），競争心・自我統制（⑨），依存や甘え，お世話（①②③⑧），構成能力（③④⑥⑦），自己イメージ（①⑦）が表現されやすいように考えて用意されている。

これらの遊具を用意する場合に，遊具の種類を多く用意するか，それとも種類を限って用意するか，あるいは，同じ種類の遊具を数多くそろえるか，それとも厳選してそろえるかは，セラピストの治療理論と遊戯療法の目的によって異なる。また，対象となる子どもの発達程度によっても異なる。例えば，人形を用意する場合，人形遊びの中に子どもの心

表3-5　遊具

①	人形，動物人形
②	ままごと道具
③	ハウス，建物
④	乗り物（自動車，船，飛行機，電車，レール）
⑤	ピストル，刀，ボール
⑥	積み木，ブロック，大きめのウレタンブロック
⑦	お絵かき道具，粘土
⑧	医療器具
⑨	ゲーム類

（作表：吉田）

の状態が象徴的に表現されることを考える場合，子どもの年齢が高ければ，男女どちらともとれる人形を用意しても遊びは活発に行われるが，年齢が低い子どもの場合には，子ども，大人，男性，老人などと，形態が分かりやすい人形のほうがよいこともある。

(3) セラピストの態度

セラピストが，遊戯療法の中でどのような態度をとるか，どのように子どもに対応するかは，遊戯療法において重要な構成要素である。セラピストの基本的な態度は表3-6に示したとおりである。ここに挙げたことは，遊戯療法の理論を超えて共通するものである。ところが，表3-7に示した点については，遊戯療法の理論によって，幾分違っている。

簡単すぎる説明であるが，精神分析的立場に立つ遊戯療法では，自由に遊ばせ，遊びの内容と遊び方から子どもの不安を見出し，それについてセラピストは象徴理解をして，解釈する（Klein, M, 1932; 木部, 2006）。子ども中心療法（来談者中心療法）では，セラピストは解釈せず，子ど

表3-6　セラピストの基本的態度(1)

①　共感的応答をする
②　子どもが自己表現できるような環境を提供する
③　遊びが人間関係を結ぶ手段であると理解し，子どもの内的世界に関する情報を与える
④　子どもが自分から遊びを始めたら，遊びの中で子どもとやり取りをする
⑤　子どもの行為と同様に，感情についても理解したことを子どもに伝える

（作表：West, J.（1996）にしたがって吉田が整理）

表3-7　セラピストの基本的態度(2)

①	遊びの設定	する ⇔ しない
②	遊具を決める	決める ⇔ 決めない
③	遊びに	参加する ⇔ 参加しない
④	言語的対応	
	象徴理解，解釈を	する ⇔ しない
⑤	個別か集団か	

(作表：吉田)

もと治療関係を作ることと，子どもを受け入れる雰囲気を維持することを意識して対応する（Menassa, 2009）。この他に，我が国ではあまり発展しなかったのであるが，解放的・構造的遊戯療法では，子どもの不安は特定の事態から生じていると考えているので，セラピストが子どもの不安を引き起こしやすそうな遊びの筋書きを演出する。遊具もセラピストが選択し，遊びの場も設定する。基本的には，遊びを促進する以外は遊びに加わらない。個人心理学に基づく遊戯療法では，最初は遊びの方向付けをせずに共感的に受容する。しかし，段階が進むと，次第に遊びを方向付けて積極的に関わり，子どもを教育し，かつ勇気づける。また，方向付けられた考えに基づいて解釈もする（Menassa, 2009）。

　以上構成要素について述べたが，ここに触れなかったことで重要なのが，遊戯療法に参加する子ども本人である。子どもについては簡単に述べることができないので，本章では割愛せざるをえなかった。子どもとセラピストが，プレイルームの中で，定期的に継続して会い続け，そこにある遊具と時間を共有して，何かを体験する。それが遊戯療法である。

7. おわりに

　遊戯療法について，全般的に解説した。そのため表面的であるので，詳しく知りたい人は，引用文献や参考文献に当たって，理解を深めてほしい。

　遊戯療法は，心理療法であるが遊びでもある。そのため，セラピストにとっても大変に楽しい体験である。遊戯療法に興味のある人は，まず，機会があったら，プレイルームの中で遊ぶことから始めてほしい。

―――――――――――――――――――――――――――

＜コラム　1＞

遊びの治癒力

吉田弘道

　消失していた夜尿が再び始まったということで，5歳の女の子が，母親に連れられて相談室を訪れた。プレイルームに入って遊び始めると，その子は砂場に入った。公園にあるような大きさの砂場である。その子は，しばらくスコップで砂の表面をつついていたが，気分のおもむくままに砂を積み上げた。やがて，砂の山ができあがった。その子は，水道のところに行くと，バケツに水を満たして戻ってきた。しばらくの間，どうしようかと考えているようであったが，やがて砂山の頂上に穴をあけ，そこにバケツの水を入れ始めた。水はその穴の中にたまり，やがて穴のふちを超え，砂山の表面を一筋の川となって流れ始め，やがて山のふもとに到着すると，あふれて広がった。バケツの中の水を山の頂の穴にすべて入れ終わったときには，山の穴のふちはくずれ，そこから水の流れ下った川の跡が残り，ふもとには流れ落ちた水がしみこんだ大きな跡が残っていた。

　その子は，その状態をしばらく眺めていたが，「あ，そうだ」というと，砂を積んで，くずれた山の形を修復した。さらに，頂上の穴をやや

大き目にするとともに，水が流れ出るように，穴のふちに流し口を作った。それだけで終わらずに，流し口からふもとに向かう川も作った。そして，私が見ていると，その川の下の平らな地面に，水をためるためであると思われる池を掘ったのである。ここまで完成させると，この子は「これで大丈夫」と言った。

この後，この子は再び水をくみに行き，バケツに水を入れて戻ってきた。勢いよく山の頂の穴の中に水を流し込むと，水は穴の中にあふれ，やがて流し口から勢いよく川を流れ下った。しかし今度は前と違って，流れ下った水はこの子が作っておいた池の中にたまったのである。これを見ていたこの子はとても満足した表情をして，もう一度「これで大丈夫」と言ったのである。

この子は，この後帰って行ったが，その母親からの話では，相談室に来たすぐ後に夜尿は治ったとのことであった。何がどうなって夜尿がよくなったのか分からないが，この子は，自分にはどのような遊びが必要であるのかを知っていたと言える。遊びの治癒力，と言われるが，これがそれを示すことだったのではないかと思っている。筆者が30年前に遊戯療法の中で体験したことである。

学習課題

1．遊ぶことがどうして子どもの心理療法として使われているのか，本書を振り返って，再確認してみよう。
2．遊戯療法を行うセラピストは，どんなことを考えながら子どもとつきあっているのであろうか。この点については，具体的に書いていないが，遊戯療法の目的を読んで考えてみよう。

引用文献

Axline, V.M. (1947). *Play therapy*: Houghton Mifflin Co. Boston, (アクスライン, V.M. 小林治夫 (訳) (1972). 『遊戯療法』岩崎学術出版社)

Dorfman, E. (1951). *Play therapy*. In C. R. Rogers (Ed.) *Client-centered therapy*: Houghton Mifflin Co. Boston, 235-277 (ドルフマン, E. 畠瀬稔 (編訳) (1967). 『プレイセラピー ロージァズ全集 7』「プレイ・グループセラピィ・集団管理」. 37-93. 岩崎学術出版社)

Freud, A. (1926). *Einfuehrung in dietechnik der kinderanalyse*: International Psychoanalytischer Verlag, Vienna. In Freud, A. (1946). *The psycho-analytical treatment of children*: Imago Publishing Co. Ltd. (フロイト, A. 北見芳雄, 佐藤紀子 (訳) (1961). 『児童の精神分析技法入門』「児童分析」. 1-91. 誠信書房)

Freud, A. (1927). *On the theory of the analysis of children: International Journal of Psycho-Analysis. 10*. in Freud, A. (1946). *The psycho-analytical treatment of children*: Imago Publishing Co. Ltd. (フロイト, A. 北見芳雄, 佐藤紀子 (訳) (1961). 『児童分析の理論』「児童分析」. 93-116. 誠信書房)

弘中正美 (2000). 「遊びの治療的機能について」日本遊戯療法研究会 (編) 『遊戯療法の研究』. 17-31. 誠信書房

今泉岳雄 (2014). 「遊戯療法の過程で描いた絵から伝わる子どものこころの世界の変化」日本遊戯療法学会 (編) 『遊びからみえる子どものこころ』. 153-163. 日本評論社

木部則雄 (2006). 『こどもの精神分析 クライン派・対象関係論からのアプローチ』岩崎学術出版社

Klein, M. (1932). *The psychoanalysis of child*: Hogarth Press. London. (小此木啓吾, 岩崎徹也 (責任編訳) 衣笠隆幸 (訳) (1997). 「メラニー・クライン著作集 第2巻」『児童の精神分析』誠信書房)

Malan, D.H. (1979). *Individual psychotherapy and the science of psychodynamics*: Butterworth & Co. Ltd, London. (マラン, D.H. 鈴木龍 (訳) (1992). 『心理療法の臨床と科学』誠信書房)

Menassa, B.M. (2009). *Theoretical orientation and play therapy: Examining therapist role, session structure, and therapeutic objectives*. Journal of

Professional Counseling : Practice, Theory & Research, 37, 1 , 13-26.
森岡正芳（2014）.「自己感の形成と回復」日本遊戯療法学会（編）『遊びからみえる子どものこころ』. 184-195. 日本評論社
徳田仁子（2014）.「わたしはどこにいるの？─多動な子どもの遊び─」日本遊戯療法学会（編）『遊びからみえる子どものこころ』. 30-40. 日本評論社
West, J. (1996). *Child centered play therapy* (*2nd*): Edward Arnold Limited.（ウエスト，J. 倉光　修（監訳），串崎真志・串崎幸代（訳）(2010).『子ども中心プレイセラピー』創元社）
吉田弘道（2002）.「遊戯療法におけるアセスメント─精神分析的立場から」『臨床心理学』2, 3, 297-303.

参考文献

吉田弘道・伊藤研一（2010）.『遊戯療法　二つのアプローチ』（復刻版）福村出版
　（来談者中心療法と精神分析療法の立場の遊戯療法について解説するとともに，事例を用いて，遊戯療法のセッションの中でセラピストが何を考え，どのように対応しているのかについて，分かりやすく述べられている。また，２つの立場の遊戯療法の理論的解説も分かりやすい。初心者向きの書である。）
West, J. (1996). *Child centered play therapy* (*2nd*): Edward Arnold Limited.（ウエスト，J. 倉光　修（監訳），串崎真志・串崎幸代（訳）(2010).『子ども中心プレイセラピー』創元社）
　（来談者中心療法の立場に立つ遊戯療法に関するテキストである。導入の仕方，初回セッションにおける重要ポイント，遊具，セラピストの資質及び訓練，定期的なプロセスの把握方法，終結，など余すところなく，重要点が網羅してある。）
日本遊戯療法学会（編）（2014）.『遊びからみえる子どものこころ』日本評論社
　（本書は，遊戯療法の解説書ではない。それぞれの著者が，遊戯療法で出会った子どもたちの遊びとその意義を，ただただ紹介したいとの想いで書いている。遊戯療法の面白さが，そのまま直接的に読み手に響いてくる書である。）

4 子どもの心理療法2　親面接

吉田弘道

《目標＆ポイント》 親面接の目的，親面接の進行過程，子どものアセスメントを行うための情報の収集項目および話の聴き方，親面接を行う場合のセラピストの基本的態度，親のアセスメントのポイントについて解説する。
《キーワード》 親面接，親本人治療，親面接の目的，親面接の進行過程，子どものアセスメント，親のアセスメント，セラピストの基本的態度，親面接の学び方

1. はじめに

　子どもの心理療法では，子ども担当のセラピストが子どもに心理療法を行うことと並行して，原則的に，別のセラピストによって親の心理面接が並行して行われている。親面接は，精神分析のアンナ・フロイト (Freud, A., 1927) に，親面接という表現は出てこないものの，「子どもの示す敵意や愛情の衝動を，分析家と親は共有しなければならない」とあるので，そのころから親面接を実施していた可能性がある。その後も，Freud, A. (1946) は，児童相談における家族，特に母親の協力の必要性を強調している。また来談者中心療法でも，ロジャーズが，親に対する直接的教育，親自身についての解釈療法，親とセラピストの関係療法について論じている (Rogers, C.R., 1939)。これらのことから見ると，親面接の歴史は古いと言える。親面接について，河合 (1984) は，子どもの相談をあくまでも中心と考え，親面接をその補助手段とする，子どもの心理療法からの流れと，親を心理療法の対象として取り扱い，

親の自己実現の道を追求していくことを第一義とする，成人のカウンセリングからの流れの2つに整理している。しかし同時に，親面接は事例によって相当異なるアプローチを必要とするので，どのような方法をとるにしろ，それは一定のものになるはずがなく，何らかの意味で多様性を持つことを迫られるものであるともしている。確かに，親面接は難しいのであるが，子どものための親面接の立場を保ちながら親に対応することは，親が，面接の中でどのような役割を果たせばよいのかを理解しやすいという利点があると言える。このような考えを踏まえ，本科目が子どもの心理療法について学ぶ機会であるので，本章では，子どものための親面接の観点から，親面接の目的，親面接の流れ・進行，親面接におけるアセスメント，セラピストの基本的態度を中心に見ていくことにする。

2. 親面接の目的

　子どもに心理的問題が生じたとき，身近にいて最も困惑するのは親である。また同時に，子どもの手助けをする上で最も力になれるのも親である。さらに，子どもは自分の問題を改善することを目的に，自ら相談機関や治療機関を訪れることができない。このような事情もあって，親面接の時間が持たれるのも当然のことである。しかし，親面接が行われる目的は，それだけに限らず，もっと積極的な意味を持っている。

　表4-1に，親面接の目的を示した。子どもが不登校などになった場合，親も困惑して不安になっていることが多い。そのため，親面接では，「①親の不安に対応し，親が子どものために安定した役割を果たせるようにする」，が第一の目的である。しかし，安定させるためといっても，ただ励ましたり慰めたりするだけでは，真の安定につながらない。親の

表4-1 親面接を行う目的

①	親の不安に対応し，親が子どものために安定した役割を果たせるようにする
	情緒面と知識面（育児知識）の両面から親をサポートする
②	セラピストと親が協力して必要な情報を集め，心理的問題の背景を探求する
	子ども理解とアセスメントに役立てる
③	子どもの心理的問題の理解と解決に向けて，親の協力意欲を高める
	子どもの相談の継続には親の協力が必要である
④	親のアセスメントを行う
	親の心理的特徴を把握する
⑤	親の洞察を助ける
	親子関係，家族関係，夫婦関係，子どもを取り巻く環境などの洞察を助ける
⑥	親役割を促進するために，広い意味での指導・教育を行う
⑦	外部関係者との関係の持ち方をサポートする
	子どもが通っている，幼稚園・保育園・学校の関係者との付き合い方をサポートする
	それらの人とのかかわり方，子ども理解の伝え方，などについて

(作表：吉田)

心労をねぎらうとともに，子どもの心理的問題の背後にある事柄について理解を深め，問題の解決方法を探りながら，一緒に歩むセラピストの対応が，親の不安を弱めることにつながる。すなわち，情緒面と知識面の両面から親をサポートするのである。当然のことであるが，親に対する適切なサポートは，子どものアセスメントに基づいて行われる。その

ためには,「②セラピストと親が協力して必要な情報を集め,心理的問題の背景を探求する」ことが重要である。親面接の中で,どのような情報を,どのように集めるのかについては,後で詳しく述べることにする。

①と②の目的を念頭におきながら親と関わることは,「③子どもの心理的問題の理解と解決に向けて,親の協力意欲を高める」ことにつながる。子どもの相談を継続するには,相談への親の参加意欲を高め,親の協力を維持することがどうしても必要である。親の協力が得られない場合には,子どもの相談が中断してしまうことがある。

ところで,アセスメントは子どもについてのみ行われるのではなく,親についても行われる。これが「④親のアセスメントを行う」である。親のアセスメントのポイントと方法については後で触れるが,親の心理的特徴を把握しておくことは,親の協力を得ることと,親のサポートの仕方を考える上で重要である。

さて,「⑤親の洞察を助ける」は,セラピストが,親の内省を促進し,子どものことや家族のことについて考えをめぐらす中で,洞察や気づきが生じやすいように対応することである。洞察とは,「ああそうか」,「だから子どもはこうなっているのか」と,感動を伴って発見することである。セラピストは,この洞察に親を導く態度について訓練を受けているので,その態度を十分に発揮しながら進めることになる。「⑥親役割を促進するために,広い意味での指導・教育を行う」は,洞察を補助するために行われるくらいに考えておいたほうがよい。ここで言う指導や教育とは「・・・しましょう」ということではない。「これこれ,こういうことが役立つとされています」と情報を伝えたり,「お子さんが学校に行けないことには,このような意味があると思います」などと,不登校の心理的意味について理解を伝えたりすることである。これらの情報や理解をどのように使うかは,親に任されていることになる。

他の目的としては,「⑦外部関係者との関係の持ち方をサポートする」がある。子どもが通っている学校や幼稚園,保育園の担任に,子どもの心理的問題の意味を伝え,担任から子どもに対して適切なサポートが得られると,子どもも親も楽である。セラピストから関係者に伝えることもあるが,親が関係者に伝えることができるように支援することも,親面接の目的である。この目的には,必要に応じて他の専門機関を紹介することも含まれる。

3. 親面接の流れ・進行過程

親面接は,概ね表4-2に示した過程をたどって進行する。ただ,初めに述べておくが,親面接はこの過程を行ったり来たりしながら進むのが普通である。特に,②から⑤は何度も行ったり来たりが繰り返される。

①親が相談したいことや面接の目的の明確化
親面接では,まず,親が子どものどのような心理的問題を心配して子どもを連れてきたのか,何を心理相談に期待しているのかについて確認する作業を必ず行う。この作業は主に初回面接の中で行うが,2回目の面接時間を使うこともある。この確認作業をしないまま面接を続けると,セラピストと親との間にずれが生じることがある。この点について確認した後で,心理相談では子どもに何ができるか,そして,親面接では,これから何をしていくのかについて,明確に説明する。この確認作業は,アセスメントが進み,その結果に基づいて子ども理解を伝えた後でも何度か繰り返し行われ,両者が納得した上で,親面接が進められることになる。

表4-2　親面接の流れ・進行過程

① 親が相談したいことや面接の目的の明確化（特に面接の初期）
　　話し合いの時間を持つことの目的を明らかにして，協力して進んでいく関係を築く
② 子どものアセスメント（特に面接の初期）
　　心理的問題の状況理解，情報収集（子どもの特徴，親子関係，家族関係，など）
③ 親のアセスメント
　　親の特徴について
④ 理解の伝達・仮説提示
　　親と一緒に理解したことを整理して伝える，仮説を提示する
　　理解の共有
⑤ カウンセリング
　　対応方法について検討する，洞察を助ける，必要に応じて教育することもある
⑥ 終結
　　子どもの心理的問題が解決され，親面接も必要なくなる

(作表：吉田)

②子どものアセスメント

　心理相談に対する目的が明確にされると，次に，子どもがなぜそのような心理的問題を呈しているのか，その意味を理解するために親から話を聴くことになる。話を聴いて集める情報は，表4-3に示したものである。情報を集める目的は，どのような家族の中で，どのように育ち，どのように発達して，どのような特徴を持っている子どもが，どのような時点で，なぜ現在の心理的問題を呈しているのかを理解するためであ

表4-3　情報の収集

① 子どもについての悩み，症状，状態について 　　心理的問題の発生時期，きっかけ有無，子どもの状態，変化，症状への対応
② 生活状態 　　困ったこと以外に，親子がどんな生活をしているのかについて確認する
③ 現在の環境 　　家庭：子どもと母親・父親・きょうだいとの関係，夫婦で話す時間，夫の協力 　　学校・園：担任との関係，仲間との関係，学校環境・園の環境・雰囲気
④ 子どもの生育歴について 　　（ア）出生時の様子 　　（イ）発育状態，病気の有無 　　（ウ）運動発達 　　（エ）知的発達 　　（オ）親子関係・アタッチメントの発達と質，兄弟・家族との関係 　　（カ）友達関係 　　（キ）分離―個体化の発達 　　（ク）自我の発達

(作表：吉田)

る。筆者は親面接の助言者を頼まれる機会があるが，このアセスメントが行われていないことが多い。

　ところで，アセスメントであるが，セラピスト側が一方的に行うので

はなく，親と一緒に力を合わせて行うことが大切である。目的のところで，親と一緒に探求することを述べたが，親と一緒に，協力して探るのである。そのためには，親に質問して話を聴くことになるが，その時，親になぜそのことを尋ねるのかが分かるように伝えながら，話を聴くことが大切である。

　さらに，話を聴くときのやり方であるが，表4-3に挙げた項目に従って，一つ一つ順番に話を聴いていくやり方はあまり役に立たない。質問はセラピストから始めることが多いが，その後は，親が話した内容をより深く理解するための質問に拡大し，その質問の中に，表4-3の項目を含めていく方がより探求的であり，親の積極的な態度を引き出すことにつながる。例えば，小学校での友達付き合いのことが話されたら，「どのように遊んでいますか」と具体的に尋ね，さらに，「そのような付き合い方は，いつからなのでしょう」と言い，その後で「では，幼稚園の時はどのように遊んでいましたか」とさかのぼっていくのである。親子関係についても同じ方法で尋ねていくが，そのとき，親が，子どもが幼かったころの親子関係を情緒的に思い出せるように対応できると，さらによい。

　アセスメントはセラピストと親が力を合わせて行うものであることを述べたが，親担当のセラピストと子ども担当のセラピストが共同で行うものでもある。親担当者が親面接から得られた情報と，子ども担当者が子どもの遊戯療法を行う中で得られた観察資料に基づいて，両者が力を合わせて子ども理解を深め，アセスメントが行われる。この他に，アセスメントは，各種心理検査から得られた資料も合わせて，総合的に行われることになるが，この点については，8章および14章を参照されたい。

③親のアセスメント

　親面接の中では，親についてもアセスメントが行われる。このことは，親面接を行う上で重要である。アセスメントするポイントを表4-4に示した。これらの点に着目しておくことは，どのような伝え方をしたら親に子ども理解が伝わるのか，親がどれくらい不安に耐えて子どもの役に立つような親役割を果たせるのか，親と子どもの情緒的関係は話している内容と同じであるか，親に心理相談以外に使えるサポートを紹介する必要があるか，他の専門機関に親を紹介する必要があるか，について判断する際に役立つ。

　例えば，表4-4の中の「親の自我機能：子どものことと自分のことを分けておく能力」は，子どもを自立した一人の人間として育てる上で重要である。したがって，子どものことを話しながら，いつの間にか親自身の気持ちとして話が進む親の場合には，子どものことと親自身のことを区別するのが難しいと考え，「子どもはどう思っているのか」と「親自身はどう思っているのか」を区別するように質問して，それぞれの独立性を明確にするのを助ける必要がある。また「心の内側を見る能力」は，親の内省（insight）能力を見ることである。例えば，「あの子はこのように考えているのではないかと思います」という発言がそれである。この能力は，子どもの気持ちになって，子どもを理解する能力に関係するので，親面接の進展を左右する。この能力が弱い親に対しては，セラピストから，「お子さんはどんなふうに思っているのでしょうか」と質問してみたり，「もしかするとこんなふうに考えて，そのようにしているのかもしれません」などと伝えて，この能力を育てるような対応をすることになる。

　表4-4の中の，「親に接している際のセラピスト自身の感情についても観察する」は，親が子どもにどのように接しているのかを知る情報を

表4-4　親のアセスメントと方法

1. アセスメントのポイント
   親の自我機能：子どものことと自分のことを分けておく能力
      現実と空想・想いを分けておく能力
      話しながら脈略をはずれない能力
      欲動の統制能力
   心の内側を見る能力：自分自身の心の動き，気持ちを体験して話せる能力
      子どもの内面の動き，気持ちについて思いをはせて，話せる能力
   子どもに関する親の内的ワーキングモデル：
      親が子どものことをどのように思っているのか
      子どもは親のことをどのように思っているのか
   対人関係の持ち方：人に頼ること，依存することができる
      頼りすぎる，依存し過ぎる，一人で頑張る，頼るのが苦手
   情緒と知的能力のバランス：
      考える力があり，同時に情緒的でもある
      知的に考える方が勝っている
      情緒面が勝っており，情緒に流されやすい
   親を支える環境の有無：夫婦関係，母親自身の親子関係，母親の友達関係など
   病理の有無：隠された精神面の病気はないか
2. アセスメントの方法
   親から話を聴く
   親をよく観察する
      話の内容だけではなく，話し方，表情，態度，親の気持ちの動きにも目を向ける
   親に接している際のセラピスト自身の感情についても観察する
      親身になりたくなる，大変だなと思う
      緊張する，硬くなる，圧倒される
      親側の大変さや心配が伝わってくる，あるいは，伝わってこない，など

(作表：吉田)

セラピストに与えてくれる。特に、子どもに対して親がどのような対応をしていて、それに対して相手をされている子どもは、どのような気持ちになるのかを知る時に役立つ。これは、セラピストが子どもの気持ちに同一化しながら親子関係を理解することにつながる。すなわち、親に接していて、セラピストの側に、窮屈で自由度が下がる感覚が起こることが頻繁にあるなら、この関係は、親と子どもの関係を反映している可能性があり、子どもは、親に干渉、支配され、窮屈な感覚を味わっていることが想像できる。このことを、単なる想像に終わらせず、親との面接の中で確認できるなら、子どもの治療にとって有益である。

④理解の伝達・仮説提示

　親面接と子ども担当者の情報を基に、子どもの心理的問題の背景を理解したなら、理解したことを整理して親に伝え、親と共有することになる。また、なぜ子どもの心理的問題が生じたのかについて、分かる範囲で仮説を立て、その仮説を親に伝えて、共通理解を持つことになる。この段階に進む前のアセスメントの段階で、親とセラピストが一緒に探求しながら歩んできていると、理解を伝えても、あるいは仮説を提示しても、親の理解が得られやすい。そのためにも、アセスメントの段階で、親とセラピストが一緒に探求するように、話を進めることが望ましい。また、これらの理解を伝えるときには、親と話をして、明確になっていることや、親が話した言葉や表現をそのまま使うと、親に理解されやすい。

　例えば、「お子さんは、お母さんのお話だと、小さい頃からあまり甘えたり、頼ったりしてこないお子さんだったようです。これまでお子さんは一人で頑張って、自分の力で難しいことに対応できていたのだと思いますが、今回の出来事は、一人では対応できなくて、それで、登校を

渋るようになっているのかもしれません。そして，これまでにないことですが，お母さんにべたべた頼っているようです。」など。これは，仮説である。このように伝えて，親がどのように反応するのか，あるいは考えるのかを待つ。

　あるいは，ここで，今後の対応に向けて，「お子さんの場合には，困ったときに親や友達にもう少し頼って，助けてもらいながら，頑張れるようになれるといいかもしれません」と一つの考えを示すこともできる。その上で，この考えを親がどのように使うかを見ながら，カウンセリングの段階に進むことになる。

⑤カウンセリング
　上述したように，ある理解や，ある考えを伝えた上で，その後どのように話を進めるのかは，親に任されることになる。どのような話が親から出てくるか，それを待っているしかない。子どもの成長を振り返る話がされるか，他の子どもと比較する話が出てくるか，あるいは，子育てをするときに，親自身の体調が悪かったことが話されるか，それは待っているしかない。親が話したら，それに耳を傾けて，親の考えを尊重しながら対応することになる。

⑥終結
　親面接を続けると，子どもに対する親か家族の適切な対応がなされ，同時に，子どもも心理療法が進む中で成長するので，やがて問題が改善する時期が訪れる。このようになると，心理相談の終結について話し合うことになる。セラピストと親の合意の下に，2，3カ月の準備期間をおいて，終結に至るのが望ましい。

4. セラピストの基本的態度

セラピストの基本的な態度について，これまでに述べたこと以外のことを表4-5にまとめた。「①子どもの成長，親の成長を信頼して関わる」ことは，心理療法の基本である。「②親本人を治療の対象にしない」は，子どものための親面接であるからである。本章の冒頭に述べたように，親面接には，子どもの相談を中心と考えて親面接をその補助手段とする，子どもの心理療法からの流れと，親を心理療法の対象として取り扱う，成人のカウンセリングからの流れがあるが，本章では，子どもの相談を中心と考える親面接について論じているからである。なお，この考え方は，小此木ら（1969a；1969b；1982）の研究に基づいている。そうはいっても，親面接を続けていると，親が自分自身の親との関係や，自分の生い立ちについて語ることがある。そのような場合，親自身の治療に進まないためには，親が話したことを子どもとの関係に戻して一緒に考えるようにすると，親自身の治療に進まないように面接をコント

表4-5　セラピストの基本的態度

①　子どもの成長，親の成長を信頼して関わる 　　　子どもも親も成長するので，そのことを信頼して付き合う
②　親本人を治療の対象にしない 　　　子育て支援である
③　現実志向的に対応する 　　　課題について現実的に対応する
④　陽性の関係を維持する 　　　ポジティブな関係の中で，課題について話し合う

（作表：吉田）

ロールすることができる。それをしないで、親自身の親子関係をさらに探求する質問を発して、より深く進むと、親自身の治療との区別がつかなくなる恐れがある。親本人治療にしないためには、親面接を、広い意味で子育て支援であると考えているとよい。

「③現実志向的に対応する」は、親を治療の対象としないことと関係している。というのは、成人の心理療法では、課題について現実的に検討するだけでなく、心理療法場面におけるセラピスト-クライエント関係を扱うとともに、夢やファンタジーも扱うからである。これに対して親面接では、親が子どものために現実的にどのように対応するか、あるいは、学校などの関係者とどのように関わるかについて検討するからである。「④陽性の関係を維持する」は、セラピスト-親関係をポジティブに維持する中で、現実志向的な話し合いが進むと考えられるからである。ちなみに、成人の心理療法では、セラピスト-クライエント関係の中で、ネガティブな情動を扱うことが重要であることが多い。

5. 親面接の学び方

最後に、親面接の学び方について触れておくことにする。親面接を親自身の治療にしないといっても、親面接は心理療法の一つである。したがって、親面接を行うためには、まず、成人の心理療法を学んでいることが前提である。その経験の積み重ねは、話の聴き方の基礎を作ることになる。また、成人の心理療法体験は、子どものための親面接、つまり、親自身を治療の対象としない面接において、親本人を治療の対象とするセラピストの態度との違いを意識することにつながる。成人の心理療法体験がないと、本章で述べた、親面接と親自身の面接の違いが分からないことになる。そのほかに、子どもの心理発達、子どもと親との関係性

に関する理論と,アセスメント方法,ならびに,子どもの心理療法についても知っていることも大切なことである。子どもを担当しているセラピストは,親担当者が子どもの心理発達のことや心理療法のことをよく理解してくれていると,とても仕事がやりやすいものである。

親面接はとても難しいものである。もしかすると,成人本人の心理療法よりも難しいかもしれない。しかし,十分に学習し,スーパービジョン(指導)などの機会を利用して訓練を受けていると,少しずつ自信がついてくるものである。

＜コラム　2＞
発達障害児の親面接

吉田弘道

　発達障害を持っている子どもを育てている親の面接は,心理相談で訪れている親の面接と違うのだろうか。この点について質問を受けることがある。筆者は発達臨床心理学の立場にいるので,基本的には,ほとんど変わらないと考えている。子どもがどのように発達の過程をたどってきているのかを理解し,現在どの発達段階にあり,その段階でどのようなことが影響して現在の状態になっているのかを理解するには,発達障害のある子どもの親面接も,子どもの心理相談における親面接も違いはないからである。知的能力,親子関係,社会性,遊ぶ力,自我統制,自己像形成など,把握する発達領域は,発達障害のある子どもも不適応行動を起こしている子どもも変わらない。

　違いがあるとすれば,発達障害児の持っている行動特徴や能力をセラピストが理解した上で,親とその理解を共有し,その理解を,その子どもへの対応と発達援助に役立てる点である。もちろん,発達障害児の場合には,理解しなければならない点は多いし,その発達の変化を見ていく視点は細かくなる。また,発達で進む道筋を細かく見極め,現時点よ

り一歩先の変化を予測して親に示し，そこに至る対応について親と具体的に話し合うことも必要である。しかし，これとても，不適応行動を起こしている子どもの親面接でも行うことである。

　ここで見方を変えて，神経症の症状のある発達障害児のことを考えてみよう。発達障害特有の特徴を持っている子どもであることを理解した上で，子どもには心理療法を行い，並行して親面接をすることになる。以前，強迫症状のある知的発達障害児の心理療法を担当したことがある。このときには，発達障害のない子どもと何ら方法を変えずに心理療法を行った。その間に子どもは安定し，症状は消えた。親面接も，心理相談の親面接と同じ方法で対応できた。

　私見であるが，世の中には，「発達障害の○○ちゃん」とみる見方があり，それが，「発達障害を持っている子どもを育てている親の面接は，心理相談の子どもの親の面接と違うのですか」，という質問の背後にあるように思える。「○○ちゃんで，発達障害を持っている子ども」なのである。そう考えると，「○○ちゃんで，心理的な難しさを持っている子ども」であると理解するのと変わらない。発達障害がある，なし，ではなくて，子どもが自分らしく生きられるかについて考える点では，どちらも同じなのである。

学習課題

1．親面接の目的を確認しつつ，親面接の進め方についてまとめてみよう。
2．子どものアセスメント，親のアセスメントの進め方についてまとめてみよう。
3．子どもの心理療法のための親面接と親自身の治療面接の違いについて意識し，親面接に留めておくやり方を書き出してみよう。

引用文献

Freud, A. (1927). *Einführung in die technik der kinderanalyse.* Vienna: Internationaler Psychoanalytischer Verlag. In Freud, A. (1974). *The writings of Anna Freud. Vol 1. Introduction to psychoanalysis: Lectures for child analysts and teachers 1922-1935.* Marc Paterson Ltd.（フロイト，A. 牧野清志・黒丸正四朗監修　岩村由美子・中沢たえ子訳（1981）.『児童分析と子どもの養育，アンナ・フロイト著作集　第1巻』「児童分析入門」. 50-68. 岩崎学術出版社）

Freud, A.（ed）(1946). *The psycho-analytical treatment of the children*: Imago Publ Co. Ltd.（北見芳雄，佐藤紀子訳（1961）.『児童分析』誠信書房）

河合隼雄（1984）.『児童の治療における親子並行面接の実際』河合隼雄・岩井寛・福島章（編）「家族精神療法」. 75-88. 金剛出版

Rogers, C.R.（1939）. *The clinical treatment of the problem child Houghton Mifflin.*（堀　淑昭（編），小野　修（訳）(1966).『ロージァズ全集　第1巻』「問題児の治療」岩崎学術出版社）

小此木啓吾・延島信也・河合洋・岩崎徹也・片山登和子・山木允子（1969a）.「児童治療における並行母親面接（その1），児童精神医学とその近接領域」10，3，160-168.

小此木啓吾・片山登和子・山木允子・鈴木寿治（1969b）.「児童治療における並行母親面接（その2），児童精神医学とその近接領域」10，3，169-179.

小此木啓吾・片山登和子・滝口俊子（1982）.「父母カウンセリングと父母治療」加藤正明・藤縄昭・小此木啓吾（編）『講座　家族精神医学4　家族の診断と治療・家族危機』. 249-269. 弘文堂

参考文献

青木豊（2012）.『乳幼児－養育者の関係性　精神療法とアタッチメント』福村出版　（子どもの心理相談における親面接の立場というよりも，より親を治療の対象とする立場に踏み込んだ場合の親面接技法を取り扱っている。しかし，親面接における親と子の関係性，および，子どものアタッチメントのアセスメントを理解するのに役立つ要点が豊富に含まれている。）

Sameroff, A.J. & Emde, R.N. (Eds.) (1989). *Relationships in Early Childhood: a developmental approach:* Basic Books.（ザメロフ, A.J. エムデ, R.N. 小此木啓吾監修・井上果子訳者代表（2003）.『早期関係性障害』岩崎学術出版社）
　（親面接の中で, 親と子の間に形成されている関係の特徴を理解するのに役立つ。）

Stern, D.N. (1995). *The Motherhood Constellation: a unified views of parent-infant psychotherapy:* Basic Books.（スターン, D.N. 馬場禮子・青木紀久代（訳）(2000).『親-乳幼児心理療法：母性のコンステレーション』岩崎学術出版社）
　（親が子どもと接する態度の背後に, どのような環境的, 心理的事柄が影響しているのかを理解するのに役立つ。）

吉田弘道（2013）.『心理相談と子育て支援に役立つ親面接入門』福村出版
　（心理相談事例における親面接の中での具体的なやり取りをとおして, 親面接の重要なポイントである, 話の聴き方, 情報の集め方, 理解の伝え方, 母親を治療の対象にしないやり方, セラピストの感情の使い方などを分かりやすく提示している。）

5 | 子どもの心理療法3　認知行動療法

小林真理子

《目標&ポイント》 子どものための認知行動療法について，その理論と実践における工夫，ケースフォーミュレーションについて学ぶ。また，子どもの認知行動療法の実際として，不安と怒りへの個別のアプローチとグループプログラムを紹介する。
《キーワード》 認知行動療法，思考（認知）・感情・行動，ケースフォーミュレーション，心理教育，予防プログラム

1. 子どもの認知行動療法とは

　認知行動療法（Cognitive Behaviour Therapy: CBT）は，認知過程を変化させ，それによって心理的悩みや不適応行動を低減させることを目指す心理療法である。認知行動療法は多くの実証研究において，様ざまな疾患や障害の治療に効果が認められ，薬物療法とともに，あるいは薬物療法に代わる方法として注目されてきた。近年，子どもの心理的問題にも有効な介入法であるとの結果が出されてきている。

　子ども（若者）の認知行動療法については，米国の心理学者ケンドールとホロン（Kendall, P.C. & Hollon, S.D., 1979）が以下のように定義している。

　「子ども／若者の認知行動療法とは，子ども／若者の認知的側面を具体的に考慮し，その文脈の範囲内でのみ行動療法の技法を役立てるものである。つまり，問題となっている出来事について，子ども／若者がその意味をどの

ように解釈し，その原因をどのように考えるかという認知的側面を重視し，それとの関連で行動療法の技法を活用するのである。」

（『子どもと若者のための認知行動療法ワークブック』金剛出版，p.11より）

　具体的には，ある出来事（きっかけ）に対して，思考（どのように考えているか），感情（どのように感じているか，どのような気持ちなのか），行動（どのような行動をしているか）をそれぞれ分けて捉え，それら3つの要素が互いに影響し合い悪循環を起こした結果，心理的問題が生じると考える。その悪循環を見つけた上で，思考・感情・行動に対して，変化することを目指して働きかけ，3つの要素のいずれかが変化することで他の要素にも好影響を与えて，最終的には認知が変わり心理的問題が改善することを目指している（図5-1参照）。

　他の心理療法との違いは，日常生活の中で自分の感情の揺れ動きや活動を記録したり，セラピーの中で気付いたことを実生活で試したりするなど，次回のセッションまでに何らかの課題を行うことを勧められる点である。そのような課題の必要性についての心理教育を行う点も認知行動療法の特徴である。従って，クライエントのモチベーションをいかに高めるか，課題の出し方には工夫が必要となる。

2. 子どもの認知行動療法における工夫

　セラピストとの間に良好な関係を築き，維持していくことは，子どもの場合特に重要である。子どもは通常，自らの意志ではなく，彼らの問題や不適応に困った大人（保護者や教員など）に連れられて相談にやって来るため，来談に消極的で，問題改善に対する意欲が低い場合が多い。

　スタラード（Stallard, P., 2005/2008）は，子どもとの良好な関係を築

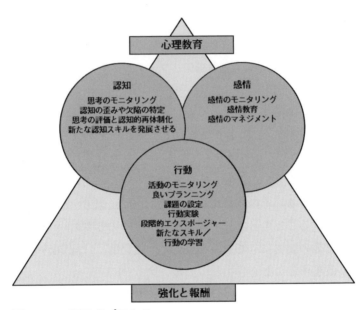

図 5-1 CBT のプロセス
(出典:松丸未来・下山晴彦・スタラード, P.(2010).『子どもと若者のための認知行動療法実践セミナー』金剛出版, p.104)

いて維持するために,以下の 7 つのポイントを提唱し,それらの頭文字を取って PRECISE(「正確」という意味)と呼んでいる。

　　Partnership　パートナーシップに基づいて
　　Right developmental level　正しい発達レベルに合わせて
　　Empathy　共感して
　　Creative　創造力を豊か(クリエイティブ)に
　　Investigation　調査と実験を促し
　　Self-discovery　自己発見と自己効力感を高める
　　Enjoyable　楽しめるものである
　子どもと関わる際には,説得ではなく,「パートナーシップに基づい

て(Partnership)」，コミュニケーションを大切にし，子どもの意思を常に尊重しながら進めることが大切である。子どもの「発達レベルに合わせて(Right developmental level)」，それぞれの子どもにとって分かりやすい言葉や例えを使って，理解ができるように配慮することである。子どもの目線で子どもがこの世の中や自分自身，将来についてどのように思っているのかを「共感して(Empathy)」理解し，受け止めながら聴く姿勢が求められる。「調査と実験を促し(Investigation)」とは，子どもが自ら新たな行動を自主的に行い，一歩踏み出すことで感情や認知が変わることを実感し，積み重ねることで習得することを目指している。つまり，頭で理解するよりも行動を通して実感することを重視する。そして，子どもが元々持っている強みやその子らしさをセラピストが見いだし，肯定し，促進する態度を心掛けながら，子どもが新たな行動へと一歩踏み出す安心感を与えて，「自己発見と自己効力感を高める(Self-discovery)」ように配慮する。

　これらの中で，子どもに適したアプローチにするために最も重要なものは，「楽しめる(Enjoyable)」ことであり，そのためにセラピストは，「創造力を豊かに(Creative)」して様々な工夫を行うのである。例えば，子どもが好きなキャラクターや漫画を使って，不安をモンスターに，それをやっつける味方をお気に入りのキャラクターに例えて分かりやすく説明したりする。また，使用するワークシートに文字だけでなくイラストや画像を入れて，その子どものためのオリジナルのワークシートを作成したりする(図5-2参照)。

　さらに，PRECISEには含まれていないが，「家族(Family)や保護者などのキーパーソン」との協働・協力は認知行動療法が効果を上げるためには，必要不可欠である。保護者との関係が子どもの心理的問題の一要因となっている場合も多く，問題が生じ維持されていることの背景

図5-2 他の考え方を見つけるためのワークシートの一例
(出典:松丸未来・下山晴彦・スタラード, P. (2010).『子どもと若者のための認知行動療法実践セミナー』金剛出版, p.56)

として考える必要がある。一方で、保護者の子どもに対する見方や接し方が変わることによって(一筋縄ではいかないが)、子どもの心理的問題が改善へと向かうことはよくあり、保護者の協力を得ることは、子どものセラピーの効果を高めることにつながる。

3. ケースフォーミュレーション

　ケースフォーミュレーション(以下CF)とは、問題がどのように発現し、悪循環となり維持されているかを説明するメカニズムに関する仮説である。認知・感情・行動の3つの要素のどこから働きかけていくかを決めるためにも、CFの作成が欠かせない。セラピストが見立てたこ

とを図に示し，子どもに説明して納得できるようにする。

　CFには，3つの大きな役割がある。第一に，子どもや保護者への心理教育としての役割であり，CFを通して子ども自身は自己理解を深め，身近な大人は子どもへの理解を深める（ただし，大人と共有する場合は原則子どもからの許可を得る）。第二は，介入への作業仮説としての役割である。料理に例えると，そろえた材料をどのように調理していくかを示すレシピである。第三は，セラピストが子どもの心理的問題をどのように捉えているかについてオープンに説明することを通して，子どもとの関係づくりに役立ち，子どもが主体的に取り組むための動機付けにもなる。

　CFには，主に2つのタイプがある。一つは，現在の悪循環の一つを示す「問題の維持に関するフォーミュレーション」である。これは，単純にある出来事（きっかけ）によって，何を考え，どのように感じ，行動したかという認知・感情・行動のつながりを示す。映画のワンシーンを抜き出し，図式化したようなものと言えるだろう（図5-3参照）。もう一つは，過去に遡って問題の成り立ちと維持を含んだ悪循環を示す「問題の発現に関するフォーミュレーション」であり，問題の全体像をつかもうとする。遺伝や体質などの「素因」，家族関係やいじめや大きな病気，勉強のつまずきなどの過去の出来事に関する「発生要因」，周囲の無理解や不適切な介入などの「発展要因」，現在の悪循環である「維持要因」が含まれる。ただし，あまり複雑化しすぎないように，主訴に関連する要因を含めることがポイントである。

4．子どもの認知行動療法の実際

　子どもの認知行動療法については，様ざまな実証研究がなされており，

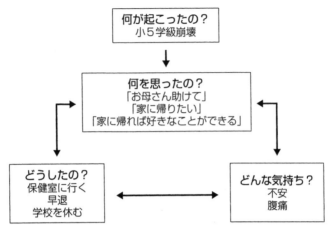

図5-3 問題の維持に関するフォーミュレーション
(出典:松丸未来・下山晴彦・スタラード, P. (2010). 『子どもと若者のための認知行動療法実践セミナー』金剛出版, p.141)

うつ, 強迫性障害, 不安障害, 不登校, PTSD, 慢性疲労などの治療において効果が確認されている。ここでは, 多くの問題や障害の背景にある「不安」と「怒り」へのアプローチについて紹介する。

(1) 子どもの不安へのアプローチ

不安への介入は, 一般的に5段階から成る。第1段階は, CFの作成, 不安の成り立ちや悪循環などの心理教育である。第2段階は, 感情への気付きと感情と身体の反応がつながっていることを理解し, リラックスするスキルを身につけることである。第3段階は, 認知と感情のつながりを理解し, 不安にさせる考えに気付き, 考えの幅を広げる。第4段階では, 不安になるものに対して回避行動を取らずに, 段階的に向き合い, 安心感を得ていく方法を身につける。最大の山場であり, また, 効果が期待されるのがこの段階であり, ここでの達成感が最も大切な安心感の

獲得へとつながっていく。そして第5段階では，再発防止に向けて身につけた方法を振り返り，自己理解を深めながらスキルを積み重ねていく。

　ここで，小学生によく見られる登校すると腹痛になり，不登校に至るケースについて，認知行動療法ではどのように取り組むかを紹介する。初めて会ったセラピストに不安な事柄について話ができる子どもは少ない。不安について話し始めるきっかけとして，絵本（『でっかいでっかいモヤモヤ袋』など）を読んだり，不安になった時のサインをワークシートで確認したりする（図5-4参照）。そのような作業を通して不安に関するイメージが湧いたり，腹痛だけでなく他にも不安のサインがあることに気付き，どんな時に不安になるかなど，具体的な話ができるようになる。

　子どもの不安の成り立ちや維持，現在起こっている悪循環が捉えられたらCFを作成し，子どもや保護者（教員など）と共有し，お互いの共通理解の元で役割分担しながら介入を開始する。例えば，飴と鞭のように，教員は学級の状況を伝え課題を出すなど"鞭"のような存在として機能し，スクールカウンセラーは気持ちを理解する"飴"として機能する。保護者は不登校の子どもに登校を促すなど"鞭"として刺激を与え，一方で欠席となったら一切文句を言わず，登校以外のできていることを褒めたり雑談を楽しんだり，"飴"として安心できる時間を作るなど，飴と鞭をうまく使い分けるようにする。それによって，子どもも気を引き締めるところ，緩めるところとメリハリが生まれ，不登校改善の一歩につながるかもしれない。

　先に述べた第3段階の認知への介入に関しては，吹き出しを使っていろいろな思考があるということに気付いたり，空のペットボトルの様ざまな使い方を考えたりすることで，物事の捉え方は一つではないという考えに慣れてもらう。そのような"準備体操"をした上で，役に立たな

図5-4 「私の身体の不安の徴候」ワークシート
(出典：スタラード，P．下山晴彦（監訳）(2013)．『子どもと家族の認知行動療法2 不安障害』誠信書房，p.124)

い思考から役に立つ思考への転換を試みる。また，不安になった時に自分を励ます言葉をカードに書いて持ち歩くといった「肯定的なセルフトーク」の方法もある。さらに，「考えのくせ」あるいは，「考えのわな」と呼ばれるが，不安になることに選択的に注意を向けている考え，うまくいったことを過小評価している考え，将来悪いことが起きるだろうという占い師のような考え，他人が考えていることをネガティブに捉える考え，不安なことを過度に一般化する考えなどの特徴を紹介し，どれが当てはまっているかを尋ねる。

　段階的に不安に向き合う第4段階は，「考えのわな」の実験（本当にその考えがあっているのか）であり，不安があっても行動することで不安が減り，すべき行動が達成できることを実感する体験となる。また，不安階層表を使って，達成すべき大きな目標をより小さなステップに細

表5-1 考えのわな

考えのわな
○ダメダメ色メガネ 　ダメな側面，悪いところばかり見てしまう ○雪だるま的考え方 　一つのことを考え始めると，次から次へと悪い方向に考える ○全か無かの考え方 　ものごとを全て0か100で考えてしまい，すべて100％ 　完璧でなければ0と同じ，意味がないと考えてしまう ○占い師のような考え方 　「将来悪いことやダメなことが起きる」と予測してしまう ○読心術師のような考え方 　まるで人の心を読むように，「あの人は自分に対して悪いことを考えている」と思ってしまう

(作表：松丸未来)

分化し，それを難易度に従って並べ段階的に行動に移していく。ステップの内容や難易度，試すかどうかは子どもと話し合いながら決めることが大切である。その際，「映画館に入った瞬間は真っ暗だけど，眼が慣れると徐々に物が見えるようになるよね」，「外のプールに入った瞬間は水が冷たいと感じるけど，だんだん慣れてくるよね」など，子どもの実体験に合ったエピソードを取り入れて，不安にも体が慣れていくことを説明する。ただし慣れる前にやめてしまうと，一時的に不安は減少するが，その後も毎回同じ状況で不安が高じるということの繰り返しになり，それが今のパターンを生み出していることも説明する。

　特に不安の高い子どもの場合，常に困難に対処する行動を承認し，実行できたら褒めることが重要である。たとえできなくても常に肯定的なフィードバックをする配慮が必要である。

(2) 子どもの怒りへのアプローチ

　小学校では，学級崩壊の問題や感情表出が苦手で怒りのコントロールが難しい子どもたちが増えているという声を聞くことが多く，小学生の怒りのコントロールに対しての対応が求められている。学校現場では，認知行動療法がベースとなった「アンガーマネジメント」が注目され，個別の介入やグループワークとして取り入れられている。その一端を紹介する。

　ある日，癇癪持ちのコウタくんが休み時間，廊下でクラスメイトに乱暴をしてしまい，次の授業はスクールカウンセラーがいる相談室で話を聞いてもらうことになりました。相談室に連れてこられたコウタくんは，まだ興奮冷めやらず，何が起きたのかうまく説明できません。ただ，スクールカウンセラーには悔しかった気持ちは伝わってきます。あなたがスクールカウンセラーだったらどう対応しますか？

　怒りの感情は，「第二の感情」と呼ばれ，怒りの根底には，悔しさ，寂しさ，不安，妬み，不満など様々な負の感情があると言われている（佐藤，2015）。そのような怒りの源にある感情に，カウンセラーと子ども自身が気付くことが一つのポイントである。コウタくんの場合，怒りの背後に「悔しい」，「分かってもらえない不満」，「寂しい」などさまざまな感情が認められた。話を聴く際に，感情に焦点を当てて，感情教育を含めたツールを用いて作業をする場合が多い。例えば，表情ポスターを使って，「今感じている気持ち」を指してもらい，それがどういう感情なのか言葉にしたり，ワークシートを使って，怒っている時にどんな身体の反応が起きているか示したり，「怒りの温度計」や「怒りの火山」などの比喩を使って，自分の怒りの度合いを振り返ったりする。

介入の初期段階で「怒りの出し方は攻撃だけではない」,「怒りに良い悪いはないが,出し方には良い悪いがある」,「怒りを感じていても安全運転で行こう」など,怒りを否定するのではなく,受け止めながら,自分の思いや気持ちが相手に伝わる出し方,感情のコントロールの仕方を身につけていく方法があることを伝える。そして子どもの話を聴いていく中で,きっかけとなる出来事やその子ども特有の認知パターンの理解が深まっていく。その時点で再度 CF を作成して子どもと共有し,どのような悪循環になっているかについて伝えることが,客観的に怒りを捉えるきっかけとなることがある。

　介入中期では,様ざまな「怒りの消火法」を身につけるワークを取り入れる。取り掛かりやすいのは,<u>感情</u>と<u>身体</u>の反応に働きかける方法である。怒りのきっかけがある場面から離れる,離れてゆっくり呼吸をしたり,固まった筋肉をほぐしたり,眼を閉じて自分のリラックスできる場所を想像したり,ゆっくり水を飲んだり,両手を胸の前で交差させてそれぞれの手で両肩を交互に軽くリズミカルにたたいたりなど,様ざまなリラクセーション法があるので試してみる。リラックスすることに慣れていない子どもが多いので,毎回のセッションで練習を重ねる工夫が必要かもしれない。

　<u>行動</u>に働きかける場合は,自転車に乗る,スポーツで体を動かすなど,その子どもが好きな活動を取り入れると効果的だろう。また,話の聴き方や伝え方,対人関係の持ち方を改善するコミュニケーション・スキルを取り入れることもある。<u>認知</u>に働きかける場合は,考え方によって感情や行動が変化することについて具体例を交えながら説明し,「水をかける考え」や「柔らかい考え」などを紹介して,自分が怒ってしまった場面で他の考え方ができたかどうかを話し合ってみることができる。

　その他にも自分がしたいことと他の人がしたいことが違う場合,「譲

りあう」ことや，問題が解決していなくてもそれ以上問題について考えたり関わったりしないで「先へ進む」方法があることを伝えていく。最後に「気持ちのコントロール道具箱」を作って，これまで学んだことの復習をして今後に向けての活用につなげる。

　以上のように，子どもが怒りをコントロールするためには，自己理解，自己肯定，そして様ざまなスキルの習得が望まれる。スキルに関しては，それぞれの方法が万能ではなく，すべてを子どもが習得するとは限らないが，学んだ中からいくつかは使い勝手のよいものとして役立ててもらえることを期待している。

5. 認知行動療法を用いた予防プログラム

　欧米では子どもの認知行動療法は，個別のケースだけではなく，グループで行う予防プログラムにおいても注目されている。

(1) FRIENDSプログラム

　欧米で効果が実証されている不安とうつの一次予防プログラムとして，「FRIENDS」がある (Barrett et al., 2000)。9～10歳の子どもたちを対象にした全9セッションのグループワークで，研修を受けた養護教諭が行うものである。その効果はWHOでも認められ，推奨されている。

　セッション1は，「自分の強みの発見」(Personal strengths)で自尊感情を高めることを目指し，「完璧な人はいない」というメッセージも含んでいる。セッション2の「感情のコントロール」(Keep calm)では，落ち込んだり不安になったり悲しくなった時に，自分を傷つける行為に走らず，自分の感情を理解し，どのように対処できるか考えてみる。セッション3の「助けになる考え」(Helpful thoughts 1)では，体のサ

インに気付くことを促し,セッション4 (Helpful thoughts 2) では,助けにならない考え方を特定し,考えのわな (Thinking trap) を見つけ,セッション5 (Helpful thoughts 3) で,事実を見ることによって「考えのわな」にチャレンジしていく。セッション6の「問題解決」(Problem solving) では,子どもたちが問題に圧倒されてチャレンジすることをやめてしまう前に,解決法を冷静に考える。セッション7の「サポートネットワーク」(Support network) は,これまでたくさんのスキルを身につけてきたことを確認する。ただし自分自身で対処できない時には誰かに助けを求めることが必要で,誰に助けを求めればよいかについて考える。セッション8は「平和を維持する」(Keep the peace 1) で,物事を一面的にしか見られないと,人と対立してしまうことがあるが,一つ以上の考え方や物事には他の面があることについて考える。セッション9 (Keep the peace 2) では,心の平静を保つためにできることを考える。最終回の後,フォローアップセッションが2回設定されている。

(2) TRTプログラム

　もう一つは,Teaching Recovery Techniques (以下TRT) と呼ばれる,被災した子どもたちの自己回復能力を引き出すことを目的とした,トラウマに関するストレス症状(うつや不安)を緩和・予防するプログラムである。TRTはユニセフから協力を得て設立された子どものトラウマの専門家によるNPO法人Children and War Foundationによって開発された。このプログラムは,8～17歳を対象とした全5セッション,1回2時間から成る。最初のセッションではトラウマ反応に関する心理教育やウォーミングアップのワークがあり,2回目から侵入,過覚醒,行動的回避,認知的回避にそれぞれ焦点を当てたスキルを身につける構

成となっている。保護者セッションも2回用意されている。TRTも心理学の専門家ではない養護教諭や教員などが研修を受けて現場で使えるプログラムである。

おわりに

子どもが自分の心理的問題を改善していくために認知行動療法で身に着けるスキルは，生涯にわたり困難に直面した際の助けになる。また，専門的な心理療法の場面だけでなく，学校や家庭など様ざまな場面で，汎用性の大きい方法として活用できると思われる。

<コラム　3＞
　　子どもの認知行動療法で必要な3つのポイント
　　　　　　　東京認知行動療法センター　臨床心理士　松丸未来

「こういうの嫌なんだよね」「別に」「わからない」「言われたから来た」「普通だし」と言ったり，ほとんど何も話さなかったりということは，初めて会う子どもの面接ではよくあることです。このような状況で認知行動療法の介入をしてもうまく行かないことは簡単に想像できます。そこで，子どもの認知行動療法では，「動機づけ」「問題を共有する」「心理教育」が必須であり，この3つの要素は子どもと出会った時から最後まで続きます。

1つ目の「動機づけ」は，その子どもの味方であり仲間であると信頼してもらうために必要です。一緒に子どもの好きなことをしたり，雑談をしたり，ゲーム感覚のワークもします。例えば，「私は…」から始まる文章を考えるとか，自分を紹介する3つの事柄を考えてもらい，1つだけウソを入れてセラピストがウソを当てたりします。また，ネガティブな意味の言葉をポジティブな言葉に変えるゲームなどもあります。こ

のゲームは認知行動療法の「考え」に関する理解にもつながります。ひとまず問題はわきに置いて，子どもとの関係を築くことを最優先にしますが，関係を築きながら子どもの問題の背景にある悪循環に関する情報を得ることができ，アセスメントは始まっています。

2つ目の「問題を共有する」は，認知行動療法のモデルに当てはめて子どもの話を聞き，一緒に問題に関する，①きっかけ，②考え，③気持ち，④身体の反応，⑤行動，⑥結果について図に表し，問題の悪循環を視覚化します。これをホワイトボードや紙に書いて見せますが，書けない部分があっても大丈夫です。大事なのは，セラピストの中だけで子どもの問題を理解するのではなく，子どもとオープンにセラピストが理解したことを共有するのが認知行動療法の特徴です。そうすれば子どもと一緒にどうしていこうかという作戦を立てることができ，まるで敵を一緒にやっつける仲間のような関係になることができます。

3つ目の「心理教育」は，自分を知り，自分の問題の特徴を知り，介入方法がなぜ効果的なのかを子ども自身が知るためのわかりやすい説明です。説明を子どもが理解し，納得しているかしていないかでは，結果に違いが出ます。

これら3つのポイントは子どもの認知行動療法では必要不可欠であり，子どもが主体的に問題に取り組むための土台となります。

放送授業では，東京認知行動療法センターの松丸未来先生にスタジオにおいでいただき，子どもの認知行動療法についてお話を伺います。

学習課題

1．子どもが不安になったとき，どのような変化を感じるかについてのワークシートを作ってみよう。

2．問題の維持に関するフォーミュレーションがどのように作成されるか，調べてみよう。
(『子どもと若者のための認知行動療法実践セミナー』にたくさんのワークシートの例，フォーミュレーションの例が掲載されています)

引用文献

Barrett, P., Webster, H. & Turner, C. (2000). *FRIENDS prevention of anxiety and depression for children. Children's workbook.* Australia: Australian Academic Press.

松丸未来・下山晴彦・スタラードP著 (2010).『子どもと若者のための認知行動療法実践セミナー』金剛出版

佐藤恵子 (2015).「アンガーマネジメント基礎研修資料」一般社団法人アンガーマネジメントジャパン

Stallard, P. (2005). *A Clinician's Guide to Think Good-Feel Good; Using CBT with children and young people* (下山晴彦 (訳) (2008).『子どもと若者のための認知行動療法ガイドブック』金剛出版)

Stallard, P. (2002). *Think Good-Feel Good. A Cognitive Behaviour Therapy Workbook for Children and Young People* (下山晴彦 (監訳) (2006).『子どもと若者のための認知行動療法ワークブック』金剛出版)

Stallard, P. (2009). *Anxiety: Cognitive Behaviour Therapy with Chidren and Young People* (下山晴彦 (監訳)・髙橋洋 (訳) (2013).『子どもと家族の認知行動療法2　不安障害』誠信書房)

参考文献・サイト

Children and War Foundation: http://www.childrenandwar.org/

Huebner, A. (2009). *What to Do When Your Temper Flares: A Kid's Guide to Overcoming Probrems with Anger* (上田勢子 (訳) (2015).『だいじょうぶ自分

でできる怒りの消火法ワークブック』明石書店）

Huebner, A. (2009). *What to Do When You Worry Too Much: A Kid's Guide to overcoming Anxiety*（上田勢子（訳）(2015).『だいじょうぶ 自分でできる心配の追いはらい方ワークブック』明石書店）

一般社団法人アンガーマネジメント・ジャパン：http://www.amjapan.or.jp/

Ironside, V. (Text) & Rodgers, F. (Illustrations) (1996). *The Huge Bag of Worries*（左近リベカ（訳）(2014).『でっかいでっかいモヤモヤ袋』草炎社）

Kendall, P.C. & Hollon, S.D. (eds.) (1979). Cognitive-behavioural interventions: theory, research and procedures. Academic Press, New York.

下山晴彦（監修）(2015).『子どものうつがわかる本』主婦の友社

Smith, P., Perrin, S., Yule, W. and Clark, D. (2010). *Post Traumatic Stress Disorder: Cognitive Therapy with Chidren and Young People*（下山晴彦（監訳）・中田美綾（訳）(2013).『子どもと家族の認知行動療法3 PTSD』誠信書房）

東京認知行動療法センター：http://tokyo-cbt-center.com/

Verduyn, C., Rogers, J. and Wood, A. (2009). *Depression: Cognitive Behaviour Therapy with Children and Young People*（下山晴彦（監訳）・中田美綾（訳）(2013).『子どもと家族の認知行動療法1 うつ病』誠信書房）

Waite, P. and Williams, T. (2009). *Obsessive Compulsive Disorder: Cognitive Behaviour Therapy with Chidren and Young People*（下山晴彦（監訳）・高橋洋（訳）(2013).『子どもと家族の認知行動療法5 強迫性障害』誠信書房）

（注）本稿の執筆にあたっては，松丸未来先生への取材の内容を参考にさせていただきました。

6 子どもの心理療法4 グループアプローチ

村松健司

《目標＆ポイント》 グループアプローチは，個人への支援とともに重要な臨床実践である。しかし，グループならではの心性が生じることがあり，グループダイナミクスを意識した関わりが求められる。様ざまなグループアプローチがあることを知り，システム論的見地など，グループ理解を深める。
《キーワード》 グループの治療的要因，グループの発達，グループダイナミクス

1. グループアプローチの意義

（1） グループのイメージと心理的介入の方法

グループという言葉から連想されるのは，どんな場であろうか？ 身近な「仲良しグループ」，あるいは，「地域の自治会活動」や学校行事における「グループ活動」など，その人の置かれた状況に即した想像をするかもしれない。心理支援におけるグループアプローチは，目的に即して構成されたグループをとおして，成員（以下，メンバー）の自己の成長を図るための心理学的援助である。グループアプローチは，集団心理療法，集団精神療法を含んでいる。西村（2006）は，シャイドリンガー（Scheidlinger, S.）による集団精神療法の4つのカテゴリーを以下のようにまとめている。

表6-1 集団精神療法のカテゴリー

臨床的集団精神療法	訓練された実践家が行う狭義の集団精神療法
治療的集団	その活動が広い意味で治療的効果をもたらすグループで，幅広い実践家によって行われる（適応指導教室，相談学級など）
心理教育・成長グループ	治療よりも人格的成長や教育を目指すグループ（Tグループやエンカウンターグループ，学級で担任が行う心理教育など）
自助・相互扶助グループ	専門家のリーダーシップによらない，メンバー相互の援助によって成り立つグループ（アルコール依存症者の会や親の会など）

（出典：西村（2006）を基に村松作成）

（2） グループアプローチとは

　心理職による心理支援の対象には，個人と集団がある。前者の代表は個人面接（心理療法，カウンセリング）であり，後者にはグループアプローチやグループカウンセリング，集団心理療法，集団を対象にしたガイダンスなどがある。

　グループへのアプローチは，集団心理療法の実践が先行し，それはメスメルの集団催眠にそのルーツを見いだすことができる。その後，モレノの心理劇やグループガイダンス，グループカウンセリングの展開を経て，レヴィンの感受性訓練，ロジャーズ（Rogers, C. R.）のベーシックエンカウンターグループが新たな実践を提供した（対馬，1977）。Tグループ（Training group）は，グループにおける相互関係についての学びを深めることを目的として構成される。ベーシックエンカウンターグループは，自己や他者との出会い（エンカウンター），つまり「自己の再発見」や「新たな他者体験」を目指した集中的なグループ体験である。活動や目標

は基本的に参加メンバーによって決められる。グループの関わりを安全なものにするためにファシリテーターがつくが，リーダーとは異なり，グループの動きに対し，積極的に関与することはしない。このエンカウンターグループには，グループの目標や活動があらかじめ決まっている構成的エンカウンターグループという試みもある（國分，1992）。関心のある場合は，より深い「出会い」のために，参考図書にあたってほしい。

　第二次世界大戦後の我が国のカウンセリング黎明期では，個人面接とグループアプローチの双方が精力的な展開を見せていったが，現在はどうであろうか？　現代の大学生は「グループ討議」に抵抗がない者も少なくないが，講義にグループ活動があると受講しなくなる動きも目立つ。集団に関わることが苦手のせいか，ベーシックエンカウンターグループも，近年では参加者が減少し，活動が難しくなっている。グループアプローチは意見表明と相互交流の場であり，日本人は意見表明を得意にしていないという文化的背景があるかもしれない。しかし，集団の中でずっと日和見的に過ごすことは困難であろうし，そもそも心理支援において「個人と集団」の双方が探求されたのは，集団との関わり（相互作用）によって個人が成長するからにほかならない。個人と集団との関わりでは，アサーショントレーニング（平木，2012）という自己表現のための実践もある。「個人と集団」はどちらも心理支援に欠かせない要素であると言えるだろう。

（3）　個人を生かすグループ体験

　精神医学者のサリヴァン（Sullivan, H. S., 1953）は，前思春期（8〜9歳）の仲間関係，特にこの時期のチャム（親友）との関係が，対人関係の偏りを修復する重要な契機になると述べている。2015年，ラグビー日本代表は強豪南アフリカに歴史的勝利を挙げた。ノーサイド寸前まで

諦めることなく，何度も相手ディフェンスの突破を試みるメンバーの姿に感動を覚えた人は少なくないだろう。勝利という同じ目標を達成するためには，個人の「我」が強くなりすぎてもいけないし，全くなくてもかえって特徴のないチームになってしまいかねない。チームのメンバーとして自分が何をすべきかという体験は，個人の成長をもたらし，それがグループの成長につながっていく。個人とグループは常に相補的な関係にあるということができる。我々は社会生活において，グループとの関わりを避けることができない。就職をすれば職場関係があり，結婚して家庭を持てば新しい家族との関わりが始まる。様ざまなグループの中で自分の力を発揮し，他のメンバーとも相互的な関係を維持し適応的に振る舞うことができるようになるために，仲間関係で「揉まれる」ことにより，自己を改変していくことの重要性をサリヴァンは指摘したのである。

（4） 子どもの発達，グループの発達

　ピアジェ（Piaget, J., 1949）は6歳前後から11歳前後までを「具体的操作期」と呼び，コップの水を別の容器に移しかえても量や重さは変化しない保存の認識と，その認識を可能にする可逆的思考を獲得する，と指摘した。具体的な操作をとおしてものごとを論理的に考えることができ，前後の関連性を見いだしていくことは，例えば国語での接続詞などの学びにつながる。可逆性の獲得は，四季の変化や将来への意識が高まるなど，子どもの時間的展望に結び付いていく。「もういくつ寝るとお正月」は時間感覚が覚束ない子どもの具体的な指標だが，小学校中学年以降の子どもたちは徐々に今の自分を過去や将来との対比から理解するようになる。この認知的転換点は「9歳の壁」あるいは「10歳の壁」と呼ばれ，この時期を境として子どもの認識は飛躍的に広がっていくこと

になる。より先を見通せるようになるということは「死の不安」を子どもに抱かせることになり，それが強い予期不安や抑うつに結び付くことがある。子どものうつは近年 QOL（Quality of Life）との関連から研究されているが，古荘（2009）や鍋田（2010）によれば小学校4年生（10歳）ごろに自己評価が低下し，抑うつ傾向が強まるという。これらの研究は，子どもの認知発達とうつとの関連を示唆するものでもあるだろう。

　児童期から思春期の発達のただ中にいる子どもを支えるのは，親からの自立の受け皿になる仲間関係である。保坂ら（1986）はサリヴァンの指摘を援用しつつ，子どもの仲間関係の発達を独自の視点からまとめている。まず，仲間の規範が教師や大人のそれよりも優先する徒党集団としての「ギャング・グループ」が学童期後半に出現する。そして，同じ趣味などを共有し，同性からなる「チャム・グループ」が中学生にかけて，内的価値観の一致と異質性を特徴とした「ピア・グループ」が高校生時代から現れる。子どもの発達にとって，グループのメンバーになることはいわば「開かれた対人関係」を獲得していくプロセスとなるが，グループはメンバー同士の葛藤に満ちているため，この葛藤から撤退し，再び親子関係に代表される個と個の関係（「閉じた対人関係」）に立ち戻ってしまう子どももいる。こうして，「開かれた対人関係」を持ちにくい子ども，あるいはそもそも不安定な養育の影響から安定した対人関係を築けていない子どもの成長ために，グループをどう活用するかが問われることになる。

2. グループアプローチの実践

(1) グループにおける目標とルール
1) グループの構成

グループは,「どういった子どもたちと何を目指すか」によって規模,時間,場所,活動内容などが変わってくる。最初にメンバーの選定が行われるが,その際,メンバーの心理・社会的発達が考慮される必要がある。例えば,小学校低学年生と中学生がいるとする。中学生が幼く小学生との活動が和やかに進むと想定されたとしても,活動の中では年齢が反映される言動が現れるものである。メンバー選びの際には,子どもの成育史を踏まえた十分なアセスメントが求められる。

小グループは通常,5,6人のメンバーから構成される。10人を超える中グループでは,スタッフ1人では対応できないこともあり,2人にするなどの工夫が必要となる。スタッフが複数になるときには,リーダーとサブリーダーがそれぞれグループにどう関わるか,その役割を固定した方がいいのかなどが検討される。

子どもが集中できる時間はどれくらいか,間隔をどうするか(毎週か隔週かなど),グループを固定し,新メンバーを入れないクローズドなものにするか,メンバーの入れ替わりを前提にしたオープンなものにするか,セッションの回数をあらかじめ決めておくかなど,グループが始まる前にスタッフ間で合意しておく事柄は多い。グループ構成の基本的「枠組み」は心理面接の「枠組み」同様,子どもとスタッフを守ることになるので,十分な準備をして望みたい。

セッションが始まるときには,上記の「枠組み」を含むグループ活動のルールを子どもに説明することになる。このオリエンテーションセッションは,グループ活動の土台になるので,特に大切にしたい。筆者は

小学生を対象にした創作活動において,「セッションに遅れたり,途中で抜けたりしないこと」「人の作品の悪口を言わないこと」「自分の作品を大切にすること」を基本にしていた。シンプルなルールの方が覚えやすく,汎用性が高いと考えている。グループアプローチでは,子ども一人一人の表現や考え,気持ちが守られる必要がある。十分に他児(それに自分との)との交流が持てない場合,子ども個人の困難だけでなく,グループが子どもに安心感を提供しているかなど,グループ構造についての点検を怠らないようにしたい。

2) グループセッションにおける個人の成長と相互交流

とかくグループを意識しすぎると,他児との交流にスタッフの目が向きがちとなる。しかし,グループに参加する子どもすべてが,初めから生き生きと他児と交流できるわけではない。先述した小学生中心の創作活動では,他児と交流できないばかりか,「全然面白くない。こんなとしていても意味がない」とネガティブな発言を繰り返す子どもがいた。筆者らスタッフは,この子どもがグループに安心感を持てないのだろうと推測し,その回のセッションの感想と,次回はどうしたいかセッション終了後に個別に話し合いを重ねた。子どもから,「(他の子と)話してしまうとダメだから,黙って活動する」という言葉が聞かれ,やがてメンバー全員で布のクリスマスツリーを完成させる回では,ほぼ無言でツリー作りを終えることができた。この回は「楽しかった」と感想を語っている。

メンバーが相互交流し,楽しく活動することは目的ではなく,結果である。大切にしたいことは,メンバーそれぞれがセッション(活動の場)にどう参加できるかである。自分自身の参加方法を見つけられ,それが保証されて初めて,グループを苦手にしていた子どもにとってグ

ループが安心できる場となる第一歩を踏み出すことが可能となる。この安心感を芽生えさせていくプロセスの中で，他児の動きに触発されて活動のレパートリーが広がり，他児とのやりとりの中から活動にどう関与したらよいかを子ども自身が学んでいく。グループ活動という視点が強すぎると，集団の凝集性や相互性に目が向き，子ども個人が疎かにされてしまうことがある。スタッフは，一人一人の子どもが成長できるグループ環境をどう作り，維持するかという努力を重ねていきたい。

(2) リーダーの役割

　グループ活動におけるリーダーは，いわばグループの「見守り役」である。グループ活動が順調に進んでいるときには，あえて「黒子」に徹することもある。対照的に，メンバー同士の折り合いが悪いときには，リーダーをとおしたやりとりを促すなど，グループの状態に即した対応・介入が求められる。

　特に，オープングループの場合，新しいメンバーが加わることは既存のグループ，古参メンバーにとって少なくない影響を与えることになる。新しいメンバーの加入は，単なるプラス1でなく，グループのあり方に何らかの影響を与えるプラスαであることに留意したい。例えば，安定したグループに年少児が加入したとすると，一時的に周囲の注意がこの年少児に向かい，そのことを不満に思うメンバーがいるかもしれない。その言語化されない不満がグループに作用し，メンバー同士やスタッフとの小さな衝突が繰り返されることがある。リーダーは，グループの状態，メンバーの相互作用について常に注意を払っておかなければならない。

　筆者はリーダーをしていたあるグループ活動で，オフィシャルな時間内ではお互いに牽制し合い不活性な子どもたちが，セッション終了後も

しばしばその場にとどまり，スタッフや他のメンバーと談笑しているところを目にしたことがある。この体験から，グループ活動の初期にはオフィシャルでない時間（活動）が子どものグループへの導入になる場合があることに気付かされた。リーダーは，グループの動き（グループダイナミクス）を理解しようとし，それに応じた対応を心掛けることによって，「グループの文化」が醸成される重要な役割を担っている。

(3) グループダイナミクスをめぐる問題

　グループのメンバーは相互に作用し合う。そして，最も強力なのがメンバーの無意識的な情動である。ビオン（Bion, W. R., 1961）によれば，すべてのグループは「ワークグループ」と「基底的想定グループ」の2つの側面を持つという。「ワークグループ」では，個人の機能がグループの機能として作用している。雪の坂道で立ち往生した車を即興的に集まった人たちが皆で協力して押し上げようとしてる場面を想像するとよいだろう。この状況では，ある目的に対する理性的対処が特徴である。しかし，グループに個人の無意識が反映されると，以下の3つの「基底的想定グループ」が出現する。このグループは，無意識的情動に支配された機能的でない集団である。

① ペアリング（つがい）：グループが希望に満ちた雰囲気にあふれており，メンバーはペアとなって，新しいリーダーがすべての問題を解決してくれるだろうという楽観的な情動に支配される。
② 依存：メンバー同士が現実的な問題に目を向けず，相互の温かな依存関係，グループの連帯という一時的な安心感の中に身を委ねる状態。
③ 闘争―逃避：敵対，逃避することによりグループのまとまりを維持しようとする。この動きを促進するリーダーを必要とし，グループ

は課題に直面することができず，欲求不満に支配されることになる。
　②と③はコインの表と裏と考えられるが，いずれも現実の課題から目をそらし，合理的でない情動による行為が促されてしまう。目の前にある課題を保留して和気あいあいとしていたり，誰かを攻撃することによって問題の所在を曖昧にしておこうとする心性は，私たちの現実生活の中でもしばしば目にすることであろう。グループアプローチでは，こういった意識的でないグループの動きに対しての目配りが求められてくる。

(4) グループの治療的要因と個人面接

　それでは，グループに効果をもたらすのはどんな要因であるだろう。ヤーロムら（Yalom, I. D., 1989）は，グループアプローチで効果をもたらす要因として，11の治療的因子を挙げている。それは，希望をもたらすこと（治療に期待すること），普遍性（自分の問題を他のメンバーと分かち合えること），情報の伝達（メンバーに役立つ助言や指示が与えられること），愛他主義（相互的サポートの体験），社会適応技術の発達（グループ体験を通じて不適応的な社会行動について学ぶこと），模倣行動（他のメンバーの振る舞いを取り入れ試みること），カタルシス（メンバーに受容され，受け入れられることによる修正体験），初期家族関係の修正的繰り返し（家族関係の葛藤の修正的体験），実存的因子（グループ運営や自らの生活への基本的責任が自分にあることに直面すること），グループの凝集性，対人学習（グループの中での実際の対人関係の中から，自らの困難を分かち合い，より健全な対人関係に向かっていくこと）とされている。

　個人の困難はグループに投げ入れられるものの，それを自分の問題として乗り越えるために，適切な助言や模倣，相互の支え合いが重視され

る。こうして対人関係の偏りは，グループ体験によって修正されていくことになる。

　対人関係の問題は，個人療法で扱われるテーマでもある。個人療法とグループアプローチを平行して受けることをコンジョイント（conjoint）セラピーと呼ぶ。子どもがプレイセラピーを個人で受けるとともに，集団絵画療法に参加していることを想像してもらえるとよい。思春期・青年期のセラピーでは，コンジョイントセラピーが有効に機能することが多い。また，同一のセラピストが個人療法とグループアプローチを通じて関わることをコンバインド（combined）セラピーという。コンバインドセラピーは，クライエントをグループに橋渡しする利点があるが，グループにおけるセラピストのあり方がクライエントに影響を与えることなどを注意しておかなければならない。この実践例は，後述する「子どもの成長を育むグループ体験」で述べることにする。

3.　子どもの成長を育むグループ体験

　本章のまとめとして，筆者が体験したケースを紹介したい。このケースは，児童福祉施設のものである。児童福祉施設は小規模化，ユニット化が進んでいるものの基本的には集団生活の場である。集団場面で落ち着かない子どもは，個別対応をベースにした施設生活への段階的適応が目標となる。しかし，中にはどうしても施設の生活になじめない子どもがいる。ちょっとした刺激に翻弄され続け，時に暴力的になってしまう男児Ａがそうであった。以下は，村松（2013）からの引用である。

　　　Ａは親から身体的虐待を受け，小学校低学年の頃，施設に入所してきた。他児と一緒に遊びたがるが，ゲームでずるをしたり，自分の思い通りに進まない

と声を荒げるため,次第に他児から疎まれることが多くなっていった。他児と関われなくなると,スタッフを独占しようとする。Aとスタッフがトランプをしているとき,他児が少し話しかけただけで,「いまトランプやってるだろ！」とすごみ,スタッフにも「何で僕と遊んでいるのに,(他の子と)話しするの！」とイライラしてしまう。説明してもほとんど会話にならず,最後は暴言や暴力が出てしまい,入所後2年以上,他児との関わりがもてないできた。ただ,Aは他児と仲良くしたい,という気持ちも強かったため,「他児とうまく付き合うためのグループワーク」に参加することになった。

　子どもは誕生間もなく大人の表情の真似をする (Meltzoff, A. N. & Moore, M. K., 1977)。他者の模倣をとおして関係性が生じ,社会性が育まれていく。子どもの発達にとって,模倣は非常に重要な要素である。しかし,生活場面はスタッフ数が絶対的に不足しているため,およそ他児との張り合いの舞台になってしまい,スキルを真似る場になりにくい。そこで,2名のスタッフと4名ほどの子どもからなる小集団を形成し,活動を行った(村松・下野,2005)。
　グループは,学期毎更新されるクローズドなものであった。活動時間は,過度の緊張による混乱を避けるために20分程度とし,隔週で実施することにした。グループ活動は創作をテーマにし,手先の感覚に訴えるような素材を用いた。積み木やお手玉,フィンガーペインティング,小麦粘土などである。
　上記の活動では触感が意識された。虐待を受けた子どもは視覚優位と指摘されることが多いが,そのアンバランスな感覚は,視覚情報を制限するよりも,触覚を刺激することで変化するかもしれない。「触れること」は,そこに確かな関係があることの証(あかし)である。「触れること」をどう子どもとの関わりの中に編み込めるかを考えるとき,「触覚」に基づ

く活動の模索は一つの可能性になると考えられる。

　Aをめぐって，当初は他児の拒否的態度が目立ったものの，生活場面ではすぐに敵対的言動をしてしまうAが，ぐっと堪（こら）えていたのは特に印象的だった。小集団がAにとっての「枠組み」となり，自ら言動をコントロールする機会になったようだ。ある時，自作したキャンドルに火をつけたい，という希望がメンバーから寄せられ，「キャンドルを灯す会」を追加で実施した。クリスマス前に，メンバーがそろって穏やかなひとときを持てたことはAにとってもよい機会となったようであった。この会以降，他児を意識した言動が見られ始め，生活場面でも自分が騒がないとみんなと一緒にいられる，という感覚が芽生えてきた。そして，あれほど難しかった生活・学校場面での集団活動にも徐々に参加することができるようになっていった。

　子どもは他児とのやりとりの中から，自分がどうあるべきかを学んでいく。そのときに，その集団がまず自分を受け入れてくれるものである必要がある。その安心感を基盤に，無理なくそれぞれのやり方でグループ活動に参加し，他者の動きに触発されて遊び（活動）が展開するという体験が，集団への意識を高め，そこでの適応的な振る舞いに結実するのではないか。

　何らかの困難を抱えた子どもの支援は，通常の成長の中で養育者を中心とした養育のサポーターによる配慮的関わりをなぞったものが多いことに気付かされる。「公園デビュー」のように，子どもとグループをつなぐ援助者の役割が必要であったケースと言えるかもしれない。

　放送授業では，東洋学園大学教授の塩谷隼平先生にスタジオにおいでいただき，子どものグループアプローチのすすめ方，留意点などについてお話を伺う。

<コラム　4>

児童養護施設における集団心理療法

東洋学園大学　人間科学部　塩谷隼平

　被虐待児をはじめとして，児童養護施設に入所している子どもたちは社会適応や人間関係に関する問題を抱えていることも多く，その心理支援には集団心理療法のようなグループアプローチも有効である。

　都内にあるX児童養護施設では個別心理療法のほかに様ざまな集団心理療法を展開している。主なグループは「アートグループ」，「お菓子作りグループ」，「楽器グループ」の3つで，メンバーは2～4人くらいで，月1～2回のペースで実施している。「アートグループ」では，絵画や工作などの創作活動をとおして，言語化しにくい心の内面を表現してお互いに共有することで，自己表現のための土台作りを支援している。「お菓子作りグループ」では，お菓子を作って食べることをとおして，協力して作業する能力や一緒に楽しむための対人関係スキルを育むことができる。また，きょうだいで入所している子どもを同じグループにするなどして，家族のイメージが乏しい子どもたちが擬似家族的な体験をすることも目指している。「楽器グループ」では，子どもたちがバンドを組んで練習し，クリスマス会などのイベントで発表している。お互いにペースを合わせて演奏したり，演奏曲を決める際に話し合ったりするなど，バンド活動をとおして相手を思いやる気持ちを養うことができる。また，多くの人の前で演奏することは自己肯定感にもつながる。さらに，自分で作詞や作曲をする子どももいて，施設職員への気持ちを曲にのせて伝える機会にもなっている。

　最も多くの子どもが参加しているのが，「オープンルーム」という集団遊戯療法（グループプレイセラピー）とフリースペースの中間のようなオープンなグループである。週に1回1時間，普段は個別心理療法で使用しているプレイルームを小学生以上に開放して，毎回5～10名くらいの子どもが来室している。心理職が作りだす安全な空間の中で，子ど

もたちは集団での自由遊びを楽しみながら,お互いに心地よく過ごす体験をしていく。また,玩具の取り合いなど対人関係のトラブルを心理職の助けを借りながら乗り越えることで,問題解決能力を身につけることができる。

　このように集団心理療法では,子どもが抱えている対人関係の問題をダイレクトに扱うことができ,個別心理療法とは異なる面の成長を促すことができる。児童養護施設をはじめ様ざまな臨床現場において,個別心理療法と集団心理療法の2つのアプローチを組み合わせて実施することで,より重層的な心理支援が可能になる。

学習課題

1. オープンなグループとクローズドなグループのメリットとデメリットをそれぞれ考えてみよう。
2. 自身の経験を基に,グループ体験のよさと難しさをいくつかあげてみよう。そして,それは本文中のどの理論に当てはまるか考えてみよう。

参考文献

Bion, W. R. (1961). *Experiences in Groups and other Papers*. (池田数好（訳）(1973).『集団精神療法の基礎』岩崎学術出版社)

古荘純一 (2009).『日本の子どもの自尊感情はなぜ低いのか』光文社新書

平木典子 (2012).『アサーション入門―自分も相手も大切にする自己表現法』講談社現代新書

保坂亨・岡村達也 (1986).「キャンパス・エンカウンターグループの発達的治療的意義の検討」『心理臨床学研究』4 (1), 17-26.

保坂亨（2000）．『学校を欠席する子どもたち―長期欠席・不登校から学校教育を考える』東京大学出版会
保坂亨（2010）．『いま，思春期を問い直す　グレーゾーンに立つ子どもたち』東京大学出版会
國分康孝（1992）．『構成的グループ・エンカウンター』誠信書房
鍋田恭孝（2010）．「楽しめない・身動きができない子どもたち」『児童心理』59(6)，1-11.
Meltzoff, A. N. & Moore, M. K. (1977). *Imitation of Facial Manual Gestures by Human Neonates.* Science 198 ; 74-78.
村松健司・下野裕美（2005）．「虐待を受けた子どもの小集団創作活動について―入所治療施設での取り組み―」『日本心理臨床学会第24回大会発表論文集』
村松健司（2013）．「施設心理の関係づくり」『臨床心理学』13(6)，807-811.
西村馨（2006）．「児童・思春期に対するグループ介入の基本問題と展開可能性―学校でうまくいかない子どもを中心に（臨床心理学）」『国際基督教大学学報』I-A，教育研48，161-174.
Piaget, J.（1949）．波多野完治，滝沢武久（訳）（1960）．『知能の心理学』みすず書房
Sullivan, H. S.（1953）．中井久夫・山口隆（訳）（1976）．『現代精神医学の概念』みすず書房
対馬忠（1977）．「グループ・アプローチとは何か」『グループ・アプローチ』誠信書房
Vinogradov, S. & Yalom, I. D. (1989). Concise Guideto Group Psychotherapy.（川室優（訳）（1991）．『グループサイコセラピー―ヤーロムの集団精神療法の手引き』金剛出版）

7 | トピックス1　児童虐待

村松健司

《目標＆ポイント》　児童虐待への対応では，子どものトラウマと心身の発達を見据えた支援が必要になる。子どもとの関係づくりを行いながら，同時に長期的に子どもをサポートする視点を身につけたい。虐待を受けた子どもの心理的サポートとともに，彼らが自己を成長させうる環境要因について解説する。
《キーワード》　児童虐待の予防，アタッチメント，ソーシャルサポート，トラウマ，教育支援と特別支援学級

1. 我が国における対応

　1960年代にアメリカの小児科医ヘンリー・ケンプ（Kempe, H.）によって battered child syndrome（殴られた子どもの症候群）が提唱されて以降，子どもへの意図的な暴力などの不適切な養育がアメリカで社会問題化した。我が国で児童虐待が注目されてきたのは1990年代以降であり，2000年になって「児童虐待の防止等に関する法律（以降，「児童虐待防止法」）が成立するに至った。児童虐待防止法はその後，「虐待を受けたと思われる場合も通告対象となる」（通告義務の拡大），「児童の安全確認等のための立入調査等の強化」，「親権停止及び管理権喪失の審判について，児童相談所所長の請求権付与」など，3回の改正を経て現在に至っている。「虐待が疑われる場合には通報すること」が国民の責務とされたほか，児童相談所と関連機関（病院や警察等）の連携・情報共有が適宜見直されたことなどから，児童相談所の児童虐待相談対応件

数は，2014（平成26）年度で8万件を超えることになった。また，警察による児童虐待事件の検挙件数も増加の一途にある（図7-1）。平成27年度は，103,260件（速報値）と過去最多を更新した。近年は心理的虐待が増加し，全体の47.2%を占めている。この背景には，子どもの目の前で家族に暴力を振るう「面前DV（家庭内暴力）」が心理的虐待と見なされ，警察から通告されるケースの増加がある。児童虐待の増加は，ある事件が起こり，それに対応すべく法律や関連機関との連携・協働が整えられていく中で，ようやく「家庭内の暴力」が家庭外に認識され，支援のネットワークが構築されていくプロセスと連動して起きている事象と考えられる。

児童虐待への社会的関心は，育児は家庭に限定された私的な営みではなく，社会がその責任の一端を担うものという認識が高まりつつあるこ

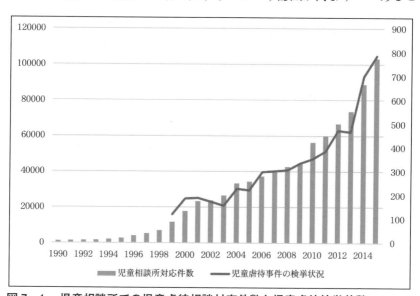

図7-1　児童相談所での児童虐待相談対応件数と児童虐待検挙件数
　　　　　　　（出典：厚生労働省ホームページ，警察庁ホームページ）

との現れと考えたい。ただ，児童虐待は「予防・発見，保護，ケア」といった一連の支援が，必要に応じて切れ目なく提供され続ける必要がある。本章はこの視点による解説を試みたい。

2. 児童虐待の分類

表7-1に，厚生労働省による児童虐待の分類を示した。

表7-1 児童虐待の分類

身体的虐待	殴る，蹴る，投げ落とす，激しく揺さぶる，やけどを負わせる，溺れさせる，首を絞める，縄などにより一室に拘束する，など
性的虐待	子どもへの性的行為，性的行為を見せる，性器を触る又は触らせる，ポルノグラフィの被写体にする，など
ネグレクト	家に閉じ込める，食事を与えない，ひどく不潔にする，自動車の中に放置する，重い病気になっても病院に連れて行かない，など
心理的虐待	言葉による脅し，無視，きょうだい間での差別的扱い，子どもの目の前で家族に対して暴力をふるう（ドメスティック・バイオレンス：DV），など

（出典：厚生労働省ホームページ「児童虐待の定義」）

「虐待」は「子どもに対して有害な行為をする」こと，「ネグレクト」は「子どもに必要なことを親が提供しない」こととされ，この2つは子どものダメージや親の心理も異なる可能性があることから，「子どもの虐待とネグレクト」と併記して用いられることがほとんどである（西澤，2010）。また，2011年以降，居所不明のため「不就学」になっている子

どもたちの存在が社会問題化している（詳しくは保坂，2013）。不就学や不登校の背景には，「教育ネグレクト」が存在する可能性があるため，諸機関が連携しながら積極的な対応をしていくことが求められる。

3. 児童虐待の現状と予防

　小林（2002）によって行われた，全国約40種類19,900機関への悉皆調査は児童虐待の実態把握にとって貴重なデータである。以下，主なものを紹介する。

・虐待把握時の平均年齢は6.1±4.5歳，虐待者は全体で見ると約8割が実父母であった。
・性的虐待は4％と欧米に比べて極端に少ないが，虐待者は実父が42％，継父が24％となっている。
・虐待を受けた子どものうち，乳幼児が全体の56％を占めており，毎年の推定発生率は「5歳までは凡そ4人に1人，6～9歳は500～700人に1人」と算出された。
・保護時には約8割がケアの必要な状態であった。

　自分では抱えることのできない情動を養育者との関係で分化させていくこと，自律的探索活動とその中で起きてくる不安に対処してくれる活動の拠点（「安全基地」）をもつことなど，幼少期の体験は子どもの「自己」の基盤を形成する。しかし，多くの児童虐待はこの幼少期から始まっている。児童虐待は，子どもの心に大きな傷（トラウマ）を残し，自己の発達にも影響を及ぼすなど，子どもの心身の健全な成長に重大なダメージを与えることになる。

さらに，性的虐待は家庭内の「秘密」にされ，子どもへの支援が始まってから明らかになることが少なくない。西澤（2010）は，欧米の性的虐待の年齢分布は思春期以前にもピークが見られるが，我が国では12歳ころの思春期をピークとした「一峰性（単峰性）」であり，思春期以前の虐待が見逃されている可能性があると指摘している。この意味でも，家庭内に内縁関係の非血縁者がいることなどのリスク要因を踏まえた早期対応が必要となる。

　カプラン（Kaplan, H.I.）による予防精神医学の視点を援用すれば，「児童虐待を防ぐこと」（第1次予防），「児童虐待の早期発見と支援」（第2次予防），「虐待という困難を生きている子どもと家族の社会参加を図ること」（第3次予防）が児童虐待対応に際して重要になる。第2次予防（支援）は，次項において，第3次予防については第11章であらためて述べる。

　児童虐待を防ぐために，2008（平成20）年に「児童福祉法」が改正され，2007年4月に厚生労働省によって定められた「乳児家庭全戸訪問事業」が児童福祉法に位置付けられることになった。これは「こんにちは赤ちゃん事業」（地域によって名称が異なる）と呼ばれるもので，生後4カ月までの乳児がいる家庭すべてを訪問し（事業主体は市町村），子育て支援に関する必要な情報提供などを実施するものである。2011（平成23）年度の全国平均実施率は90.1％で，地域によって差が見られた。こういった施策と平行して乳幼児健康診査や予防接種などの保健事業を通じて，情報提供や子育て支援が可能な関係作りを行っていく必要がある。特に健康診査の未受診は児童虐待のリスク要因と考えられるため，保健所，子ども家庭支援センター，児童相談所，保育所，幼稚園，そして小学校といった地域の関係機関が情報共有できる制度作りが求められる。

困難な家庭や養育者ほど支援を求めにくいものである。東京都豊島区が実施しているような妊婦届けを出してから出産後までの切れ目のない子育てサービス（「ゆりかごサービス」）は，有効な子育て支援モデルの一つと考えられる。つまり支援を用意しておくだけでなく，必要な子育て支援に家族がたどり着けるよう，その情報を得やすくしておく工夫（accessibility）が児童虐待の予防においても重要と考えられる。

4. 虐待の影響と支援

「虐待を受ける」という体験は，子どもの日常性が絶え間なく脅かされる体験であり，深刻なトラウマとなる可能性がある。トラウマによる精神的失調が1カ月以上遷延すると，心的外傷後ストレス障害（Post-traumatic Stress Disorder: PTSD）という慢性障害となる。表7-2に代表的な症状を掲載した。ただ，子どもの場合，「自分のことを報告するのは難しく，頭痛や胃痛などさまざまな身体症状を示すことがある」（沼，2014）ので，生活の様子から子どもの状態を丁寧に見立てていく必要がある。

子どものトラウマ治療では，無理のないアプローチとしてプレイセラピーが選択されることが多い。ただ，この場合，いわゆる「支持的な」技法のみでは対処できない場合があることに留意したい[注1]。どの技法を用いる際にも留意したいのは，治療を試みる際には，まず子どもの生活面の安全確保が大前提となるということである。さらに，子どもが施設や里親など，基本的には安全と見なされる環境で生活するようになっても，日常生活における行動の問題や，抑うつ感，不安感などから，治療が中断することも少なくない。子ども自身や関係者と十分にその意義を共有しながら治療が進められていく必要がある。

注 1：就学期以降の子どもの場合は，認知行動療法（CBT）や EMDR（眼球運動による脱感作および再処理法），薬物療法などが検討されるだろう。また，トラウマに向き合いながら自らの成育歴を振り返り，自身の歴史を再構成していくアプローチでは，ナラティブ・エクスポージャー・セラピー（NET）や，ケアワークの実践から開発されたライフストーリーワークなどが用いられる。

　虐待をする養育者への支援は，どのように取り組まれるべきだろうか。西澤（2010）は，自身らが開発したPAAI（虐待心性尺度）を用いた分析から，虐待傾向を示す養育者には「体罰肯定感」「子どもからの被害の認知」「自己の欲求の優先傾向」があると指摘している。児童虐待は家族が抱える複数の困難から起こると理解されているが，上記の指摘を踏まえると，虐待に及んでしまう養育者もまた支援を必要としている存

表7-2　PTSDの主な症状

侵入（再体験）	フラッシュバックに代表されるように，自分の意思とは関係なく苦しい体験が想起される。発汗や動悸，ふるえなどの身体反応が伴うことが多い。就寝中に外傷にまつわる悪夢でうなされる。
回避	出来事に関係する苦痛な記憶や思考，感情（またはそれらを誘発するもの）を回避する。
認知と気分の陰性の変化	自分や外界に対する信頼感を持つことができず，抑うつ感や無力感，怒りを感じやすい（幸福感や満足感を持ちにくい）。社会に孤立していったり，実際に重要な人間関係を失うこともある。
覚醒度と反応性の著しい変化	いわば再び外傷的な体験に遭遇しないよう，常に警戒モードでの生活を余儀なくされている状態。集中困難や睡眠障害，怒りっぽさが見られる。

（出典：『DSM-5 精神疾患診断・統計マニュアル』〔日本語版用語監修：日本精神神経学会　監訳：高橋三郎／大野裕（2014），医学書院〕（pp.269-272）を参照して村松作成）

在であるということを再確認したい。もし親が治療に参加することができるなら，トラウマ焦点化認知行動療法（TF-CBT）が有効な治療モデルを提供してくれる。しかし，実際は自助グループや支持的なカウンセリングによる無理のない関係（養育者が責められない場所）作りから，支援者が子育ての協力者となれるプロセスが重要になってくる。「虐待が生じている閉じた家族」に関与するために，家族療法のジョイニング（相手のシステムに合わせていくこと）やリフレイミング（意味付けを変化させること）などの技法が役に立つことが多い。こういった家族療法の技法を用いて，虐待を繰り返してしまう保護者にアプローチしていくケースレポートが増えつつある。家族療法では「問題」をどう捉え，支援を行うのであろうか。

　子どもにとって，最も身近な集団は家族であろう。だからこそ，時に家族内の葛藤に対処しきれず，その病理は家族メンバーを代表した者が「問題」や「症状」として表すことになる。多くの場合，それは子どもであり，家族療法では彼をIP（Identified Patient：家族を代表して問題を表現している者）という。

　家族システム論では，特定の結果が原因と直接結び付くという考え方（直線的認識論）を取らず，原因と結果は相互に影響し合う円環的認識論から問題を捉えていく。家族療法では，子どもを含めた家族メンバー相互の影響を踏まえて，硬直化した家族システムがより適応的になるよう働きかけていくことになる。家族療法は様ざまな立場，実践があり，ここでは十分に述べることができないので参考文献や関連文献にあたってほしい。

5. アタッチメントと児童虐待

　アタッチメントは，精神分析家であるボウルビィ（Bowlby, J., 1969）によって提唱された生物学的背景を持つ概念である。アタッチメントで重要となるのは，子どもにネガティブな情動が体験され，それが養育者などから適切に制御・調整されることである（遠藤，2005）。フラストレーションを感じている子どもが養育者に「くっつく」（物理的，心理的）ことによって，その状況が改善される行動制御システムがアタッチメントの本質であり，愛情(affection)，温かさ(warmth)などとは区別される。アタッチメントは，「子ども－対象(養育者)」間で利用可能性(availability)の予測ができ，接近可能であり（accessible），応答性があること（responsive）を土台にしている（林，2010）。物理的接近とともに，アタッチメントでは感受性と応答性，つまりコミュニケーションの質が問われることになる。なお，遠藤（2005）の指摘に従って，本稿でも「愛着」というプラスの情緒が連想される訳語は使用せず，アタッチメントと表記することにする。

　アタッチメントは，エインズワース（Ainsworth, M.D.S., 1978）によって開発されたストレンジ・シチュエーション法（SSP）で測定することができる。この実験において，乳児と養育者の「分離－再会」のコミュニケーションパターンは，3つの異なる型が見いだされた。メインとソロモン（Main, M. & Solomon, J., 1990）は，組織的な3つの型に加え，「分離－再会」のパターンが一貫しない未組織型のDタイプを提唱し，このタイプの子どもの中には虐待を受けた子どもがいることを指摘した。

　虐待を受けた子どもは，大人に対し誰彼かまわず過度になれなれしい行動をしたり（脱抑制タイプ），また逆に，苦しい時でも大人に援助や

接触を求めないなど反応に乏しい場合（抑制タイプ）がある。その言動が，子どもの社会生活に影響を与えている場合には，愛着障害と判断され，それぞれ「脱抑制性社交障害（Disinhibited Social Engagement Disorder）」，「反応性愛着障害（Reactive Attachment Disorder）」と診断されることになる。

　それでは乳児期に身についた重要な養育者とのコミュニケーションパターンは変更されないのであろうか。アタッチメントのモデルは，「階層的モデル」（母親との関係を基盤に父親，祖父母へとアタッチメント対象が広がっていく），「統合的組織化」モデル（どの対象も対等に影響する），「独立的組織化」（それぞれの対象が独自に異なる側面に影響を持つ）といった展開がある（初塚，2009）。村上・櫻井（2014）の研究でも，アタッチメント対象の拡大が示唆されている。柴田・高橋（2015）が，子どもは複数の他者それぞれに「愛情を満たす数種の心理的機能を割り振っており，この「人間関係の心理的枠組みの表象を愛情のネットワークと名づけることにした」と述べているように，子どもにとって「利用可能で，近づいても最悪の結果にならず，どんな時でも自分に関心を示し続けてくれる」と思えるような対象とサポートの場を用意し続けることが必要であると考えられる。社会的養護，および代替養育において，家庭に近い養育環境は重要であるが，理念が先行するのではなく，「長期的に子どもをサポートできる環境や制度がいかにあるべきか」こそが問われなければならない。

6. 児童虐待と発達障害

　虐待を受けた子どもの特徴として，「他者に共感する能力の低さ」「自己評価の低さ」「学校での学習問題」「ひきこもり」「頑固さ」「多動性や

衝動性」などがある。実際，虐待を受けた子どもは，過活動で多動なことが少なくなく，しばしば発達障害児特有の行動と重なって見えることがある。西澤（1997）は，彼らの落ち着かなさを「ADHD様症状」[注2]と呼び，発達障害児のそれとの区別を試みている。また，虐待を受けた子どもたちと発達障害児の症状の類似性から，「虐待にもとづく発達障害群」（発達障害の第4グループ）という新しいカテゴリーが提唱されている（杉山，2007）。

注2：多動（落着きのない子ども）の背景として主たるものは注意欠如・多動性障害（AD/HD）であり，中枢神経の機能異常が想定されている。一方，児童虐待による脱抑制型の愛着障害の子どもは多動，不注意，衝動性などAD/HDと似た状態像を示すことが多い。後者の場合は愛着障害に対する治療が必要になる。

　発達障害を抱えた子どもが虐待を受けやすいという指摘もあるが，初塚（2009）が述べるように，「子どもの側にも何らかの要因が想定される発達障害と先行する養育環境の重大な影響が考えられる子ども虐待と愛着障害とは，原因と結果の観点からも明確な区別が必要」となる。
　このことについては，杉山（2007）によるルーマニアのチャウシェスク政権崩壊後の孤児研究のレビューが役に立つ。ルーマニアからイギリスに渡り，当初自閉症，または広汎性発達障害と診断された子どもたちが，知的障害を伴った3名以外，その2年後の再調査時点で自閉症症状は大きく改善し，反応性愛着障害であることが明らかになったという。さらに杉山らの治療経験では，「反応性愛着障害の場合は対人関係のあり方が著しく変化していくのが認められた」と紹介されている。これらを踏まえると，以下の4つの指摘が可能となるだろう。

・子どもの行動問題は養育環境の影響を受ける（発達障害と愛着障害に類似点が生じる）
・愛着障害の子どもは，対応する大人によって反応が異なる
・愛着障害は（表面的には）症状の改善が早い
・発達障害はゆっくりと改善していく

　教育領域を中心に，「発達障害バブル」（高岡，2008）と見なされるような状況が出現している。発達障害であっても被虐待であっても，子どもと質のよいコミュニケーションを目指すことに変わりはない。私たちは「診断」や「類型化」に頼りすぎるのではなく，目の前にいる子どもの支援のために何が望まれるのか，これまでの育ち（成育史）や現在の状況から総合的にアセスメントしていく必要がある。この時のキーワードは「個別性」（子ども個人のありようを見ること）であり，同時に困難を抱えた子どもとの関係作りに欠かせない「感受性」「応答性」であることは言うまでもない。

7. 虐待を受けた子どもの学力と学校問題

　数井（2011）による被虐待児の学校（学習）問題に関する詳細なレビューによれば，彼らの困難は「社会性・対人関係の領域」と「学業の領域」に大別できるという。そして実際，59.5％に被虐待経験がある施設入所児の学校適応については，学習面での問題，行動面での問題，あるいはその両方で看過できない困難があることが指摘されている（東京都社会福祉協議会，2004）。これらのことから，被虐待体験のある施設入所児には，学習支援はもとより，その基盤をなす子どもの対人関係を視野に入れた援助が求められる。施設入所児を受け入れている校区の学

校は，指導から支援を中心とした教育の視点が要請されていると考えられる。

　筆者らは，施設から校区の小学校に通学する子どもの教育支援として，特別支援学級における個別支援の必要性を指摘してきた。筆者らによるフィールド調査から得られたあるエピソードを引用して紹介する（村松ら，2015）。

◎運動会全体練習でのエピソード
＜背景＞
　低学年のＡ，Ｂ，Ｃはなかなかダンスの全体練習に参加できない男子児童だった。教師たちは無理にダンスの指導をしたり，全体練習を意識させるとその場にいられなくなることをよく知っていた。全体練習に参加しないという方法もあったが，それは児童の希望することではなかった。その日の状態によってどこまでできるか分からないため，まず「全体練習の場にいること」を目標にして無理のない指導を行うことが教員スタッフ全員の共通理解であった。

＜エピソード：ギリギリまで迷っている＞
　Ａが昇降口でうずくまっている。校長が声をかける。「ダンスの練習始まるよ。どうしたの？」「Ｂだって行きたくないって…」とつぶやきながら靴ひもを結んだりほどいたりしている。校長が穏やかに話かけ続けると，ようやく腰を上げて校庭の方にヨロヨロしながら歩いていく。ただ，30人ほどの児童が集まって先生の話を聞いている場所には加わらず，その前方にあるシーソーに腰をかけた。すぐに姿が見えなかったＢが現れ，シーソーのＡに合流する。少し離れたところにいたＣもやがてそこに加わり，3人でシーソーを始めたが楽しそうな雰囲気ではない。時々，先生の一人が来て話しかけるが，先生の方は一切見ずに，シーソーを動かしている。

やがて，集団が活動のスタート地点に移動を始めた。3人は依然として集団に合流しない。しかし，集団の移動が終了してまもなくAとBが突然集団に向かって走り始め，やがて集団に合流した。ひとり残されたCは近くにあった式台の下に潜り，遠くの集団をじっと見つめていた。

＜考察＞

　小学校低学年では，どの子どもも行動の切り替えが課題になる。その中で，校長や先生方が逸脱行動を細かく指導しない姿勢を貫いていたのは印象的だった。調査者から見ても，シーソーにいる子どもを強く指導した途端，集団活動とは一線を画すだろうという子どもと先生の緊張感がぴりぴりと伝わってきた。集団が移動したあとに2人の子どもが合流したのは，結果的に自然な流れのように思えた。彼らは参加したくないのではなく，"ギリギリまで迷っている"のではないかと感じられた。

よくあるエピソードとして，校長は以下の指摘をしている。

「やりたくない気持ちもあるだろうし，何かみんなの中に素直に入っていけない自分の葛藤，行かなくちゃいけないという葛藤。葛藤の中で動けない自分がいて，動けなくなってしまう。そういうときには，厳しくしてもそのあとの指導に時間がいっぱいかかるのを経験していますから，無理をしない。だからAに対して，『Bは何で行かないんだろう』『この椅子使うのかな？』『持って行ってあげるよね』って私が歩き出しちゃうんです。子どもは，『○○は？○○は？』って言う。彼のペースにはまっちゃうと○○をどうするかという問題が出てきて複雑になるから，『まず，一緒に行ってみようか』と彼自身の葛藤を少なくするように手伝うというようにしています。」

集団活動に参加できず、「ギリギリまで迷っている」子どもは、校長の発言にもあるように「自分の葛藤とも闘っている」状態なのかもしれない。困難な生活を余儀なくされてきた子どもの葛藤状況が大人との関係で無理なく解決される支援として、「その問題をともに眺めていく」共視（北山、2005）の視点は有用である。「子どもがみんなの元に行かないこと」が子どもの内部にある「問題」として捉えられるのではなく、それを子ども自身から離し、「異化」（妙木、2010）して眺めてみる（図7-2）、という態度によって、問題はお互いにとってより扱いやすくなると考えられる。子どもが葛藤を保持できるプロセスは、まさに大人が子どもの困難を受け入れる情緒的な心のスペースの確保から始まる。虐待を受けた子どもの教育的支援における関係作りに際して、参考にしたい実践と言えるだろう。

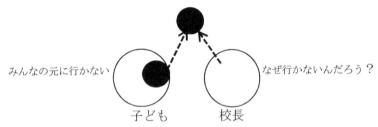

図7-2　子どもの問題を切り離し、異化するモデル
（出典：妙木、2010を参照して村松作成）

最後に、児童虐待の支援は当然のことながら誰か一人で担えるものではない。自他とのつながりが困難な子どもや家族の支援では、様ざまな職種の協働のあり方が問われてくることをあらためて確認しておきたい。

放送授業では、横浜いずみ学園園長の井上真先生にスタジオにおいでいただき、児童福祉領域における児童虐待への支援についてお話を伺う。

<コラム　5>

被虐待児のプレイセラピー

児童養護施設　和敬学園　心理療法士　樋口亜瑞佐

　被虐待児のプレイセラピーでは，虐待を受けたことに起因する様ざまな影響が反映されやすい。そもそも子どもとは，オモチャを用いるなどの遊びを通じて，自分の生活での大切な人や出来事についてどのように感じてきたのかを言葉を用いる以上に適切に表現する。以下にある事例を個人が特定されないよう配慮した上で紹介する。

　ケース：Aちゃん（4歳）※会話部分を，子どもは「」筆者は〈〉で表記する。

　分類：ネグレクト

　生育歴：違法薬物依存の経歴をもつ両親によって育てられる。Aは乳幼児期から夜間/早朝に屋外へ度々出されており，周辺住民が何度か虐待通告をしていた。本児3歳のときに両親が逮捕されたことに伴い，児童養護施設へ入所となる。それまで両親は警察の手を逃れるために住居を転々とし，Aへの衣食住の提供もままならなかった。そのせいかAは常に刺激に対して敏感に反応し，低身長および低体重の栄養不良状態にあった。

　経過：セラピー室にある哺乳瓶やオモチャの注射器，絆創膏に興味を示す。おもむろに哺乳瓶を持つと乳首部分を食いちぎるようにして中身を飲み干す。注射器と絆創膏を「これ。Aの（もの）」「おままごとしよう」。母親役のAはポケットに注射器と絆創膏を突っ込み，フラフラ歩き回ったかと思うと唐突に「もうねる」。子ども役の筆者が〈お母さん，お腹すいた〉と言っても「がまんしなさい！」と日々の食事は与えられない。たまに与えられると，それは腐った食材で〈えー，これ食べるの？〉「うるさい！だまれ！もんくいうならベランダいけ！！」と怒鳴りつけられる。

　考察：衣食住の提供が満足になされず，乳幼児期から身体発育はもち

ろん，アタッチメントにおいて深刻な問題を抱えるケースである。ネグレクトという環境に育ったAが哺乳瓶の中身を貪るように取り込む様子は非常に印象的で，薬物依存状態にあった両親から，たまの食事しか与えられなかった生活を思わせる。このように虐待環境の再現/再演はプレイセラピーにおいてよく起こり，注射器を片手にウロウロするAの様子は特筆すべき点で，これもAへの注意を向けられず薬物の摂取に没頭していた両親をAが無意識に再演した可能性が高い。薬物依存症の場合，薬物摂取後に当人が我に返る頃には一気に時間が経過しているということが少なくない。そのため，出される食材が腐ったものであることもそれに通底するのかもしれない。さらに腐っているのを指摘されると暴言を浴びせるあたりも，Aが遊びに乗せて自身に起きた過去を表現したように感じられる。このように，被虐待児にとってプレイセラピーとは，子どもが自らの想いや体験を率直に映し出すことを可能にし，遊びに乗じた形で表現しながらこころの整理を進めていく効果が期待される。

<コラム　6>

重複障害を持つ子どもの支援

児童養護施設　和敬学園　心理療法士　樋口亜瑞佐

　虐待を受けて育った子どもはその弊害として，アタッチメントやトラウマ反応の問題や，衝動性，注意の転動のほか，感情のコントロールや対人コミュニケーションで多くの問題を抱えるケースが多い。統計的に境界線級知能のケースが多数を占め，上述した特性ゆえに物事の見通しをもったり，片付けや整理をしたりといったことが著しく苦手な傾向が強い。何より虐待環境に暮らすことによって常に不安や緊張の感覚にさらされることが日常になると「AD/HD様に育っていく」リスクがきわめて高くなる。こうした子どもに対して，一見して感じられる発達上のアンバランスにのみ注目するのではなく，生育背景を考慮し「幅を持た

せた見立て」を持つ視点が援助者には求められる。ここでは重複障害を持つ子どもについて，事例が特定されないよう配慮した上で紹介する。

　ケース：Bくん　小学校低学年
　分類：身体的虐待
生育歴：母は出産後間もなく病死しており，父と2人で暮らす。検診時に言葉の遅れを指摘され，その後軽度の知的障害と診断された。療育手帳を取得し，就学時には育成学級へ入級する。もともと感情的で衝動性の高い父は，理解力に乏しく言葉数の少ないBに対して日々イライラさせられることが多く，しつけと称して大声で叱責を繰り返し，時には暴力も振るっていた。
　場面：学校でBはソワソワと落ち着きなく，担任の表情を常にうかがうか，ただぼんやりするような様子が目立った。ある日の授業中にBの落とした鉛筆を，拾って渡そうとしたクラスメートにBはビクっと立ち上がって反応し，「なんや⁉びっくりさせるな‼」と大声をあげた。その反応にクラスメートは戸惑い，「（鉛筆を）拾っただけやんか！」と言うとBは「うるさい，だまれ‼」と飛び掛かり大ゲンカとなった。
　考察：この事例は軽度の知的障害を抱えるケースである。ささいなことに過度に反応するところには，虐待環境での生活に起因するトラウマ反応と言える「過覚醒」，授業中のボンヤリとしている様子からは「現実感消失」の症状も疑われる。ソワソワ落ち着きなく過ごし，刺激に過度な反応を示す様子は一見するとAD/HDに重なる部分が多く，対人トラブルへ発展しやすい。こうした重複障害の事例の場合，関わる周囲の大人が適切な知識を持ち，対応を一律にすることが重要である。「刺激に対して過度に反応しやすい特性があること」「家庭において暴力や暴言が日常的なコミュニケーションだったことから，他の方法を教えていく必要があること」「（何より）知的側面に配慮した指示・指導であること」がBへの共通認識として必要だろう。

<コラム　7＞
児童福祉施設におけるシステミックな家族支援
社会福祉法人武蔵野会　武蔵野児童学園　大塚　斉（臨床心理士・家族心理士）

　個人あるいは集団にストレスが掛かると、システム（つながりを持った人の集まり）の持つケア機能は低下しやすい。他の人の立場への尊重や、ねぎらいや感謝の言葉、手を差し伸べるといった行為が少なくなり、自分の言い分を正当化した主張、不満、他者への攻撃、人と関わらなくなるといった行為が増えてくる。こうしたシステムの劣化は、家族においても、職場でも頻繁に起きうる。児童虐待が起きた家族は、家族のケア機能が著しく機能不全に陥った状態とも言えるだろう。

　児童福祉施設の家族支援は、まず家族と養育の協力関係を作ることから始められる。子どもにとって、日々一緒に生活をし、お世話してくれている施設の職員と家族の関係が良好であることは発達にポジティブに働く。一方、施設職員と家族の関係が悪くなったり、施設職員が家族のことを悪く言うような状況になると、子どもは家族と職員のどちらの言うことを聞けばよいのかという忠誠心の葛藤を引き起こすかもしれない。したがって、家族と学校行事に共に参加をしたり、通院に同行してもらったりといったことをとおして、まずは家族と施設が共同養育者となる姿勢が求められる。

　家族支援は、共同養育の関係を土台にしつつ、いくつかの家族のあり方を目指す方向に進んでいく。厚生労働省の「社会的養護関係施設における親子関係再構築支援ガイドライン」では、親子関係再構築支援の形として、①親の養育行動と親子関係の改善を図り、子どもが家庭に復帰するための支援、②家庭復帰が困難な場合は、親子が一定の距離をとった交流を続けながら、納得してお互いを受けいれ認めあう親子の関係を構築するための支援、③現実の親子の交流が望ましくない場合、あるいは親子の交流がない場合は、子どもが生い立ちや親との関係の心の整理をしつつ、永続的な養育を受けることのできる場の提供の3つを挙げて

いる（厚生労働省，2014）。どの方向に行くかは，親，子どもそれぞれのニーズや現実的な制約の中で次第に見えていくのだろう。必ずしも子ども，あるいは親の希望どおりにはならないことも多いが，誰か一人の希望がかなうことを目指すのではなく，それぞれが痛みを引き受けつつ，相互に傷つけ合わずにやり取りができる関係を目指していく。

家族支援のプロセスの中で，親自身も育ちの中で傷つきを抱え，現在も経済的にもサポート資源も乏しい中で暮らしていることが語られることが多い。自身の傷つきや事情が公平に聞き取られると，子どもへの共感性が回復していくことを期待して，家族の声に耳を傾けていくことが重要である。

厚生労働省　親子関係再構築支援ワーキンググループ　2014　「社会的養護関係施設における親子関係再構築支援ガイドライン」
http://www.mhlw.go.jp/seisakunitsuite/bunya/kodomo/kodomo_kosodate/syakaiteki_yougo/dl/working9.pdf

学習課題

1. 虐待を受けた子どもの心理的ケアについて，アタッチメント理論とトラウマ理論それぞれの視点から考えてみよう。
2. 児童虐待報道や文献に当たり，なぜ児童虐待が起こるのかについて，個人的要因，社会的要因など多様な視点から考察してみよう。

参考文献

厚生労働省ホームページ．http://www.mhlw.go.jp/

警察庁ホームページ．http.//www.keishicho.metro.tokyo.jp/

Ainsworth, M. D. S., Blehar, M. C., Waters, E., and Wall, S. (1978). *Patterns of attachment : A Psychological Study of the Strange Situation*, Hillsdale, NJ: Lawrence Erlbaum Associates.

American Psychiatric Association (2014).『DSM-5　精神疾患診断・統計マニュアル』（日本語版用語監修：日本精神神経学会　監訳：高橋三郎／大野裕（2014），医学書院）

Bowlby, J. (1969). *Attachment and Loss Vol.* I *Attachment.*（黒田実郎他（訳）(1976).『母子関係の理論Ⅰ：愛着行動』岩崎学術出版社）

遠藤利彦（2005）．「アタッチメント理論の基本的枠組み」『アタッチメント—生涯にわたる絆』ミネルヴァ書房

Herman, J. L. (1992). *Trauma and Recovery.*（中井久夫（訳）(1999).『心的外傷と回復　増補版』みすず書房）

初塚眞喜子（2009）．「愛着理論と臨床領域—生涯にわたるアタッチメントの発達の視点から」『相愛大学研究論集 25』

林もも子（2010）．『思春期とアタッチメント』みすず書房

平木典子・友田尋子・中釜洋子（2011）．『親密な人間関係のための臨床心理学：家族とつながり，愛し，ケアする力』金子書房

保坂　亨（2011）．「児童養護施設と学校の連携をめぐって」『季刊「児童養護」42 (3)』

保坂　亨（2013）．「『行方不明』の子どもたち」『子どもの虹情報研修センター紀要 No.11』

亀口憲治（2000）．『家族臨床心理学—子どもの問題を家族で解決する』東京大学出版会

数井みゆき（2011）．「学校（と地域）における虐待予防と介入」『教育心理学年報, 50』

北山　修（2005）．「共視母子像からの問いかけ」『共視論—母子像の心理学』講談社選書メチエ

小林　登（2002）.「児童虐待実態調査」『子どもの虐待とネグレクト，4 (2)』
Main, M., Solomon, J.（1990）. Procedures for identifying infants as disorganized/disoriented during the Ainsworth Strange Situation. In M. Greenberg, D. Cicchetti & E. M. Cummings（Eds.）*Attachment during the preschool years: Theory, research and intervention.* 121-160. Chicago: University of Chicago Press.
村上達也・櫻井茂男（2014）.「児童期中・後期におけるアタッチメント・ネットワークを構成する成員の検討―児童用アタッチメント機能尺度を作成して―」『教育心理学研究 第62巻第1号』
村松健司・保坂　亨．渡邊健二（2015）.「施設における虐待を受けた子どもと教師の関係づくり―特別支援教育の実践を中心に―」『千葉大学教育実践研究　第18号』
妙木浩之（2010）.『初回面接入門―心理力動フォーミュレーション』岩崎学術出版社
中釜洋子・野末武義・布柴靖枝・無藤清子（2008）.『家族心理学―家族システムの発達と臨床的援助』有斐閣ブックス
西澤　哲（1994）.『子どもの虐待―子どもと家族への治療的アプローチ』誠信書房
西澤　哲（1997）『子どものトラウマ』講談社現代新書
西澤　哲（2010）.『子ども虐待』講談社現代新書
沼　初枝（2014）.『心理のための精神医学概論』ナカニシヤ出版
杉山登志郎（2007）.『発達障害の子どもたち』講談社現代新書
柴田玲子・髙橋惠子（2015）.「小学生の人間関係についての母子の報告のズレ」『教育心理学研究 第63巻第1号』
髙岡　健（2008）.『発達障害という記号』批評社
東京都社会福祉協議会児童部会（2004）.「入所児童の学校等で起こす問題行動について」『紀要平成16年度版』
山下　洋，増沢　高，田附あえか（2007）.「被虐待児の援助と治療」『子どもの虹情報研修センター平成19年研究報告書イギリスにおける児童虐待の対応視察報告書』

8 | トピックス2　発達障害

塩﨑尚美

《目標&ポイント》　発達障害という概念はこれまで変遷を重ねてきているが，ここでは，2013年に改訂されたDSM-5における新たな診断基準に基づき，発達障害の基本的特徴を概観する。また，発達障害を抱える子どもの生きにくさや困難，二次的に生じる問題を理解し支援する重要性を学び，支援の現場におけるアプローチを紹介する。

《キーワード》　発達障害，DSM-5，自閉症スペクトラム障害（ASD），注意欠如・多動性障害（AD/HD），限局性学習障害（SLD）

1．発達障害の特徴と診断名

（1）　発達障害とは

　発達障害は，乳幼児のうちから定型発達の子どもとは異なる特徴が現れ始め，成長するにつれて集団への適応が難しくなったり，本人にも不得手な部分が自覚されるようになるなど，問題が明確になっていく障害である。その特徴のために，親にとっても育てにくさを感じることが多くなり，親子関係にも影響を及ぼし，それがさらに子どもの様ざまな面の発達に二次的に影響を与えるという悪循環が生じやすい。つまり，こうした悪循環が生じないように，できる限り早期から適切な支援を開始し，またそれを継続できるかどうかが，その後の適応を左右すると言える（厚生労働省，2011）。発達障害は，成長とともに改善されたり，問題が目立たなくなることも多く，周囲からの理解と適切なサポートが得られれば，自信を喪失したり，自己評価が低下するなどの二次的な問題

が生じることを防ぐことも可能である。

　発達障害という概念は，前述のような特徴を持つ障害の総称として用いられているが，その中にはいくつかの異なる障害（症候群）が含まれている。心理臨床や福祉・療育の領域では，＜自閉症＞，＜注意欠陥・多動性障害＞，＜学習障害＞を発達障害として捉え，その支援を実践してきた。医学的な診断は世界保健機関が作成している国際疾病分類（International Classification of Diseases: ICD）によるものと，アメリカの精神医学会の診断基準（Diagnostic and Statistical Manual of Mental Disorders: DSM）がある。ICDは2016年現在，1993年に刊行されたICD-10（ICDの改訂第10版，WHO，1992）の改訂作業が進められており，2017年にはICD-11が発表される予定であるため，その内容が変更されることが予測されるが，日本における障害福祉関係における公式診断名は現在のところICD-10に基づいている。

　一方，DSMは原因ではなく症状に基づいた操作的診断基準であり，誰が診断をしても一致するような診断基準を目指して作成された。1980年に出された第3版（DSM-Ⅲ）で初めて，注意欠陥障害や全般的発達障害などの診断名が用いられるようになり，2013年に改訂された第5版（DSM-5）までに発達障害関連の診断名が変遷してきた（APA, 2013）。DSMはアメリカの精神医学会の診断基準ではあるが，国際的に広く用いられている診断基準でもあり，改訂が進められているICD-11にもDSM-5の考え方が取り入れられることが指摘されている（原，2015）ため，ここでは最新版であるDSM-5における診断基準を紹介する。

（2）　DSM-5における診断分類

　DSM-5ではそれまでの発達障害の診断基準が大きく変更され，発達

期に発症する一連の疾患が＜神経発達障害群（Neurodevelopmental Disorders）[注1]＞という診断カテゴリーによってまとめられた。表8-1にDSM-5の神経発達障害の診断分類を示した。これによって，＜自閉症スペクトラム障害＞＜注意欠如・多動性障害＞＜学習障害＞が同一の診断概念の中にまとめられたのである（APA, 2013）。

注1：DSM-5の日本語訳では，児童思春期の疾患では，児童や親への配慮からDisordersを「障害」ではなく「症」と訳すことが提案されたが，「症」とすることによる問題点も考慮し，「症」と「障害」が並列されている。ここでは，ICD-10や従来の診断名との混乱を避けるため「障害」としている。

表8-1　DSM-5の神経発達障害の診断分類

知的能力障害群	知的能力障害 全般的発達遅延 特定不能の知的能力障害
コミュニケーション障害群	言語障害 語音障害 小児期発症流暢症（吃音） コミュニケーション障害 特定不能のコミュニケーション障害
自閉症スペクトラム障害	自閉症スペクトラム障害
注意欠如・多動性障害	注意欠如・多動性障害 他の特定される注意欠如・多動性障害 特定不能の注意欠如・多動性障害
限局性学習障害	限局性学習障害
運動障害群	発達性協調運動障害 常同運動障害 チック障害群 他の特定されるチック障害 特定不能のチック障害

（出典：『DSM-5　精神疾患診断・統計マニュアル』〔日本語版用語監修：日本精神神経学会　監訳：高橋三郎／大野裕，医学書院〕原著：Desk Reference to the Diagnostic Criteria from DSM-5（American Psychiatric Association）序19-20）

1）自閉症スペクトラム障害

　DSM-Ⅲ-RからⅣ-TRまで用いられてきた広汎性発達障害という診断カテゴリーや，アスペルガー障害という下位診断が廃止され＜自閉症スペクトラム障害（Autism Spectrum Disorder: ASD）＞という診断名に統一された。スペクトラムというのは，特定の疾患カテゴリーに分類するのではなく，それぞれの障害を連続体として捉えようとすることを意味している。また，自閉症スペクトラム障害の診断基準は，Ⅳ-TRまでは「対人的相互反応」と「コミュニケーション」の2つに分かれていたが，Aの「社会的コミュニケーション」にまとめられ，Bの「限定された反復的な様式（いわゆるこだわり）」の領域に，感覚刺激に対する敏感さ／鈍感さの項目が加えられた。さらに重症度の特定による分類が新たに付け加えられ，支援の必要度に応じて3つのレベルに分類している（表8-2）。

2）注意欠如・多動性障害

　＜注意欠陥・多動性障害＞は，多動が問題となる子どもたちの中核に注意障害があるということが分かってきて，注意欠陥障害（Attention Deficit Disorder: ADD）と診断されるようになり，さらに不注意，衝動性，多動を主要3兆候とすることから，注意欠陥多動性障害（Attention-Deficit/Hyperactivity Disorders: AD/HD）という診断名となった。DSM-5になって神経発達障害の一つとして位置付けられ，「不注意および／または多動性―衝動性の持続的な様式のために，機能または発達の妨げになっていること」が診断基準とされた。また，翻訳が＜注意欠如・多動性障害＞に変更されている。その他，発症年齢がそれまでは7歳以前とされていたが，「12歳になる前から」に変更され，また，自閉症スペクトラム障害との併存も認められるようになった（APA，2013）。

表8-2　自閉症スペクトラム障害の重症度分類

重症度水準	社会的コミュニケーション	限局された反復的行動
レベル3「非常に十分な支援を要する」	言語的および非言語的社会的コミュニケーション技術の重篤な欠陥が，重篤な機能障害，対人的相互反応の開始の非常な制限，および他者からの対人的申し出に対する最小限の反応などを引き起こしている。	行動の柔軟性のなさ，変化に対処することへの極度の困難さ，またはあらゆる分野において機能することを著しく妨げるような他の限局された反復的な行動，焦点または活動を変えることへの強い苦痛や困難さ。
レベル2「十分な支援を要する」	言語的および非言語的社会的コミュニケーション技術の著しい欠陥で，支援がなされている場面でも社会的機能障害が明らかであったり，対人的相互反応を開始することが制限されていたり，他者からの対人的申し出に対する反応が少ないか異常であったりする。	行動の柔軟性のなさ，変化に対処することへの極度の困難さ，または他の限局された反復的な行動，事情を知らない人にも明らかなほど高頻度に認められ，さまざまな状況で機能することを妨げられている，焦点または活動を変えることへの苦痛や困難さ。
レベル1「支援を要する」	適切な支援がないと，社会的コミュニケーションの欠陥が目立った機能障害を引き起こす，対人的相互反応を起こすことが困難であるし，他者からの対人的申し出に対して非定型のまたはうまくいかない反応をするような事例がいくつもはっきりある，対人的相互反応への興味が低下しているように見えることもある。	行動の柔軟性のなさが，1つ以上の状況で機能することに著しい妨げとなっている，いろいろな活動相互で切り替えをすることの困難さ，組織化や計画の立案をすることでの問題（自立を妨げている）。

（出典：『DSM-5 精神疾患診断・統計マニュアル』〔日本語版用語監修：日本精神神経学会　監訳：高橋三郎／大野裕，医学書院〕原著：Desk Reference to the Diagnostic Criteria from DSM-5（American Psychiatric Association）p.51）

3）限局性学習障害

＜学習障害（Learning Disorders）＞はDSM-5では＜限局性学習障害（Specific Learning Disorder）＞と変更され，「年齢やその子どもが有する知能に比べて，学習や学業的技能の使用に困難があり，介入がされていても6カ月間症状が持続している」ことが診断基準とされている（APA，2013）。下位分類として＜読字障害＞＜書字障害＞＜算数障害＞がある。DSM-5では読字障害に「音読ができても意味が理解できない症状」も含めるようになった。学習障害は，医学的な診断である

Learning Disorder と，アメリカ LD 連絡協議会に基づく教育界での Learning Disability という定義があり，どちらも学習障害と訳されているため区別がつきにくい。Learning Disability は，「聞く，話す，読む，書く，計算する，推論する」能力の著しい困難を含んでおり，Learning Disorder よりも広い概念である。

（3） 発達障害の有病率

　発達障害の有病率の報告は，これまで述べてきたような診断概念の変遷にともなって変化しており，年代の新しい報告ほど高い有病率を示す傾向にあることが指摘されている（宮本，2015）。例えば表8-3に示したように，アメリカにおける ASD 有病率の推移は，2002年から2010年までに約2倍に増えている（CDC, 2015）。日本においては，アメリカのような有病率のデータはないが，文部科学省が行った普通小中学校在籍児を対象とした担任教員による実態調査のデータによると，2002年には ASD 的問題を持つ生徒が0.8％，AD/HD 的問題を持つ生徒が2.5％であったのに対し，2012年の調査では，それぞれ1.1％，3.1％と若干増加している（表8-4，文部科学省，2002；2012）。このようなデータ上の増加は，発達障害の診断概念が確立して診断されやすくなったことや，子どもと関わる教師や保育士，保護者による発達障害に対する理解が広まり，認識されやすくなったことが一因であると考えられる（宮本，2015）。そのことによって，介入や支援が可能となったことは，発達障害を抱える子どもたちにとっても，家族や教員にとっても喜ばしいことであろう。しかし，一方では，今日の日本の社会における子どもを取り巻く環境が均質化したことによって，軽度の発達の偏りを抱える子どもにとって適応しにくく，問題が表面化しやすくなっていることの現れであるとも考えられる（宮本，2015）。このような点を考慮すると，発達

障害の子どもへの支援は，本人だけでなく，家族や学校などの子どもを取り巻く環境への働きかけや調整が重要な意味を持つと言えるだろう。

表8-3　アメリカにおける ASD 有病率の推移

調査年	子ども1000人当たりの有病率（範囲）
2000	6.7 (4.5- 9.9)
2002	6.6 (3.3-10.6)
2004	8.0 (4.5- 9.8)
2006	9.0 (4.2-12.1)
2008	11.3 (4.8-21.2)
2010	14.7 (5.7-21.9)

（出典：http://www.cdc.gov/ncbddd/autism/data.html）

表8-4　担任教員が回答した，学習面，各行動面で困難を示すとされた児童生徒の割合

	2002年	2012年
A：学習面で著しい困難を示す	4.5%	4.5%
B：「不注意」又は「多動性―衝動性」の問題を著しく示す	2.5%	3.1%
C：「対人関係やこだわり等」の問題を著しく示す	0.8%	1.1%

（出典：平成14年「通常の学級に在籍する特別な教育的支援を必要とする児童生徒に関する全国実態調査」，平成24年「通常の学級に在籍する発達障害の可能性のある特別な教育的支援を必要とする児童生徒に関する調査結果について」いずれも文部科学省より抜粋）

2. 発達障害のアセスメント

　心理臨床では，支援の対象となる本人や家族，環境の問題を多面的に理解し，個々のニーズに合った支援の方向性を決めるためにアセスメントを行うことが必要である。その際に，必要に応じて心理検査を用いて，その結果をアセスメントに生かすことがある。発達障害のアセスメントには，その状態に合わせて様ざまな心理検査が用いられている。

（1）　自閉症スペクトラム障害（ASD）のアセスメント

　ASDは，できるだけ早期にそのリスクを抱えている子どもを見いだし，支援につなげることが望ましい。そのために，最も簡便で有用なスクリーニング尺度として，多くの国々で用いられているのがM-CHAT（Modified Checklist for Autism in Toddlers）である（稲田・神尾，2008）。日本でも一部の地域では，1歳半健診でスクリーニングのために用いられるようになってきている。M-CHATは16～30カ月の乳幼児を対象とする親評定式の質問紙で，定型発達児であれば1歳半までに現れる「共同注意行動」「模倣」「対人的関心」などに関する項目が含まれている。親に回答してもらい，ASDが疑われる場合は，1, 2カ月後に保健師や心理職が親に電話で不通過項目を中心に発達状況を確認する。その段階で一定数の不通過項目があった場合には，二次的スクリーニングの対象とするという2段階を経る（稲田，2016）。

　M-CHATでリスクが疑われた子どもを対象に，二次スクリーニングとして個別に実施し，ASDのリスクを確認するために用いられる検査には，質問紙法や養育者に対する面接法がある（表8-5）。それぞれのカットオフ値（発達障害の有無を弁別する可能性のある数値）を参考にして，専門的な診断評価のアセスメントにつなげるかどうかの判断をす

表8-5 自閉症スペクトラム障害 (ASD) のアセスメントに用いられる検査

使用される時期	検査の名称	特徴	出典
一次スクリーニング 乳幼児健診など	M-CHAT (乳幼児自閉症チェックリスト修正版)	対象：16〜30カ月 親評定式 共同注意行動、模倣、対人的関心など非言語的な対人行動の出現をチェック	Robins, D.L. et al. (2001)
二次スクリーニング リスクの確認	SCQ (対人コミュニケーション質問紙)	生活年齢4歳以上。 40項目から成る親評定式質問紙	Rutter, M. et al. (2003) (黒田美保、稲田尚子、内山登紀夫監訳、2013)
	AQ-J (自閉症スペクトラム指数日本版)	自閉症スペクトラム仮説に基づき、ASD群と定型発達群を識別する尺度「社会的スキル」「注意の切り替え」「細部への注意」「コミュニケーション」「想像力」について10項目ずつ AQ-J21、AQ-J10などの短縮版あり	Baron-Cohen, S. et al. (2006)、栗田他 (2004)、Wakabayashi, A. et al. (2006)
	SRS2 (対人応答性尺度第2版)	対人コミュニケーション行動およびこだわり行動を評価する質問紙 他者評価式 3歳児用、学齢期用、成人用、自己記入式成人用がある	Kamio, et al. (2013)
	PARS-TR (親面接式自閉症スペクトラム症評定尺度テキスト改訂版)	幼児期ピーク評定（症状が最も重かった時期）と現在評定（年齢帯別の評定時症状評定）	PARS委員会 (2013)
診断・評価 (ASDの可能性のあるケースを対象)	ADI-R (自閉症診断面接尺度改訂版)	養育者に対して行う半構造化面接尺度 対象年齢2歳以上、所要時間90分〜150分	Rutter, M. et al. (2003) (土屋賢治、黒田美保、稲田尚子監修、2012)
	ADOS-2 (自閉症診断観察尺度)	本人の行動を直接観察する検査 自閉症スペクトラム、非自閉症スペクトラムに分類 年齢と言語水準に応じて5つのモジュールの中から選択	Lord, et al. (2012) (黒田美保、稲田尚子監修・監訳、2015)

(作表：塩崎)

る。

　診断・評価のためのアセスメントは専門家によって個別に実施される。この段階では養育者面接と本人の行動観察評定，双方によるアセスメントができることが望ましい。近年養育者面接法である ADI-R（Rutter et al., 2003, 土田・黒田他，2013）と，本人を対象とした行動観察検査である ADOS-2（Lord et al., 2013, 黒田・稲田，2015）が ASD 診断補助ツールのゴールドスタンダードとされている。その他にも小児自閉症評定尺度第2版（CARS 2 : Schopler et al., 2012）などもある。

（2）　注意欠如・多動性障害（AD/HD）のアセスメント

　AD/HD は，現れる症状が多様である上に，基本障害に加えて様ざまな情緒・行動上の問題が負荷される可能性があり（田中，2015），アセスメントは容易にはいかない。また DSM-5 にも記述されているように4歳以前には，正常範囲の行動との区別が困難である（APA, 2013）。そのため，養育者より過去から現在までの情報の聴取と，子どもとの直接のやり取りや行動観察など多角的な側面からのアセスメントが必要となる。アセスメントのための場面であっても，養育者や本人との関係を築くことを心掛けるとともに，本人や家族がどのようなことに困っているのかのニーズの把握を最優先し，そのニーズに合った支援方法を探っていくことが何よりも大切である。しかし，このようなアセスメントが主観に左右されたり見落としがないように，より客観的な指標を得るために心理検査が用いられる。

　AD/HD のアセスメントのために使われている検査には，AD/HD 評価スケール日本版（ADHD-RS-Ⅳ ; DuPaul et al., 1998, 市川・田中，2008），Conners 3（Sparrow, E. P., 2010 ; 田中，2013），持続処理課題（Continuous Performance Test: CPT）などがある。CPT は，AD/

HDの中核症状である不注意と衝動性を客観的に評価できる検査法であり (Rosvold et al., 1956), IVA-CPTや「もぐらーず」(安原, 2006)など, いくつかの検査方法が開発されている。パソコン画面上で実施でき, 子どもにも実施しやすいことが特徴である。

(3) 限局性学習障害 (SLD) のアセスメント

SLDはDSM-5の定義でも, 年齢やその子どもが有する知能に比べて, 読み, 書き, 算数の学習到達度が低いことが診断基準であり, 文部科学省の定義でも知能が正常であることとされていることから, まずは全般的知能の把握が必要となる。知能検査はWISC-Ⅳ (上野他, 2015) やK-ABC (Kaufman et al., 2005；藤田他, 2014) などがよく使われている。全般的知能の水準を測るだけでなく, 指標得点によって, 視覚認知や音韻情報処理スキルの水準などが把握でき, また, 下位検査の得点のばらつきから苦手な領域を理解することも可能である。その他, 子どもの学習特性やつまずきに着目して指導につなげるために実施されるLDI-R (上野他, 2008) や, 学習の到達度検査である小学生読み書きスクリーニング検査 (宇野他, 2006) などが用いられている。

3. 発達障害の支援

発達障害の支援は, それぞれの障害に適した支援が行われることは言うまでもないが, 同じ障害であってもその子どもの特性や置かれている環境によって現れ方は多様であり, また, いくつかの障害を併せ持っているケースも少なくないため, 2. で述べたようなアセスメントをとおして個別のニーズに合った支援プログラムを実施することが求められる。また, 子どもの生活に関わる家族, 幼稚園・保育園・学校などと, 医療

や療育の専門機関が連携し，子どもの障害を理解し，特性を生かす（黒田，2015）支援システムを構築することが望ましい。

　支援プログラムには，医療機関，療育機関，特別支援教育などの各機関で多様な取り組みがなされており，すべてを紹介することはできないため，ここでは医療機関での取り組みを紹介したい。乳幼児期から小学校入学前までの支援については第11章でも触れる。

　ここでは，東京大学医学部附属病院こころの発達診療部で行われている，「AD/HDを持つ子の親のペアレントトレーニングプログラム」を紹介する。このプログラムは，医師と臨床心理士2，3名のスタッフにより運営され，「育てにくさをもった子どもの理解を深める」ことや，「子どもの適切なほめ方や指示の出し方を学び，親子・家庭内のもめごとを少なくする」「子どもの自己評価の低下を予防する」「同じ悩みをもつ親同士の相互の分かち合い，支えあいの機会をもつ」ことなどを目的として，毎週1回100分，全10回のコースで実施されている（表8-6）。5〜6名の少人数のグループでの学びは，毎回「肯定的な注目の仕方」「上手な無視の仕方」など，1つずつ課題が設定され，ロールプレイをとおして体験し，話し合いをした後に，家庭で子どもに実際に対応してみた反応を記録するという宿題シートが課される。宿題については，次の回の初めに，試してみてどうだったかを振り返る時間を持つ。子どもとどのように関わればよいのか分からず困っていた親には，ペアレントトレーニングを学ぶことで具体的な関わりの指針を得ることができ，子どもと上手く関われるようになり，子育てへの自信が高まる。それにともない，悪循環に陥っていた親子関係が好転するという効果が期待される。AD/HDの子どもは，家庭でも社会でも否定されることが多いため，自尊心が低下し，不適応につながることが多い。このようなプログラムをとおして家庭環境を調整し，二次障害の発生を防ぐことが重要である。

表8-6 ペアレントレーニングプログラム

第1回	行動を3種類に分ける
第2回	してほしい行動に注目する
第3回	ほめることを習慣にする
第4回	してほしくない行動を無視する
第5回	無視する計画を立てておく
第6回	効果的な指示の出し方
第7回	ほめほめ表の作り方
第8回	ほめほめ表の実践／制限を設ける
第9回	環境調整
第10回	これまでのふりかえり―自分自身をほめよう―

(出典:東京大学医学部附属病院こころの発達診療部作成パンフレットより)

　もちろん,子ども自身が抱えている問題に対して支援することも必要である。発達障害の支援は,環境調整と本人へ働きかけの両輪が連動して進められることが望ましい。ASDの傾向を持つ子どもには,できるだけ早期から療育的な個別支援が行われれば,その後の集団への適応が良好になることも少なくない。東京大学医学部附属病院で行われている子どもの個別支援についてはコラムを参照されたい。

4. まとめ

　発達障害は,診断基準の変遷など支援者が戸惑うことも少なくないが,大切なことは本人と家族(あるいは教師など)がどのように困っているのかを丁寧にアセスメントし,できるだけ早期に適切な支援が行えるようにすることである。支援に関わる者は,日進月歩のこの領域で最新の情報にアンテナを張りつつも,支援を必要としている子どもと家族の利

益を最優先できるように細心の注意を怠ってはならない。

　放送授業では，東京大学医学部附属病院こころの発達診療部を訪問し，医療現場における発達障害支援の実際について紹介する。

＜コラム　8＞
応用行動分析（ABA: Applied Behaviour Analysis）の紹介
東京大学医学部附属病院 こころの発達診療部　石川菜津美

　応用行動分析（以下，ABA）とは，行動分析学の一分野で，特に発達障害のある個人に対して幅広い分野で理論が応用され，大きな成果を上げている。「ABA＝特定の介入技法」と捉えがちだが，応用行動分析学は特定の支援技法ではなく，共通の理論，方法論，運用論を持つ科学的なヒューマンサービスの包括的な体系である（山本・澁谷，2009）。
　ABAに基づくアプローチでは，「個人と環境の相互作用」の観点から子どもの行動を捉える。すなわち，子どもの新たなスキル習得だけではなく，子どもを取り巻く周囲の環境に働きかけることで，子どもの適切な行動の獲得を支援する。ABAに基づく早期発達支援の代表的な指導法に，離散試行型指導法（DTT）と機会利用型指導法がある。DTTは，あらかじめ決めたターゲット行動に対して明確な先行刺激（例えば言葉による指示，絵カード）と後続刺激（例えば子どもが好むおもちゃ，ほめ言葉）を提示し，「先行刺激―行動―後続刺激」の流れを1つの単位として繰り返し練習する。一方，機会利用型指導法は，日常生活や遊びの中で子どもの自発的な反応を引き出し，その反応に自然でバリエーション豊かな後続刺激を与える。近年では，専門家だけではなく家庭や学校場面で運用できるよう，課題や具体的な技法も含めた包括的な支援プログラムが開発されている。
　当院では，主に就学前の発達障害のある子どもを対象に，ABAの理

論に基づいた個別療育を行っている。支援に当たっては一人一人の発達段階や特性を考慮しながら課題を設定し，保護者には子どもの様子やセラピストの働きかけを別室で観察してもらう。加えて，療育終了後には，家庭で負担なく取り組めそうな工夫を話し合う時間を設けている。例えば数字が大好きなCくんは，1人で黙々と数字パズルで遊び，他者の声掛けに反応することは少なかった。そこで，セラピストがピースをわざとCくんの背後に置いたところキョロキョロと探し始めたので，セラピストがCくんの目線の高さで「あ！」と言いながらピースを指差すと，Cくんも指差しの方向を見た。それを見たセラピストは「パズルあったね〜」とくすぐりながら反応した。この一連の流れを何度か繰り返すと，Cくんから笑顔が見られ，大人からの声掛けを待つようになった。また，同じように家庭で取り組んだ保護者からは，以前よりも大人を見るようになりうれしいと報告があった。このように，療育機関だけではなく家庭でもポジティブな相互作用を生み出せるよう，保護者と共同で支援を進めている。

学習課題

1. 発達障害の子どもを持つ家族の支援において，配慮すべきことはどのようなことか考えてみよう。
2. 発達障害を抱える子どもの特性を長所として生かすには，どのようなことができるか考えてみよう。

引用文献

American Psychiatric Association (2013). *Desk Reference to the Diagnostic Criteria from DSM-5*（日本精神神経学会監修 (2014).『DSM-5 精神疾患の分類

と診断の手引き』医学書院)

Baron-Cohen, S., Hoekstra, R.A., Knickmeyer, R., Weelwrights, S. (2006). *The autism-spectrum quotient (AQ)-adolescent version.* Journal of Autism and Developmental Disorder, 36, 343-350.

Brain Train, Inc. (2011). "IVA+Plus-*Visual and Auditory Attention Testing*".

Center for Disease Control and Prevention (2016). *Identified Prevalence of Autism Spectrum Disorder, Addm Network 2000-2012, Combing data from all Sites.* http://www.cdc.gov/ncbddd/Autism//data.html

DuPaul, G.J., Powers, T.J., Anastopoulos, A.D., & Reid, R. (1998). *ADHD Rating Scale-IV :Cheklist, Norms, and Clinical Interpretation.* The Guilford Press. (市川宏伸，田中康雄（監修）(2008).『診断・対応のための ADHD 評価スケール ADHD-RS チェックリスト，標準値とその臨床的解釈』明石書店)

原　仁 (2015).「DSM-ⅢからDSM-5までの変遷」『発達障害白書』2016年版．明石書店，15-19.

稲田尚子・神尾陽子 (2008).「自閉症スペクトラム障害の早期診断へのM-CHATの活用」『小児科臨床』61．2435-2439.

稲田尚子 (2016).「自閉症スペクトラム障害のアセスメント：ASDのスクリーニング①-M-CHAT」『臨床心理学』(16巻1号) 12-15．金剛出版

Kamio, Y., Inada, N., Moriwaki, A., Kuroda, M., Koyama, T., Tujii, H., Kawakubo, Y., Kuwabara, H., Tsuchiya, K.J., Uno, Y., Constantono, J. N. (2013). *Quantitative autistic traits ascertained in a national survey of 22, 529 Japanese schoolchildren.* Acta Psychiatrica Scandinavica, 128, 45-53.

Kaufman, A.S., Lichtenberger, E.O. et al. (2005). *Essentials of KABC-Ⅱ assessment.* John Wiley & Sons. (藤田和弘・石隈利紀・青山真二他（訳）(2014).『エッセンシャルズ KABC-Ⅱによる心理アセスメントの要点』丸善出版)

厚生労働省 (2011).『知ることから始めよう　みんなのメンタルヘルス』

黒田美保編著 (2015).『これからの発達障害のアセスメント―支援の一歩となるために』金子書房

栗田広・長田洋和・小山智典・金井智恵子・宮本有紀 (2004).「自閉症スペクトラム指数日本語版（AQ-J）のアスペルガー障害に対するカットオフ」『臨床精神医

学』33, 209-214.

Load, C., Rutter, M., DiLavore, P. et al. (2000). *Autism Diagnostic Observation Schedule.2nd Edition.* Los Angeles, C.A: Western Psychological Services.（黒田美保・稲田尚子監修・監訳（2015).『日本語版 ADOS-2 マニュアル』金子書房）

宮本信也（2015).「発達障害は増えているのか―ASD を中心に」『発達障害白書』2016年版．明石書店，20-23．

文部科学省（2002).「通常の学級に在籍する特別な教育的支援を必要とする児童生徒に関する全国実態調査」調査結果

文部科学省（2012).「通常の学級に在籍する発達障害の可能性のある特別な教育的支援を必要とする児童生徒に関する調査結果について」

PARS 委員会（2013).『広汎性発達障害自閉症スペクトラム障害評定尺度テキスト改訂版』スペクトラム出版社

Robins, D.L., Fein, D., Barton, M., & Green, J. (2001). *The Modified Checklist for Autism in Toddlers: An initial study investigation the early detection of autism and pervasive developmental disorders.* Journal of Autism Developmental Disorders, 31, 131-144.

Rosvold, H.E., Mirsky, A.F., Sarason, I., Bransome, E.D., & Beck, L.H. (1956). *A continuous performance test of brain damage.* Journal of Consulting Psychology, 20, 343-350.

Rutter, M., Bailey, A., Berument, S.K., Lord, C., Pickles, A. (2003). *The Social Communication Questionnaire.* Los Angeles, C.A: Western psychological services.（黒田美保・稲田尚子・内山登紀夫（監訳）(2013).『SCQ 日本語版マニュアル』金子書房）

Rutter, M., Le Couteur, A., & Lord, C. (2003). *Autism Diagnostic Interview-Revised.* Los Angeles, CA: Western Psychological Services.（土屋賢治・黒田美保・稲田尚子（監修）(2013).『日本語版 ADI-R マニュアル』金剛出版）

Schopler, E. et al. (2010). *Child Autism Rating Scale, Second Edition.* Los Angeles, CA: Western Psychological Services.

Sparrow, E.P. (2010). *Essentials of Conners Behavior Assessments.* John Wiley & Sons, Inc.（田中康雄（監訳）(2013).『コナーズの評価スケールの臨床応用と解釈事例―コナーズ 3』金子書房）

田中康雄 (2015).「注意欠如・多動症 (ADHD) のアセスメント」(黒田美保編著『これからの発達障害のアセスメント―支援の一歩となるために』金子書房, 23-31.

上野一彦・松田修・小林玄・木下智子 (2015).『日本版 WISC-Ⅳによる発達障害のアセスメント―代表的な指標パターンの解釈と事例紹介』日本文化科学社

上野一彦・篁倫子・海津亜希子 (2008).『LDI-R－LD判断のための調査票』日本文化科学社

宇野彰・春原則子・金子真人他 (2006).『小学生読み書きスクリーニング検査 (STRAW-R)』インテルナ出版

World Health Organization (1992). *The ICD-10 Classification of Mental and Behavioural Disordrs: Clinical description and diagnostic guidelines.* (融道男・中根允文他 (監訳) (1993).『ICD-10精神および行動の障害：臨床記述と診断ガイドライン』)

安原昭博 (2006).「ADHD児における視覚性持続処理課題：Continuous Performance Test「もぐらーず」；CPT」『臨床神経生理学』34巻3号, 152-159.

山本淳一・澁谷直樹 (2009).「エビデンスにもとづいた発達障害支援：応用行動分析学の貢献」Japanese journal of Behavior Analysis, 23(1), 46-70.

Wakabayashi, A., Baron-Cohen, S., Weelwright, S., Tojo, Y. (2006). The Autism-Spectrum Quotient (AQ) in Japan: A cross-cultural comparison. Journal of Autism and Developmental Disorder, 36, 263-270.

参考文献

杉山登志郎 (2011)『発達障害のいま』講談社

(注) 本稿のペアレントトレーニングについての執筆に当たって，東京大学医学部附属病院こころの発達診療部の濱田純子先生への取材内容を参考にさせていただきました。

9 | トピックス3
ひとり親・再婚家庭の子ども

塩﨑尚美

《目標＆ポイント》 近年離婚数の増加に伴い，ひとり親家庭や再婚家庭も増加している。そうした家庭で育つ子どもの抱える心理社会的問題についての検討は十分になされているとは言いがたい。本章では，離婚とその後の家族形態の変化が子どもの発達に与える影響を理解するとともに，その支援についていくつかの実践活動を紹介し，今後求められる支援を考えていく。

《キーワード》 ひとり親家庭，再婚家庭，面会交流，離婚・再婚の子どもへの影響

1. ひとり親家庭の現状

　2014年の国民生活基礎調査では，母子世帯が73.2万世帯（児童のいる世帯の6.4％），父子世帯が10.1万世帯（同0.9％）とされている。その内訳は，2011年の全国母子世帯等調査結果（厚生労働省，2011）によれば，母子世帯で離婚80.8％，死別7.5％，未婚の母7.8％，父子世帯で離婚74.3％，死別16.8％，未婚の父1.2％である（表9-1）。

　また，生別によって母子世帯になったときの末子の年齢は，0～2歳が35.1％，3～5歳が20.9％と，末子が5歳までの生別が半数以上を占めることが示されている（厚生労働省，2011）。父子世帯においても，5歳までの生別が48％を占める。つまり，親や家族の影響が強い乳幼児期に親の離婚や家族形態の変化を体験する子どもが多いということであり，子どものその後の発達への影響を心理学的に検討することの意義は

表9-1　ひとり親になった理由

昭和63年度	母子 (%)	父子 (%)		平成23年度	母子 (%)	父子 (%)
離婚	62.3	55.4		離婚	80.8	74.3
死別	29.7	35.9		死別	7.5	16.8
未婚	3.6	-		未婚	7.8	1.2

(出典：ひとり親家庭等の現状について（厚生労働省，2015））

大きいと考えられる。

　子どもの教育・進学に関する悩みを持つ割合は母子世帯，父子世帯ともに高く（表9-2），また，母子世帯においては，家計面での悩みが多いことが示されている。母子世帯の母親の正規雇用の割合は39.4％，パート，アルバイトが47.4％と正規雇用を上回っており（厚生労働省，2014c），安定した収入が得られないことが家計や子どもの教育・進学の悩みにつながっていると考えられる。子どもの発達への影響は，経済的な状況や親の労働時間などの影響も少なくない。離婚前は仕事をしていなかった母親が，働きに出るようになることや，非正規雇用の掛け持ちで夜も不在がちになるなどの家庭環境の変化は，子どもに大きく影響を及ぼす。このような問題に対しては，＜母子家庭等就業・自立支援センター＞が都道府県に設置され，母親の就労支援や，経済的な支援が行われている（厚生労働省，2015）。しかし，それだけで子どもの発達・成長が保証されるというわけにはいかない。

表9-2　ひとり親世帯の子どもについての悩み　　　　　　　　（％）

父子家庭	総数	0歳～4歳	5歳～9歳	10歳～14歳
教育・進学	51.8	28.6	43.2	56.5
しつけ	16.5	33.3	25.7	17.4
就　職	9.3	(-)	(-)	(-)
健　康	6.0	9.5	9.5	7.5
非行・交友関係	2.9	(-)	1.4	3.1
食事・栄養	6.7	19.0	9.5	6.2
結婚問題	(-)	(-)	(-)	(-)
衣服・身のまわり	3.1	4.8	5.4	5.0
その他	3.8	4.8	5.4	4.3
母子家庭	総数	0歳～4歳	5歳～9歳	10歳～14歳
教育・進学	56.1	15.0	39.3	71.7
しつけ	15.6	45.1	31.8	10.0
就　職	7.2	0.8	0.3	0.8
健　康	5.3	14.3	6.5	3.6
非行・交友関係	3.6	(-)	2.2	5.6
食事・栄養	2.6	6.0	4.7	1.6
結婚問題	0.1	0.8	(-)	(-)
衣服・身のまわり	0.8	1.5	1.6	0.4
その他	8.7	16.5	13.7	6.2

（出典：平成23年全国母子世帯等調査結果報告（厚生労働省, 2011）より作成）

2．離婚が子どもに及ぼす影響

　親の離婚やそれに引き続く家族形態の変化は，子どもにどのような影響を及ぼすのであろうか。ベネデックとブラウン（Benedek & Brown, 1995）は，親の離婚を事実として受け入れるのは子どもにとって大変つらいことであり，不安，悲嘆，怒り，罪悪感，孤独感，疎外感といった感情が生じると指摘している。また，行動上の問題として，退行現象が見られたり，睡眠障害や摂食障害，学校での問題行動が起こったり，身

体症状として現れることもあると述べている。小田切（2005）は、離婚家庭の子どもへの面接調査の結果、悲しみや不安、怒りがよく認められる感情であるが、それに加えて、親の離婚を引け目に感じて否定的な自己像を形成したり、異性と親しい関係になることに対して不安と戸惑いを感じたり、自分も結婚に失敗するのではないか、相手から見捨てられるのではないかという思いを持つようになるという。

このような子どもへの影響は、子どもの年齢によっても異なる。ベネデックとブラウン（1995）や棚瀬（2010）によると、親の離婚が子どもに及ぼす影響は離婚時の子どもの年齢によって表9-3に示したような違いが見られるという。

表9-3　親の離婚が子どもに及ぼす年齢別影響

離婚時の子どもの年齢	子どもに表れる問題
0〜18カ月	親との間のアタッチメント（愛着）の形成や基本的信頼感の確立に影響し、その後の成長に困難を極め、長期にわたって悪い影響が残る可能性あり。
18カ月〜3歳	離婚後別居親との交流が途絶えてしまうと、両親がそろっていた記憶がないまま成長。青年期に異性との関係に興味が持てず、性同一性の獲得が困難に。再接近期（Mahler, 1975）のため、母親との葛藤関係から逃れる対象としての父親が不在であると、母親との激しい葛藤関係が長く続くことも。
3歳〜5歳	＜自己中心性＞（世界が自分を中心に動いていると思い込む）の心性を持つ時期であるため、離婚や親が出て行ったことを自分のせいだと思い込み、罪悪感や自責の念に苦しむ。 極端に良い子になったり、分離不安から指しゃぶりなどの退行現象が現れ、暗闇や特定のものを極端に怖がるといった反応が見られる。
6歳〜8歳	現実を理解する力がついてくるため、離婚や片親がいなくなったことをしっかり実感し、悲しみがどの時期よりも強い。見捨てられたという受け止め方をしたり、別居した親に対する忠誠心と同居親との間の葛藤に苦しむことが多い。そのために、学校生活への適応にエネルギーが注げず、成績低下や友達ができない、けんかが多いなど様々なサインが現れる。
9歳〜12歳	親の離婚による動揺を処理する力がついてくるが、道徳観・正義感が強いため良い親と悪い親に分けて、悪い親を激しく非難するようになる。親も子どもを味方につけようと相手の悪口を言い合い、結果として子どもが両親間の葛藤の狭間に立たされることも少なくない。

（作表：塩﨑）

ヘザリントン（Hetherington, E.M., 1984）は，離婚後1年はほとんどの子どもが混乱したり不安定になったりするが，短い期間でその危機を乗り越え，徐々に落ち着きを取り戻すと述べている。しかし，それを可能にするためには，安定した家族機能や，子どものストレスを受け止めるサポートシステムなど，社会的環境が大切であることを指摘している（Hetherington, 1980/2003）。つまり，そうした環境が整わなければ，子どもの否定的な反応は長期化する可能性があるということである。

　棚瀬（2004）は離婚を経験した子どもの事例研究をとおして，子どもが親の離婚後長期にわたって影響を受ける悪条件として，①説明なしの突然の両親別居，②愛着対象であった非監護親（同居していない親）による子どものあからさまな拒絶とその後の接触のなさ，③監護親（同居している親）の極度の混乱と不適応状態，親機能の長期にわたる低下，④監護親の長時間労働による二重の喪失体験，⑤学校，親族等のサポートの薄さ，を挙げている。そして，「離婚前後にどのような要因を作り出せば，あるいはどのような条件が揃えば，子どもは親の離婚を克服して前向きに生きていけるのか」を検討する必要があると指摘している（棚瀬，2010）。

　また，離婚後の影響を短期的影響と長期的影響に分けて考えることと，両方の視点から考えることが重要である。離婚前後からひとり親家庭へと移行する過程で生じるストレスは，喪失体験や新しい生活への不安，両親の間で生じる葛藤であり，1年ほどの間に徐々に克服される短期的影響である。しかし，その後も続く長期的な影響は，ひとり親家庭の中で生じた経済的な問題や，監護親の精神的問題，別居親と監護親との高葛藤状態の持続などによって生じる問題である。また，遅延効果で5年，10年経ってから不適応状態に陥る人もいることが指摘されており（Wallerstein, 2000），子どもの心理的支援を検討する際には，どのよ

うな時期にあり、どのような問題なのかを考慮することが大切である。

3. 親の離婚を経験する子どもの支援

(1) 子どもへの説明

　家庭問題情報センター（2005）は、親の離婚を経験した子どもへの面接調査を行い、子どもは親の離婚の際に子どもが理解できるような説明をしてもらうことを求めていると指摘している。しかし親は、説明したほうがよいのか、どのように説明すればいいのかが分からず、迷いや悩みを抱えていたことも明らかにされている。これらの調査結果から分かることは、子どもへの説明の重要性を伝え、年齢に合わせた説明のしかたを親に助言したり、子どもに説明する上での親の苦悩を受け止め、整理できるように支援することが必要であるということである。しかし、日本では、9割が離婚届けを出すだけで離婚が成立する協議離婚であるため、離婚のプロセスにおいて社会的介入やサポートを受ける機会がほとんどない。そのため、支援を受ける機会がないばかりか、情報を得ることすらないまま離婚が進んでいくという問題がある（本田・遠藤・中釜, 2011）。協議離婚も含めたすべての離婚家庭に対して、離婚成立時点から援助を始められるようなシステムが作られることが求められている。

　そのようなシステムがない現時点では、親だけでなく、祖父母や保育士、教師など子どもの身近にいる大人が、子どもに説明をする際に絵本を使うことで、子どもの理解を助け、罪悪感を和らげるなどの工夫が必要である。そのために役立つ絵本には子どもの罪悪感を和らげる『ココ、きみのせいじゃない』（Lansky, 1998; 中川, 2004）や、再婚家族との新しい生活を助ける『ステップキンと7つの家族』（Lumpkin, 1999;

中川,2006) などがある（図9-1）。

図9-1 『ココ, きみのせいじゃない』(左)『ステップキンと7つの家族』(右) （ともに，太郎次郎社 刊)

(2) 面会交流

米国では，早くから面会交流権が法律的に保証されていたが，別居親との良い関係の維持が子どもの発達に重要な影響を及ぼすというワラースタインとケリー（Wallerstein & Kelly, 1980）の報告を受けて，両親が共同で監護できる法律に改正された。それにより，別居親には，相当な面会交流権が与えられ，医療や教育，宗教など大きな問題は両親で決めるという形式が半数近くになったことが報告されている（Maccoby & Mnookin, 1992）。

日本でも，2011年に民法が改正され，離婚後の子どもの監護に関する事項として面会交流が明示された（法務省, 2011）。しかし，面会交流をめぐっての対立は激化し，家庭裁判所で扱われる事件の増加が顕著になっている（南方, 2014）。最も大きな問題となるのは，両親間の対立が激しく，葛藤が高い場合である。「片方の親と強固に同盟を組み，もう片方の親との交流を拒絶する」片親疎外症候群（Gardner, 1985）と

呼ばれる問題もある。監護親が別居親の悪口や批判を子どもに繰り返し聞かせることで，子どもに別居親に会いたくないという気持ちにさせたり，別居親に憎しみを抱くようにしてしまうことである。

　また，父と子の面会交流のある母親の77％が面会交流を肯定的に捉えているのに対して，子どもは半数ほどしか肯定的に評価していないとの報告もある（家庭問題情報センター，2005）。その理由は，子どもの年齢や両親間の葛藤の程度，別居親の態度など様ざまであるが，面会交流が離婚時の形式的な取り決めに終わらず，また親の満足のために行われるのではなく，子どもにとって意味のあるものとなり，子どもの発達に肯定的に作用するようにするためには，第三者の支援が必要ということであろう。棚瀬（2010）は，両親間に高い葛藤がある場合でも，グループカウンセリングや親教育プログラムへの参加を強制したり，監督付きの面会交流にするなどの工夫をすれば，直接的な親子の接触が保証できると指摘している。しかし，日本ではまだそのような支援の体制が十分に整っているとは言えない。家庭裁判所の父母教育プログラム（安部・樋口他，2003）や明石市の取組み（明石市，2015；章末資料）など公的なものもあるが，家庭問題情報センター（FPIC）やWinkなど民間の面会交流支援機関が行っているものが中心である。面会交流支援には，付添い型，受け渡し型，連絡調整型などの継続援助と，短期援助があるが，費用がかかる（付き添い型で1回3時間15,000円〜25,000円）。

　面会交流が子どもに及ぼす影響についての研究も少なく，どのような面会交流のあり方が子どもの心理発達に望ましい影響を及ぼすのかについて，今後議論を重ねていくことが望まれる。小川（2015）が行った面会交流をとおして子どもが別居親との新たな関係を築くプロセスの研究からは，面会交流は子どもの発達や親との関係の変化に応じて，中断したり間隔をあけたりしながら長期的に継続できるように，関係の変化を

見守り支援する必要があることが分かる（コラム9）。野口（2015）は，2つの支援機関のインタビューから，単に非監護親と子どもを会わせるだけではなく，離婚後の子育てを通して親の側も成長するための支援であるとしている。面会交流の支援は，離婚を経験する親子を継続的に支援し，双方の心理的成長を見守ることであると言えるだろう。

(3) 親支援プログラム

　米国には様ざまな離婚家庭への介入プログラムがある。その目的は，離婚が子どもに与える影響についての知識を増やすこと，子どもを葛藤に晒すことを減らすこと，両親間のコミュニケーションを増やすこと，子どもの離婚への適応を促すこと，養育スキルを改善することなどである（棚瀬，2010）。カリキュラム形式の多くは講義やビデオ観賞，資料配布など受動的形式であり，能動的形式のカリキュラムが取り入れられているものは半数以下である。親同士がグループディスカッションをとおして，子どもへの共感力を高め，自分の行動が子どもにどのように影響するかについて気付くことができるようになること，そして，問題解決のスキルを身につけることが，健全な子どもの養育につながる。また，元配偶者に対する否定的認知を変化させ，互いに対する認知の再構成を図ることも必要である。さらに配偶者間の葛藤と親子間の葛藤を区別できるようになることも求められる。このような親の変化やスキルの獲得は，講義を聴いたり，DVDを視聴するだけでは困難であり，親支援プログラムの内容の検討が課題となっている（棚瀬，2010）。

(4) 子ども支援プログラム

　離婚時は親が大変な状況にあるため，裁判所をはじめ支援機関は親への支援を優先しがちである。確かに親教育プログラムは，子どもの養育

スキルを獲得したり，子どもへの共感力を高めるなど，間接的に子どもの支援になっている面がある。しかし，子ども自身への直接的介入や，子どもが自分の気持ちを話せる場，同じ境遇の子どもと話し合える場も必要であることを忘れてはならない。

Kid's Turnは，サンフランシスコで行われている子ども教育プログラムであり，年齢に適した方法で（幼児には絵本や指人形などを使う），親が離婚したときに子どもがどのように感じているのかをグループで伝え合う場が提供される。それによって，離婚を恥ずかしいと感じて周囲から孤立したり，自分のせいで親が離婚したという歪んだ認知から解放されることを目指す。同様のプログラムは様ざまな国で開発され実践されるようになってきている。

日本では，小田切（2005）が，子どもの合宿自助グループに専門ボランティアとして参加し，親の離婚についての思いを自由に語り，仲間同士の交流をとおして，自己や他者についての理解を深め，状況を肯定的に受け止められるようになるための支援を行ってきた。しかし，子どもに特化した支援を行えている場は圧倒的に少ないのが現状である（大瀧・曽山・中釜，2012）。福丸・中釜他（2011）は，米国ケンタッキー州で行われているFamily In Transition（FAIT）の日本への導入のために検討を重ねてきた。日米の法制度の差異や，社会的・文化的な違いを考慮し，FAITで用いられるDVDの内容について検討したり（山田・本田他，2012），親を対象とした試行実践を行っている（福丸・小田切他，2014）。

4. 再婚家庭と子ども

離婚率の増加にともない再婚率も年々増加しており，2013年には，夫

婦ともに再婚もしくはどちらかが再婚の割合は，総婚姻数の26.3%に及ぶ（厚生労働省，2014a）。近年，どちらかの親が以前のパートナーとの間の子どもを持つ家族をステップファミリーと定義づけ，欧米ではその実態や支援についての研究が行われるようになってきた。しかし，日本におけるステップファミリーの研究は非常に少なく，そこで子どもがどのような体験をし，発達にいかなる影響を及ぼしているのかについては，ほとんど分かっていない。再婚によって，経済的な問題が解決する場合もあると思われるが，継親（けいしん）との関係形成や新しい家族関係の形成は困難な面が多いことも指摘されている（野沢・菊池，2014）。また，別居親との面会交流の継続が難しくなることも多く，別居親と継親との間での葛藤も，子どもにとって負担となる。勝見（2014）は，別れた実親への思いが整理されることが重要であるとしている。離婚家庭への支援プログラムには，再婚の際の子どもの支援も視野に入れているものが多い。子どもが再婚家庭に適応するためには，離婚の経験や実親の喪失感情を整理することが重要であり，そういう意味でも，離婚家庭への支援が重要であると言えるだろう。

　その他，ステップファミリーが家族関係を形成するための具体的対処方法として，新しい夫婦関係の絆（きずな）を深めることが結果的に子どもの安心につながることや，実の子どもとだけ過ごす時間を確保する，家族全員で過ごす時間を確保する，実親と会えるようにすることなどが挙げられている（野沢・茨木他，2006）。親の呼び方や親役割などに最初からこだわらず，家族としてのあり方などの固定観念に縛られず，無理のない範囲でそれぞれの家族のスタイルを見つけていくことが重要である。野沢・菊池（2014）のステップファミリーの子どもへのインタビューでは，親ではない独自の関係発達を継親との間で築いている群に愛着を感じる関係が発達していることを見いだしており，今後の再婚家庭のあり

方を探る上で示唆に富んでいる。

5. 離婚家庭支援プログラムの実際

　ここでは，福丸ら（2013）によって日本に導入されたFAITプログラムを紹介する。FAITは米国名はFITであるが，日本では他のプログラムとの混同を避けるためにFAITとして導入された。
　このプログラムは，離婚という家族の移行期に子どもと家族に生じやすい課題や問題を理解し，その意味や対処法を具体的に学ぶことで，親と子どもの双方がより健康に過ごせるようになることを目指して開発された。子どものグループは5歳から11歳までと，11歳から17歳までのグループの2つに分かれている。親同士は時期をずらして参加し，子どもはどちらかの親と同じ時期に参加する。10名から20名前後のクローズドグループ（メンバーの入れ替わりがない）で行われ，A～Cの3つの段階がある。具体的なプログラムの概要を表9-4に，実施場面と使用テキストを図9-2に示した。
　福丸・小田切他（2013）は，FAITプログラムを体験することで親自身の意識や行動が変化しうることを明らかにしている。また，プログラムに対する満足度は全体に高い得点であり，日本でもこのような心理教育プログラムが必要であることが示唆されている。しかし，米国とは法制度や家族文化が異なる日本での導入には，検討しなければならない課題もある。例えば，単独親権で面会交流が法的拘束力を持っていない日本では，元配偶者と協力して子育てをする関係を築くことが困難であり，配慮しながらの実践が求められることや，日本においては祖父母の存在を考慮することが重要であり，祖父母にも離婚後の面会交流や共同養育の必要性を理解してもらうための工夫が必要である。

表9-4　FAITプログラムの概要

	親グループ	子どもグループ	思春期グループ
A	離婚にまつわる子どもの気持ちや疑問を理解し適切に対応する方法を学習する	ゲームなどで打ちとけながら，親の離婚をテーマにした絵本を使って，離婚とは何かを理解する	親の離婚について感じたことを話し合い，離婚によって変わったことや気持ちを理解する
B	子どもの感情の理解とそれに対する対応について具体的に考え，離婚後の親同士の関係を深める	気持の表し方と付き合い方を学ぶ	失ったものに対処すること，気持を伝えることを学ぶ
C	夫婦の互いの葛藤レベルを再確認し，葛藤を避けるためのコミュニケーションを学ぶ，協力して子育てをする環境を作る	問題を解決する方法を考える	問題解決について学び，具体的な解決方法を見つける

（出典：福丸（2013）「離婚を経験する移行期の家庭への心理教育」家族心理学年報31を参考に塩﨑作成）

図9-2　FAITプログラムの実施場面（イメージ）と使用絵本

6. まとめ

　日本は，米国に比べると離婚・再婚が子どもに与える影響の調査研究がまだ少なく，支援体制も十分に整っているとは言えない。離婚そのものが子どもの発達に悪影響を及ぼすのではなく，両親間の高葛藤状況に子どもが長期間さらされ続けることや，別居親との関係が完全に途絶え

てしまうこと，ひとり親家庭における経済状況や親の養育機能の低下が問題なのである。こうした問題は，適切な支援や面会交流をとおして，離婚してもそれぞれの親が子どもの養育に関わっていく体制が整えば，子どもは離婚を乗り越え，より適応的に生きることができるようになる。

　日本の文化や法制度に適した心理教育プログラムや，面会交流支援など，支援の体制を整えていくことが急務である。また，離婚を経験する親の苦悩や子どもへの影響について，当事者以外の人々への理解を促すための啓発活動も必要であろう。

　放送授業では白梅学園大学の福丸由佳先生にスタジオにおいでいただき，日本における FAIT プログラムの実践についてお話を伺う。

＜コラム　9＞
安定した親子関係が築ける面会交流とは？
日本女子大学西生田生涯学習センター心理相談室・NPO 法人 Wink　小川洋子

　2011年の民法改正により，面会交流について多くの方が関心を持たれるようになりました。筆者が所属している NPO 団体にも面会交流の支援をしてほしいという問い合わせが増えています。

　面会交流は確かに子どもと親をつなぐ大切な関わりです。しかし，面会交流はただ実施すればいいというものなのでしょうか。近年，面会交流は頻度よりその内容が重要視されるべきとの声が高まっています。筆者はどのような面会交流であれば，中断することなく安定した親子関係を築けるのかを調べるため，インタビュー調査を実施しました（小川，2015）。

　インタビューに協力してくださった方は，親の離婚を経験し，その後面会交流を続けてこられた20～30代の15名の方々でした。

面会交流をとおして，別居親と安定した親子関係を築かれた方は，交流開始初期に，きちんと話を聞いてくれる，好きなことを一緒にしてくれるといったことから，別居親の自分への関心を感じていました。また，同居親にはない考えを示してくれる，口うるさく言わないなど，同居親とは異なる接し方をしてもらった体験や自分のペースで交流頻度を決めることができた体験から，別居親が息をぬける場所となり，別居親と一対一の関係性を築いていました。さらに，一対一の関係性が築けると，子どもは離婚時の親子関係から脱却し，親の離婚を消化していることが分かりました。

　このような安定した親子関係を築いていくためには，上記のような別居親の関わりと，同居親の面会交流に対する支持が重要となってきますが，離婚したご夫婦は互いの葛藤を親子関係に持ち出してしまうことが多く，こうした関わりが難しい場合があります。このような場合，支援者には，複雑な思いや不安感に共感しながら面会交流に夫婦間の葛藤を持ち込まないよう，夫婦を情緒的にもう一度別れさせる作業が求められます。そして，子どもに対しては，子どもが無理せず面会交流を続けていけるよう，子どもの気持ちを言語化・整理する手伝いをすることが大切です。自分の気持ちを周囲に分かってもらえないまま，無理を重ねて面会を続けてしまうと，ある時プッと糸が切れたように面会交流を中断することもあり得ます。一度中断してしまうと再開には長い時間がかかる場合もあります。

　安定した親子関係を築ける面会交流を続けてきたインタビュー協力者の方々には，親が離婚したことに対する負い目は一切なく，親の離婚を消化し，親に対する葛藤も少なかったように思います。一組でも多くの親子がこのような安定した親子関係を築ける面会交流ができるよう支援をしていきたいと思います。

学習課題

1. 米国には，州ごとに様ざまな離婚家庭支援プログラムがある。それらの一つを調べ，そのプログラムを日本に導入するとしたらどのような問題があるか検討してみよう。
2. 思春期になると別居している親との面会交流を拒むようになる子どもが多くなる。それはなぜなのか考えてみよう。

引用文献

安部隆夫・樋口　昇・山本廣子・森　幸一・廣井いずみ・岡本隆之・浅野和之・丹治純子・丹治晋也・中儀香織（2003）．「面接交渉等に関する父母教育プログラムの試み」『家庭裁判月報』55(4), 111-172.

明石市（2015）．「明石市における離婚後の子ども養育支援に関する取り組み」

Benedek, E. P. & Brown, C. F. (1995). *How to Help Your Child Overcome Your Divorce.* American Psychiatric Press.（高田裕子（訳）(1999). 『離婚しても子どもを幸せにする方法』日本評論社）

Brown, J. H., Portes, P., Cambron, M. L., Zimmerman, D., Rickert, V. & Bissmeyer, C. (1994). *Families in Transition: A Court-Mandated Divorce Adjustment Program for Parent and Children.* Juvenile and Family Court Journal, 45(1), 27-32.

福丸由佳（2013）．「離婚を経験する移行期の家族への心理教育」『家族心理学年報 31』，金子書房，81-91.

福丸由佳・中釜洋子・大瀧玲子（2011）．「離婚を経験する子どもと家族への心理的支援：FAIT（Family in Transition）の導入と実践」『明治安田こころの健康財団研究助成論文集』47, 65-74.

福丸由佳・小田切紀子・大瀧玲子・大西真美・曽山いづみ・村田千晃・本田麻希子・山田哲子・渡辺美穂・青木聡・藤田博康（2013）．「離婚を経験する家族への心理教育プログラム FAIT の実践─親に向けた試行実践から得られた示唆と今後

の課題―」『明治安田こころの健康財団研究助成論文集』49, 38-44.
Gardner, R. (1985). *Recent trends in divorce and custody litigation. Academy Forum*, 29(2), 3-7.
Hetherington, E. M. (1980). *Divorce, a child perspective. Annual Progress in Child Psychiatry & Child Develpoment.*
Hetherington, E. M. (1984). *Stress and coping in children and Families.* New Directions for Child Development, 24, 7-33.
Hetherington, E. M. & Arasteh, J. D. (1988). *Impact of Divorce, Single Parenting, and Stepparenting on Children*, Hillsdale, New Jersey: Lawrence Erlbaum Associates.
Hetherington, E. M. (2003). *Social support and the adjustment of children in devorce and remarried families.* Childhood: A Global Journal of Child Reserch, 10(2) 217-236.
本田麻希子・遠藤麻貴子・中釜洋子（2011）.「離婚が子どもと家族に及ぼす影響について―援助実践を視野に入れた文献研究―」『東京大学大学院教育学研究科紀要』51, 269-286.
法務省（2011）. http://www.moj.go.jp/content/000070713.pdf
家庭問題情報センター編（2005）.「離婚した親と子どもの声を聞く―養育環境の変化と子どもの成長に関する調査研究―」
家庭問題情報センター（2015）.「面会交流援助の案内」http://fpic-fpic.jp/doc/menkai_kouryu2.pdf
勝見吉彰（2014）.「ステップファミリーにおける親子関係に関する研究―子どもの支援からの検討―」『人間と科学』県立広島大学保健福祉学誌），14(1), 129-136.
厚生労働省（2011）.「平成23年度全国母子世帯等調査結果報告」
http://www.mhlw.go.jp/seisakunitsuite/bunya/kodomo/kodomo_kosodate/boshi-katei/boshi-setai_h23/dl/h23_02.pdf
厚生労働省（2014a）.「夫妻の初婚―再婚の組合せ別にみた年次別婚姻件数及び百分率」
http://www.e-stat.go.jp/SG1/estat/GL08020103.do?_toGL08020103_
厚生労働省（2014b）.「国民生活基礎調査」
http://www.mhlw.go.jp/toukei/saikin/hw/k-tyosa/k-tyosa14/dl/02.pdf

厚生労働省（2014c）．「ひとり親家庭の支援について」
　http://www.mhlw.go.jp/bunya/kodomo/pdf/shien_01.pdf
厚生労働省（2015）．「ひとり親家庭等の現状について」
　http://www.mhlw.go.jp/file/06-Seisakujouhou-11900000-Koyoukintoujidoukateikyoku/0000083324.pdf
Lumpkin, P.（1999）．*The Stepkin Stories*.（中川雅子（訳）（2006）．『ステップキンと7つの家族：再婚と子どもをめぐる物語』太郎次郎社エディタス）
Lansky,V.（1998）．*It's not your fault, Koko*. Book Peddlers, USA.（中川雅子（訳）（2004）．『ココ，きみのせいじゃない』太郎次郎社エディタス）
Maccoby, E. E., Mnookin, R. H.（1992）．*Dividing the Child: Social and Legal Dilemmas of Custody*. Cambridge, Massachusetts: Harvard University Press.
Mahler, M.; Pine, F.; Bergman, A.（1975）．*The Psychological Birth of the Human Infant*.（高橋雅士・織田正美・浜畑紀（訳）（1988）．『乳幼児の心理的誕生』黎明書房）
南方　暁（2014）．「親の面会交流権を改めて考える」『法政理論』46(4)，29-49．
野口康彦（2015）．「離婚後の親子の面会交流と子どもの心理発達—2つの支援機関のインタビュー調査から—」『茨城大学人文学部紀要』人文コミュニケーション学科論集，18，45-62．
野沢慎司・茨木尚子・早野俊明（2006）．『Q&Aステップファミリーの基礎知識』明石書房
野沢慎司・菊池真理（2014）．「若年成人継子が語る継親子関係の多様性—ステップファミリーにおける継親の役割と継子の適応—」研究所年報（明治学院大学社会学部付属研究所），44，69-87．
小田切紀子（2005）．「離婚家庭の子どもに関する心理学的研究」『応用社会学研究』（東京国際大学）15，21-37．
小川洋子（2015）．「離別親子の面会交流—子どもが面会交流を通じて別居親と新たな関係性を築くまでの心理的プロセス—」日本女子大学大学院修士論文（未公刊）
大瀧玲子・曽山いづみ・中釜洋子（2012）．「離婚をめぐる親子への支援プログラム導入の研究(1)—専門家へのインタビュー調査から，臨床現場で生じている問題—」東京大学大学院教育学研究科臨床心理学コース，35，123-129．

棚瀬一代（2004）．「離婚の子どもに与える影響—事例分析を通して」『現代社会研究』（京都女子大学）6，19-37.

棚瀬一代（2010）．『離婚で壊れる子どもたち—心理臨床家からの警告』光文社

Wallerstein, J. S. & Kelly, J. B. (1980). *Surviving the Breakup: How Children and Parents cope with Divorce.* Basic Books, New York.

Wallerstein, J. S., Lewis, J. M. & Blakeslee, S. (2000). *The Unexpected Legacy of Divorce: A 25year landmark study.* New York: Hyperion.

山田哲子・本田麻希子・平良千晃・福丸由佳（2012）．「離婚をめぐる親子への支援プログラム導入の研究(2)—フォーカスグループから探る日米の文化的・制度的違いについて—」『東京大学大学院教育学研究科臨床心理学コース紀要』35，130-139.

参考文献

小田切紀子（2010）．『離婚—前を向いて歩きつづけるために』サイエンス社

Ross, J. A. & Corcoran, J. (2011). *Joint Custody with a Jerk: Raising a Child with an Uncooperative Ex.*（青木聡・小田切紀子（訳）（2013）．『離婚後の共同養育と面会交流：実践ガイド—子どもの育ちを支えるために』北大路書房）

新川てるえ編（2005）．『離婚家庭の面接交渉実態調査・・パパ，ママ離婚しても会えるよね？』ひつじ書房

（資料：明石市の取り組み）

10 | トピックス4
災害後の子どもの心理支援

小林真理子

《目標＆ポイント》 災害で大切な人やもの（住み慣れた環境，安全感）を失った子どもへの支援について考える。特に東日本大震災後に行われてきた様ざまな心理的支援について，実際に関わってこられた支援者の方々からの活動報告も含めて紹介する。
《キーワード》 サイコロジカル・ファーストエイド（PFA），東日本大震災後の心のケアモデル，こころのサポート授業，集団遊戯療法，グリーフサポート

はじめに

　2011年3月，東日本大震災が発生，直後に津波が襲い甚大な被害をもたらした。さらに原発事故による放射能漏れの影響はいまだ回避できておらず深刻な状況は続いている。そして，2016年4月，熊本地震が発生し，激しい揺れが1か月以上続き，多くの建物が倒壊し人命が失われた。大人にとっても生活基盤が破壊された耐え難い状況の中で，子どもたちは一層心身の安全・安心を脅かされ，恐怖や不安，悲しみ，無力感に圧倒される。親や周囲の大人が安心できる存在となり，安全な環境が整うと，子どもはしなやかさを回復していく（加藤，2011）。子どもが安心を取り戻すために，学校や地域でできることは何かについて考えたい。

1. サイコロジカル・ファーストエイド

　災害直後に行う心理支援の方法として，米国で開発されたサイコロジカル・ファーストエイド（Psychological First Aid: PFA, 2006/2011）がある。災害などの危機直後のトラウマ的出来事よって引き起こされる初期の苦痛を軽減することと，短期・長期的な適応機能と対処行動を促進することを目的とした心理支援方法が示されている。東日本大震災では保健医療チームによって実施が推奨された。PFA によると，災害直後の具体的な支持的介入は，①被災者に近づき，活動を始める，②安全と安心感，③安定化（必要に応じて），④情報を集める（いま必要なこと，困っていること），⑤現実的な問題の解決を助ける，⑥周囲の人々との関わりを促進する，⑦対処に役立つ情報，⑧紹介と引き継ぎ，の8つに要約される（表10-1）。なお，PFA が登場する前に有効とされていたディブリーフィング[注1]は，やってはいけないこととして否定された。

注1：ディブリーフィング（心理的ディブリーフィング Psychological Debriefing: PD）とは，災害や事件・事故に遭うなど辛い経験をした人々への危機介入手段として，体験の直後にその詳しい内容や感情を語らせるという手法。元来は軍隊用語で，前線からの帰還兵に状況報告させることを指していた。アメリカのミッチェル（Mitchell, J.T., 1983）が構造化した非常事態ストレス・ディブリーフィング（critical incident stress debriefing: CISD）として開発し広まった（Mitchell & Everly, 2001/2002）。その後，PD，CISD の有効性への疑義が唱えられ，現在では災害直後の支援として PFA が推奨されている。

　災害に遭った人はその最中や直後に様ざまな反応を体験する。その中

表10-1　サイコロジカル・ファーストエイドの8つの活動内容

活動内容	概要
①被災者に近づき，活動を始める	自己紹介をし，いますぐに必要なことを聞く／秘密を保持する
②安全と安心感	安全を保つ／災害救援活動や支援事業に関する情報を提供する／体への配慮／交流の促進／様ざまな立場におかれた被災者を支える（家族の生存が確認できない，家族や親しい友人を亡くした，外傷性悲嘆など）
③安定化（必要に応じて）	情緒的に圧倒されている被災者の気持ちを鎮める／見通しを持てるようにする／薬物治療
④情報を集める—いま必要なことと，困っていること	被災者の体験内容（被災体験，大切な人の死・安否，喪失，自責の念や恥，自他を傷つけたい考え／服薬の必要性／アルコールや薬の使用歴／過去のトラウマなど
⑤現実的な問題の解決を助ける	最も必要としていることの確認，達成可能な目標の確認，行動計画，解決に向けた行動
⑥周囲の人々とのかかわりを促進する	身近にいる人たちと連絡する／いま近くにいる人たちと支え合う／子どもと思春期の人への配慮／支える態度のモデルを示すなど
⑦対処に役立つ情報	ストレス反応，トラウマや喪失に関する基本的な情報を提供する／ストレス反応について子どもと話し合う／具体的な対処法に関する情報を提供する（規則正しい生活，休養，余暇活動，リラクセーション法，家族の反応の違い，怒りとの付き合い方，否定的感情・睡眠・アルコール問題への対応）
⑧紹介と引き継ぎ	適切なサービスの紹介／支援の継続性を保つ

（出典：『災害時のこころのケア—サイコロジカル・ファーストエイド実施の手引き』（2011）医学書院，pp.122-125より，抜粋して作成）

には建設的な反応もあれば苦しい反応もあり，表10-2のような内容が挙げられる（PFA, 2006/2011）。危機直後に現れるさまざまな反応は病的なものではなく，「異常な事態に対する正常な反応」と言われている。初期対応では，人の心や身体に現れる一般的な反応であることを理解しただけでも，安心して生活できる人もいる。再体験（辛い体験がよみがえる，子どもは災害ごっこ），回避（似たような状況を避ける）とマヒ（思い出せない），過覚醒（いつも緊張している）であり，幼児・児童には退行（できていたことができない，赤ちゃん返り）などがみられ，トラウマ反応とされる。しかし，反応が長期化したり日常生活に過剰な影響を与えたりする場合には専門家への紹介が必要である。

表10-2　出来事の直後に現れる反応

領域	苦しい反応	建設的な反応
考え方	混乱する，状況を正しく理解できない，不安になる，勝手に考えやイメージが浮かぶ，自分を責める	決断しやり抜く力，感覚が鋭敏になる，勇敢さ，楽観主義，信じる力
感情	ショック，悲しみ，嘆き，寂しさ，恐怖，怒り，イライラ，自分を責める，自分を恥じる，何も感じない	充実感，やりがい，連帯感
対人面	極度にひきこもる，周りの人とうまくいかない	社会的な連帯，人のために行動する
からだ	疲れる，頭痛，筋肉がこわばる，胃痛，心拍数が増加する，刺激に過敏になる，睡眠困難	機敏になる・反応がすばやくなる・気力が充実する

（出典：『災害時のこころのケア―サイコロジカル・ファーストエイド実施の手引き』（2011）医学書院，p.145）

災害後の支援活動は被災者の凄惨な体験を聞き続けたり，被災した現

地を目の当たりにしながらの活動になるため，支援者にとって身体的・感情的な負担が大きく，被災者と同様の外傷性ストレス反応を示す「二次受傷」を負うことがある。そのため，支援者は自身の状態にも考慮しなければならない。自ら被災しながら支援者として活動してきた臨床心理士の立場から，震災がもたらしたこころのギャップについてご寄稿（コラム10）いただいたので参照されたい。

　これらのほか，PFAの実施の手引き（2011）には，被災者が必要としていることをチェックするワークシートや子どもを持つ親への助言集など，すぐに活用できる資料が掲載されている。

2. 東日本大震災後の心のケアモデル

　災害後の被災者支援に対する「心のケア」という言葉は，1995年に起きた阪神淡路大震災を契機として，「心の傷（トラウマ）を負った人に対する心理的援助」という意味で，メディアを中心に使われ続けてきた（加藤・最相，2011）。阪神淡路大震災から東日本大震災まで，国内外の大災害の現場で心理支援活動を行ってきた冨永は，「心のケア」について以下のように述べている（冨永，2012，図10-1）。

　「心のケアの本質は，他者が被災した方の心をケアするというよりも，被災された方自身が，傷ついた心を主体的に自分でケアできるように，他者がサポートすることです。すなわち，自らの回復力・自己治癒能力を最大限に引き出す『セルフケア』への支援が，心のケアです。」

　そして，上述したPFAに示されていない重要な視点として，①支援する側が具体的な支援メニューを提示すること，②防災教育，③被災体

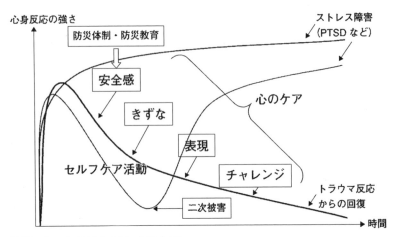

図10-1　セルフケアと心のケア
(出典：冨永良喜（2012）『大災害と子どもの心―どう向き合い支えるか―』岩波書店, p.7)

験の表現を挙げている。また，スマトラ島沖地震，四川大地震など海外での支援体験も踏まえ，①その土地の宗教と文化を大切にする，②現地で効果的な支援をしている人を支援する，③継続して訪問する，という災害支援の基本姿勢を掲げ，東日本大震災後の心のケアモデルを提唱した。

東日本大震災直後，冨永を中心とする日本心理臨床学会支援活動委員会は，これまでの知見と経験に基づいた新たな心のケアモデルとして，「災害後に必要な体験の段階モデル」をホームページ上で発表した。これは，被災した地域や時期に応じて，段階的に必要な体験を積んでいくというもので，大きく以下の7つのステップに分かれている。
〈段階1〉の「安全・安心体験」はすべての前提であり，①からだの安全，②つながりの安心が含まれる。〈段階2〉では「ストレスマネジメ

ント体験」として, ①からだの反応への対処, ②心の反応への対処, ③再開した学校でのストレス対処, ④命を守る防災訓練を行っていく。〈段階3〉「心理教育体験」では,「心とからだのストレスアンケート」を活用しながら, リラックス法や心理教育を実施する。〈段階4〉では「生活体験の表現」ができる機会を提供する。〈段階5〉において「被災に伴う体験の表現と分かち合い」を, 個人のペースを尊重し心理教育とストレスマネジメントをセットにして1～2年後から促していく。〈段階6〉で「避けていることへのチャレンジ」の必要性を伝えて支え, 最終の〈段階7〉では, 失った人への追悼に向けて「喪の作業」を行う。人によって必要な体験の段階は異なるので, いま回復に必要な段階はどこかを考えることが必要であり, 前の段階が達成されてから次の段階に進むことを基本としている（冨永, 2012/2014）。

3. 震災後の子どもの心理的支援

東日本大震災直後から, 公的機関, 民間組織, NPOや個人ベースの様ざまな支援が提供されてきた。ここでは, 被災地で実施された子どもへの心理的支援について, 岩手県で実施された教育現場での組織的支援, 仙台市内の児童館で行われた集団遊戯療法, およびグリーフサポートの活動を紹介する。

（1） いわて子どものこころのサポート―教育現場での実践―

岩手県教育委員会は, 兵庫教育大学の冨永らと協働して, 上述のモデルを用いた「いわて子どものこころのサポート」を実施してきた。その目的は, ①子どもが自分の心とからだの変化に対処できるようセルフケアの力を高める, ②教師が子どもの発するサインに気づき, 耳を傾け,

適切なセルフケアの助言ができる体制をつくる，③医療機関との連携によるサポートが必要な子どもに対する支援を行う，の3点である。

冨永は，3段階の「心のケア授業案」を作成し，岩手県教育委員会は「こころのサポート授業」として，学校現場で展開してきた。基盤となるのは，眠る・食べる・学ぶ・遊ぶという生活体験を充実させる日常生活体験の授業である。次の段階が自分のトラウマやストレスを知り対処方法を学ぶトラウマ対処体験の授業，そして服喪追悼体験の授業へと移行する。この授業は，教師とスクールカウンセラー（以下 SC）が協働して段階的に子どもの心理支援に取り組み，授業後の教師による個別面談，重い反応を示す児童生徒には SC による個別カウンセリングがセットになっている。県外から派遣された SC（臨床心理士）は，引き継ぎを徹底したチーム支援により，子どもおよび保護者への支援や教師のコンサルテーション活動を行ってきた（コラム11参照）。この実践は，災害後の時期に応じた「回復と成長のための体験のトライアングルモデル」として体系化されている（冨永，2014）。

なお，「こころのサポート授業」実施に当たって，支援者である教師は研修に参加し，共同で授業を実施することによって教師自身が癒される体験をするという面がある。教師や行政職員など対人援助を行う専門家は，自身が表立って心のケアを受けることには抵抗を感じることが多い。専門性が尊重される支援者研修の中で，支援者自身が癒される体験を盛り込む工夫が必要であろう。

（2） 被災地における集団遊戯療法

子どもは，震災後に生じた不安や悲嘆などを言葉にできずに溜め込んでいることが多い。その心のケアには，遊びをとおして内的世界を表現できる守られた場が必要になる。ここでは，日本遊戯療法学会の常任理

事有志など（臨床心理士）が，東日本大震災後の2011年6月より被災地の学会員の協力によって実現できた児童館における小学生への遊戯療法について紹介する（伊藤，2013）。

　被災地では，遊戯療法の場や遊具はなく，支援者や日時を一定にすることも難しい。しかし，深刻な被害があるからこそ，遊戯療法の本質である「子どもとセラピストの関係性」・「継続性」・「時間・空間の構造」が大切になる。本活動の特徴は，一つの遊戯室に子どもとセラピストのペア（固定）が5組入り，個別の遊戯療法を同時に行う「集団遊戯療法」というスタイルを用い，並行して保護者の継続面接と児童館職員へのコンサルテーションを実施したことである。基本的には，年2～3回，2014年3月末までセラピスト全員で児童館を訪問して集団遊戯療法を1日に3セッション実施し，緊急を要する子どもや保護者には，被災地在住の臨床心理士が月2回の間隔で行った。

　こうして，開始時には，余震や音を怖がる，一人で行動できない，食欲不振，夜尿，感情抑制など，様ざまな問題を呈していた子どもたちが，セラピストの守りの中で遊びをとおして震災体験を表現し，困難を乗り越えていく過程が見られた（コラム12参照）。また，集団で実施したことについては，①子どもは担当セラピストによる個別の安定した関係性を感じ，遊びに深まりが生じた。②同じ体験をした他児が居ることによって，開始初期から震災体験が表現された。③若い臨床心理士の陪席参加も可能にし，活動の継続性や広がりをもたらした。④児童館で心配されていた子どもの多くに実施できたので，職員の子どもについての理解が深まり，日々の関わり方が変化した等々，重要な諸点が示された（伊藤，2014）。このような地域の施設という資源を用いた集団遊戯療法は，災害後の子ども支援の一つのモデルとなるのではないだろうか。

(3) 子どものグリーフサポート

　東日本大震災では約2,000人の子どもたちが親を亡くしている。ここでは，NPO法人子どもグリーフサポートステーションがあしなが育英会と協働で実施している，大切な人を亡くした子どもたちのサポートプログラムを紹介する。グリーフ（grief）とは，「悲嘆」と訳され，死別などによる大きな喪失を経験した時に感じる深い悲しみをいう。グリーフサポートは月に2回の「ワンデイプログラム」と呼ばれるピアグループのプログラムと，保護者向けの相談業務や遺児の学習支援といったソーシャルサポートも含めた総合的なサポート体制である（図10-2）。このサポートは仙台市のほか，石巻，陸前高田，福島でも実施されている。

　死別を体験した子どもは身体面，心理面，社会面において様ざまな変調をきたす。特に，夜尿や親から離れられないなどの退行現象が見られ

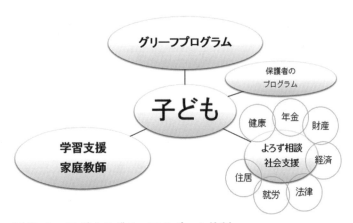

図10-2　子どものグリーフサポート体制
（出典：西田正弘・高橋聡美（2013）『死別を体験した子どもによりそう』梨の木舎，p.13）

たり，やたらとはしゃいだりといった子ども特有のグリーフの反応を示す場合がある。また大切な人の死を「自分のせい」と思い込む傾向があり，「津波でパパが死んだのは僕が悪い子だったから」と，全く因果関係のないことを想像したりする（西田・高橋，2013）。グリーフプログラムでは「あなたはそう感じているのね」とその子の心境を共有しつつ，子どものせいではないことを伝えていく。ありのままの感情や言動を受け止めるという対応で自尊感情を醸成し，子どもたちの生きづらさへの免疫力を高める関わりをしている。その際，悲しみを克服するというのではなく，その喪失体験を抱えてどう生きていくかということに力点が置かれる（高橋，2015）。子どもたちは体を動かす，絵を描く，歌を歌う，音楽を聴く，手紙を書くなど自由に過ごすほか，おしゃべりの部屋で体験を語ったりする。プログラムのファシリテーターは，子どもたちのグリーフの物語に耳を傾け，その子なりに亡き人とつながることの手伝いをする。そのためにファシリテーターは1対1で子どもの対応ができるような体制を整えている。また並行して，保護者のわかちあいの会も開催している。

震災から丸5年経ち，被災地の子どもたちが抱える課題は新たな局面を迎えているという。それは，子どもの自尊感情の低下とともに不登校などの課題が出てきていること，また復興の度合いによって生活環境や経済格差，ひいては教育機会格差が広がっていることである。グリーフサポートは，子どもの現在の生活の質を向上させるだけではなく，子どもの未来の質（Quality of future）に関わる支援である（高橋，2015）。

(4) 様ざまな支援の方法

現地での直接支援ではないが，電話相談による支援も提供された。子育て中の保護者から，また子ども本人から，電話という手段であったか

ら相談できたという声も聞かれた。コラム13にその一端を紹介していただいたので参照されたい。

今回，紙面の都合で取り上げられなかったが，未就学児の支援については，日本プレイセラピー協会が日本ユニセフ協会の支援・協力の下，「遊びを通した子どもの心のケア」の実践と研修を提供している。幼少児を抱える家庭には，親が安定して子どもに関わることができるよう，具体的な生活や育児支援をしていくことが求められる。

また，大切な家族が行方不明の状態や，放射能被害により家や故郷の町に戻りたくても戻れない状態は「あいまいな喪失（ambiguous loss）」（Boss, P., 2006/2015）と呼ばれるが，そのような状態の方への支援についても情報提供がなされている（JDGSのサイト参照）。

おわりに

被災した子どもへの支援は，保護者や家族など，周囲の大人の支援でもあり，子どもの支援者への支援も含まれる。災害後の時期や地域の文化，個別の被災状況などによって，反応の仕方や程度，必要とされる支援は異なる。状況の把握に努めながら，一人一人の心情に配慮し，寄り添い続けていくことが求められている。

放送授業では，集団遊戯療法が実施された宮城県仙台市の岩切児童館を訪問し，実施に至った経緯や実践活動についてお話を伺う。また，兵庫県立大学大学院の冨永良喜先生にスタジオにおいでいただき，災害後の子どもの心理支援についてお話を伺う。

<コラム　10>
震災とこころのギャップ―ちがいを受け入れ，ともに歩むために―
児童家庭支援センター大洋（岩手県）　臨床心理士　佐藤舞子

　東日本大震災による津波で，私は住居とともに大切な物や思い出を一瞬にして失いました。その現実を冷静に受け入れる間もなく，避難者の方々への支援活動を求められました。被災者そして支援者として生活しながら，以下のようなこころのギャップにより多くの人が苦しんでいることを知りました。
①被害状況のちがい：家を失った人，大切な人を失った人，仕事を失った人，これらすべてを失った人もいれば，失わずに済んだ人（故郷の景色を失ってしまったことを除けば）もいます。被害状況の差はあってもそれぞれに思いや傷つきを抱えているのが現状です。
②悲しみの表現の仕方のちがい：泣きわめく人，無口になる人，怒る人，震災前と変わらずに振舞っている人もいれば，大変なときだからこそ笑っていたいという方もいました。悲しみの表現の仕方には正しいも間違いもなく，それぞれに独自の反応であるため，互いの悲嘆過程を理解し合い，尊重し合うことが重要です。
③回復のスピードのちがい：数週間で回復する人もいれば，数カ月・数年かかる人もいます。回復のスピードが速い人を「不謹慎だ」と思う人もいれば，逆に回復の遅い人に「いつまで落ち込んでいるんだ」と感じる人もいます。回復した人自身が，自分が元気であることに後ろめたさを感じていることもあります。
④震災後の立場のちがい：震災以降，支援し続け疲弊している現地の支援者は，外からの支援チームが順次交代しながら張り切ってやってくる姿に，温度差を感じることがあります。反対に外部からの支援者は，現地が混乱していて地域のニーズがつかめず歯がゆい思いをすることがあります。また学校では，被災地からの転校生に，悪気なく「津波でこっちにきたの？家どうなったの？」と尋ねる生徒がいるかもしれません。

転校生は，その場では何も言わなくても，内心は深く傷ついています。⑤住んでいる地域によるちがい：被災地から集合仮設住宅に転居してきた子どもたちが，元々その地域に住む子どもたちと違って，活発で大人に反抗的なタイプの子が多かったため，子ども同士が集まっているだけで近所の人から白い目で見られてしまう，と相談されたことがありました。また，転居後の新しい地域の文化になじめず，不登校になった子どももいました。

このようなギャップを抱えながら生活していくためには，1）互いのギャップを自覚し，個別性を当然のものとして受け入れて，対人関係のトラブルやいざこざを防ぐ，2）先の見えない不安やたくさんの人がなくなった悲しみなど，根底にある感情は皆同じであることに気づく，3）復興への物語を共に紡いでいくなどの工夫が考えられます。ギャップから生じる問題を事前に防ぐために，継続した啓発活動を行うことは，中長期的な心理臨床活動に必要なことであると考えます。

＜コラム　11＞
震災後の教育現場での心理支援
岩手県巡回スクールカウンセラー　浦本真信

　私は2011年5月に，文部科学省の緊急派遣カウンセラーとして，北海道から岩手県の小中学校に二週間赴いた。また，翌2012年には前職を辞し，現地駐屯型で県教育委員会所管の巡回スクールカウンセラー（以下巡回SC）として支援を行ってきた。多くの力に支えられて再開した学校の十全とは言えない限られた環境の中で，少しでも子どもたちに安全・安心を提供するサポートをすること，そしてそれを継続することが巡回SCの仕事であった。
　当初，「津波の夢を見る」などのトラウマにまつわる相談が多く，子ども自身への対応と周囲の大人たちへ対応方法を伝えることが求められ

た。また，2012年度からは教育現場では心のサポート事業として，「教職員研修」の実施，子どもたちの自己記述式「心とからだの健康観察」，トラウマの対処などを勉強する「心のサポート授業」，避難訓練を含む防災教育，3.11を迎えての表現活動などが学校の年間計画に位置付けられた。その前後いずれにも巡回SCは関わりを持ち，アドバイスや対応をしていった。そして一年が過ぎたあたりからは，怒りや悲しみなどの感情を表現してくれることが増えてきたため，個別でのカウンセリングも行っていった。時間の経過と共に，相談はより日常的な友人関係や勉強の悩みなどに移っていった。しかし，こうした日常的な悩みの背景に，震災時から続く葛藤が潜んでいることも少なくない。

　あるとき，特定の子にちょっかいをかけ過ぎてしまう子がいた。先生方も注意をし見守ってきたが，あまり改善が見られない。そこでSCからも話を聴いていくと，「震災の時，『家が流されてお金たくさんもらったんでしょ。たくさんゲーム買えて良いね』とその子から言われた」ことを思い出して話してくれた。当人も忘れていたし，相手も悪気は無かったと思われるが，そこから子どもたちの関係は微妙に変わってしまったことがうかがわれたケースであった。

　このコラムを書いている現在，5年目の3.11を迎える準備を学校としている。だが，見渡すと震災時からいた先生方は他校に異動し，SCが一番の古株になっている学校すらある。また，小学校では震災時の記憶がない年代も入ってきており，震災後の心理支援の形はこれから徐々に変化をしていくことと思われる。しかし，多くの人からこれまで聴いてきた震災の「語り」を他の地域の人や次の世代に伝え，繋がりを強化していくことは変わらぬ支援と位置付けられるだろう。そして，そこに震災後の心理支援の難しさと，希望があるのではないだろうか。

<コラム　12>
被災地における遊戯療法
宮城学院女子大学 発達科学研究所　臨床心理士　佐藤葉子

　震災は，愛着のある物や人との別れ，安心・安全のイメージさえも失うような喪失体験をもたらす。東日本大震災後，子どもたちの遊びは，震災の再現や失われた家族の日常を表現する空虚なものなど，苦痛を伴って展開されることも少なくなかった。遊戯療法において子どもは，子どもの不安に気づき寄り添うセラピストとの関係を通して，震災により失ったものを遊びの中で象徴的に再生させるなど，困難を乗り越える過程を経て，徐々に自分らしさを取り戻していった（佐藤，2015）。

　筆者が担当したＤもその１人である。Ｄは震災当日，外出先で津波から逃れるため父親と施設の屋上に避難し，惨状を目の当たりにした。母親は自宅にいて無事であったが，共通の震災体験をしなかった母親との『繋がり』の喪失体験をしたＤは心を閉ざし，母親もまた，Ｄの体験を理解し得ない苦しみを抱いていた。Ｄは爪噛みが始まり，表情に乏しく，人と交わらずにいることが多くなった。遊戯療法開始時は無言のまま，時おり他児を見つめ制止し，Ｄの心は停滞しているかのようであった。２回目で偶然にも互いが投げたボールがぶつかった瞬間から筆者を意識し始め，その直後に動物人形が次々と津波に呑まれていく様子を表す。Ｄの表情の真剣さから，体験の壮絶さがどれほどのものであったのかと想像し，言葉を失った。その後，ドールハウスを使い，母親人形が１人でテレビを見ている後ろ姿を，少女人形が遠くから寂しそうに見ている場面を表し，『繋がれない寂しさ』を表現した。しかし，ある時から母親人形が巨大なワニに追い回され，上へ上へと恐怖に怯えて逃げ惑うという，Ｄ同様の恐怖体験を母親人形に繰り返すようになる。その姿を自分の目で確認することで，母親との繋がりが心に刻まれていったのか，徐々に共通体験にこだわらなくなっていった。その後は家族の個室づくりに時間をかけ，自分の部屋で「じっとしていれば安

全」と言い，一度は失われた安心・安全のイメージさえも心の中に『再生』された。さらに，家族人形全員で海に入ってのんびり過ごす遊びが生じた時には，Dの海のイメージも回復したことに感激した。Dの症状は改善し，感情を言葉に出来るようになり，人との交流も見られるようになった。

児童館では，自らも被災し不安を抱える中，子どもの回復を願い努力する保護者や職員とも出会った。彼らの姿勢は，今でも筆者が支援活動を続ける原動力となっている。

＜コラム　13＞
「震災こころの相談」の実践から
（株）セーフティネット相談部 チーフカウンセラー　近 紀子

　災害支援といえば，多くの方が現地での支援を想像すると思いますが，東日本大震災では，電話での支援も実施されました。その一つ「震災こころの相談」は，2012年9月から2015年3月までの2年半に，被災5県（岩手県，宮城県，福島県，栃木県・茨城県一部地域）の児童生徒，保護者に提供された無料電話相談です。文部科学省からの委託を受け，筆者の所属する民間相談室が担当しました。

　電話相談は，いつでも利用できるという利便性，かけ手のプライバシーが保たれやすいという匿名性などの特徴から，近年多方面で活用されていますが，音声以外の情報が得にくく，かけ手主導となるという難しさ，かけ手の現実に直接的に関与できないという限界も伴います。筆者は当初，困難や限界のある電話相談で，被災地の子どもの役に立てるだろうかと悩み，被災地から離れた場所で相談を受けることの戸惑いや申し訳なさも感じていました。

　実際には，2年半の間に約4700件もの相談がありました。子どもが自分から電話をかけるだろうかという心配もあったものの，6割以上は子

ども自身からの相談でした。子どもからの電話の多くは,「どんな人が受けているの?」「本当に聴いてくれる?」と,こちらが信用できる存在であるかを試すような問いかけから始まります。繰り返される問いに,この子は何を語りたいのだろうと思いを馳せながら耳を傾け続けていくうち「思い出して眠れない」,「イライラしてしまう」,「避難先の学校が合わない」など,その胸の内が語られました。中には圧倒されるような被災の体験が語られることもありました。一方で,多くの子どもが「心配をかけたくない」,「弱い人間だと思われたくない」と,現実の人間関係ではそれを口にしていませんでした。電話では,子どもの普段言えない気持ちが語られたのです。

そして,その気持ちを判断したりせず共感的に聴く相談員との関係を通じて,子ども自身が家族や先生,スクールカウンセラーに「話してみよう」と,現実の身近な人や相談資源に気持ちを伝えたり,助けを求めていくようになったケースも多くありました。電話相談の経験が「リアル」な相談へとつながっていくのです。電話相談は子どもが気持ちを表現できる場所であるとともに,自らの力で現実世界につながりや助けを求めていく力を蓄える止まり木としての意味があると,子どもたちに教えられたように思います。電話相談にできることは何かと悩みながらの実践でしたが,今は電話だからできる災害支援もあるのではないかと感じています。

学習課題

1. もし今,災害が起こったら,支援者として,地域で暮らす生活者として,何ができるか考えてみよう。災害時に頼れる地域の資源を調べてみよう。
2. 東日本大震災後,子どもたちに学校や地域で,どのような支援がなされてきたか調べてみよう(下記文献やサイトを参照してください)。

引用文献

アメリカ国立子どもトラウマティックストレス・ネットワーク・アメリカ国立PTSDセンター（著）．（兵庫県心のケアセンター（訳）（2006/2011）．『災害時のこころのケア—サイコロジカル・ファーストエイド実施の手引き』原書第2版，医学書院）

伊藤良子（2013）．「被災地における遊戯療法」『遊戯療法学研究』第12巻第1号，60-63．

伊藤良子（2014）．「被災地における集団遊戯療法の意義」研究代表：今泉岳雄『東日本大震災を体験した子どもを対象とした遊戯療法についての考察』（日本臨床心理士資格認定協会第4回臨床心理士研究助成研究成果報告書）（未公刊）

加藤寛・最相葉月（2011）．『心のケア—阪神・淡路大震災から東北へ』講談社現代新書

西田正弘・高橋聡美（2013）．『死別を体験した子どもによりそう』梨の木舎

高橋聡美（2015）．「死別体験後の子どもたちのサポートの実際〜仙台におけるコミュニティモデルの挑戦〜」『第16回日本いのちの教育学会抄録集』

冨永良喜（2012）．『大災害と子どもの心—どう向き合い支えるか』岩波書店

冨永良喜（2014）．『災害・事件後の子どもの心理支援—システムの構築と実践の指針』創元社

参考文献

Boss, P. (2006). *LOSS, TRAUMA, AND RESILIENCE: Therapeutic Work with Ambiguous Loss.*（中島聡美・石井千賀子（監訳）（2015）．『あいまいな喪失とトラウマからの回復〜家族とコミュニティのレジリエンス〜』誠信書房）

Mitchell, J.T. & Everly, G.S. (2001). *Critical Incident Stress Debriefing.*（高橋祥友（訳）（2002）．『緊急事態ストレス・PTSD対応マニュアル—危機介入技法としてのディブリーフィング』金剛出版）

日本心理臨床学会（2012）．「特集・大災害と心のケア」，『心理臨床の広場』第4巻2号

日本遊戯療法学会第18回大会記録（2013）．公開シンポジウム「被災地における遊

戯療法」『遊戯療法学研究』第12巻第1号，pp.59-89
佐藤舞子（2011）．「3.11以後私たちはどう動いたか—現地の人たち自身による故郷の復興を支援したい—」『そだちと臨床』vol.11，15-18
佐藤舞子（2012）．「被災地における親子支援の実際—子どもたちと紡ぐ復興への物語—」『世界の児童と母性』vol.73，49-53
佐藤葉子（2015）．「大震災が子どもに与えた影響」In 伊藤良子・津田正明編『情動と発達・教育—子どもの成長環境—』朝倉書店
高橋聡美編著（2012）．『グリーフケア　死別による悲嘆の援助』メヂカルフレンド社
とみながよしき（作）・しむらはるの（絵）（2011）．『かばくんのきもち—災害後のこころのケアのために—』絵本で学ぶストレスマネジメント①，遠見書房

● 参考サイト

兵庫県こころのケアセンター，サイコロジカル・ファーストエイド実施の手引き
　http://www.j-hits.org/psychological/index.html
いわて子どものこころのサポート
　http://www1.iwate-ed.jp/tantou/tokusi/h23_kokoro_s/kokosapo_top.html
JDGS（Japan Disatser Grief Support Project：災害グリーフサポートプロジェクト）あいまいな喪失情報ウェブサイト．http://al.jdgs.jp/index.html
JDGS　大切な人を亡くされた方を支援するためのウェブサイト．http://jdgs.jp/
日本心理臨床学会HP：教師・心理職等（対人援助職）のみなさんへ—時期と段階に応じた心のケア（災害後に必要な体験の段階モデル）—（2011.3.22更新）
　http://www.ajcp.info/heart311/stagemodel.html
日本臨床心理士会・東日本大震災心理支援センター．http://www.jsccp.jp/jpsc/
日本プレイセラピー協会＆日本ユニセフ協会：遊びを通した子どもの心の安心サポート〜つらい体験後の未就学児（乳幼児）のためのマニュアル〜
　https://www.unicef.or.jp/kinkyu/japan/pdf/japt_manual.pdf
NPO法人子どもグリーフサポートステーション．http://www.cgss.jp/

（注）本稿の執筆にあたって，佐藤舞子先生（児童家庭支援センター大洋），佐藤葉子先生（宮城学院女子大学発達科学研究所），冨永良喜先生（兵庫県立大学大学院）への取材の内容を参考にさせていただきました．

11 | 臨床現場から1
子育て支援・保育カウンセリング

塩﨑尚美

《目標＆ポイント》 子どもの心理的問題は，乳幼児期からの微細な問題の蓄積によって生じるものも多い。そうした問題を予防することも，心理臨床の役割の一つになってきている。そのためには，早期にその兆候を発見し対応することが必要である。ここでは，早期発見のために重要な役割を果たしている，乳幼児健診や地域の子育て支援・保育カウンセリングについて概観し，それぞれの現場の臨床心理士の役割について学ぶ。
《キーワード》 乳幼児健診，子育て支援，保育カウンセリング，早期発見，予防的介入

1. 乳幼児を取り巻く日本社会の現状

(1) 子育て世帯の孤立化

　日本における乳幼児を取り巻く状況は，時代とともに大きく変化してきた。核家族数は，1990年以降横ばい傾向ではあるものの全世帯数に占める割合は60％前後であり（厚生労働省，2015），また，出身地から離れて大都市近郊で生活する子育て期の世帯も増加している（総務省，2010）。このような変化は，親や親戚，中高生時代の友人など，安心して支援を求められる人が身近におらず，孤立した環境で子育てをしなければならない子育て世帯を増加させてきた。そうした状況は，養育者の育児不安や育児ストレスを生み出し，さらには養育者の抑うつなど精神的な問題を引き起こすこともある。また，児童虐待の原因となっている

とも言われている。

（2） 養育者の精神的問題

　子育てにともなう否定的な感情については，育児不安（牧野，1982）や育児ストレス（佐藤・菅原他，1994），育児負担感（荒牧・無藤，2008）など，様ざまな視点から研究されてきた。2013年の日本労働組合総連合会による調査では，子育てをしていて，『ストレスを感じることがある』人は76.8％になると報告されている。

　育児ストレスが長期にわたって持続すると，抑うつ状態になることもある。産後の抑うつの評価には，日本版エジンバラ産後うつ病自己評価票（Edinburgh Postnatal Depression Scale, 以下 EPDS）が用いられ，得点が9点以上であるとうつ病のリスクがあるとされる。その出現率は，平成13年の調査で13.4％，平成21年の調査で10.3％と報告されている（厚生労働省，2010）が，1カ月程度で自然治癒する場合は，子どもへの影響はそれほど深刻ではない。しかし，抑うつ状態が長期にわたって持続すると，子どもの発達に影響を及ぼすことが分かっている（菅原，1997）。安藤（2013）による妊娠期からの縦断的研究では，母親の抑うつは妊娠期が19.1％と最も高く，産後3カ月にかけて6.9％まで減少するが，産後6カ月で8.1％，産後1年では8.8％と上昇傾向になることが示されている。また，父親の抑うつは産後5週が8.6％と最も高く，その後生後1年にかけて4.6％まで減少している。抑うつ状態の父親は，母親が抑うつ状態である場合に多くなる傾向が認められ，両親ともに抑うつが高い状態になると子どもの養育への影響は一層深刻になると考えられるため，母親の抑うつ傾向を早期に発見するだけでなく，父親の抑うつについても目を向ける必要がある。

(3) 児童虐待

2013年の児童相談所の児童虐待の相談対応件数は73,802件で，児童虐待防止法が制定された2000年と比べると約4倍に増加している（厚生労働省，2014）。その背景には，先述した世帯構造の変化や親の精神的問題の影響のほか，望まない妊娠や結婚に先行する妊娠の影響もあることが指摘されている（日本子ども家庭総合研究所，2015）。養育者自身が被虐待経験を持っていることも少なくない。家庭内で起こっている児童虐待の把握や介入は非常に困難であるため，その兆候を，乳幼児健診や保育園，幼稚園，子育て支援広場などで発見し，深刻化しないうちに関わりを持ち，親をサポートしていくことが重要となる。

(4) 発達障害

発達障害については，第8章で詳細に述べたので，この章では，早期に発見し，その後の介入につなげていくために，各自治体や支援機関でどのような工夫がなされているのかを紹介する。発達障害の中でも自閉症スペクトラム障害は，早期に発見し，療育につなげることが重要である。障害の可能性に気付くことから療育につながるまでに，親が子どもの障害を認識・理解した上で受容し，療育を開始するまでの過程を，共に歩む支援者の存在が必要である。その役割を臨床心理士が担うことも多い。

また，AD/HDは保育園や幼稚園など集団生活の中で明らかになっていくことが多いため，保育カウンセラーと保育士，幼稚園教諭が協力して支援しつつ，医療機関などの専門的支援につなげるような工夫が求められる。そのため，様ざまな役割を持つ専門家が協力しあい，支援体制を築くことが課題となっている。

(5) 各要因の相互作用

（1）から（4）までに挙げたことは，それぞれが相互に影響を与え合っている。子育て世帯の孤立化が育児ストレスを高め，周囲からのサポートが得られないことが，抑うつを生じさせる。母親の抑うつは父親の抑うつに影響を及ぼし，家族の養育機能が低下することで，子どもの心理面に影響したり，虐待が起こることもあるだろう。子どもの発達に遅れが認められると，養育者の不安とストレスが増し，抑うつが一層高くなる。このような悪循環は，一度形成されると相互に影響しあうことで，それぞれの問題が短時間で深刻化していくこともある。しかし，悪循環のどこかのポイントにできるだけ早期に介入すれば，悪循環を良循環に変えることも可能である。乳幼児健診や子育て支援は，このような悪循環を良循環に変える取り組みとなるよう，家族を取り巻くシステム全体を捉え，効果的な介入ポイントを探すことが期待される。

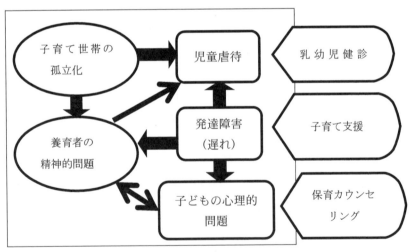

図11-1　乳幼児を取り巻く問題の循環システム

(作図：塩﨑)

2. 臨床の場の紹介

(1) 乳幼児健診

　乳幼児健診は，市町村が行う公的な健診で，3～4カ月健診，1歳6カ月健診，3歳児健診はほとんどの自治体で行われている。保健所で集団で行う場合と，個別に医療機関に委託して行う場合とがある。乳幼児健診は，身体的発育状況の確認と，疾患や障害を早期に発見することを目的として行われるものであるが，近年は，児童虐待の予防的意味を含めた，育児不安や育児ストレスへの対応も視野に入れられるようになり，心理職が関わることが増えてきている。例えば，日本臨床心理士会(2014)の調査によると，乳幼児の健診後の支援として心理職の発達相談が受診者の75％～76％に利用されていることが示されている。また，発達障害のスクリーニングの実施も主要な目的となってきている。さらに，母親の抑うつ状態を早期に発見するために，日本版エジンバラ産後うつ病自己評価票（EPDS）を配布しているところもある（岡野・村田他，1996）。

　乳幼児健診における発達障害のスクリーニングは1歳6カ月健診でも3歳児健診でも81％の市町村で行われている。8章で述べた，M-CHATを1歳6カ月健診で用いている自治体もわずかだがある（日本臨床心理士会，2014）。自閉症スペクトラム障害は，1歳6カ月ごろから早期療育をすることで言語やコミュニケーションの発達を促せる可能性があることが分かってきたため，今後ますます1歳6カ月健診におけるスクリーニングの役割が重要になると思われる。しかし，一方では，過剰診断によって，養育者の不安をあおってしまう可能性も出てきており，診断をするまでにいくつかの段階を経ながら，経過を丁寧に見て診断していかなければならない。このような観点から，5歳児健診を開始

し始めた自治体もある（平岩，2014）。

　集団健診の場では丁寧な関わりが難しいため，発達や親子関係などに何らかの心配な要素が認められる場合は，個別相談を勧め，そこで臨床心理士などが子どもの様子の観察をしたり，養育者の話を丁寧に聞くようにしている自治体が多い。個別相談で発達的な問題や虐待の可能性などが認められたケースは，保健師や臨床心理士などの専門家がその後も定期的に電話をして様子を聞いたり，2，3カ月後に再度面接を予約して来談してもらうといった体制を取っている。

　乳幼児健診は，多くの親子が訪れるため，さまざまな問題を早期発見する貴重な場となる。発達障害のスクリーニングや，抑うつ，児童虐待の可能性など小さな兆候を見逃さないように，健診の場を有効に活用していくことが今後の課題である。また，健診に来ない家庭には虐待や家庭の深刻な問題が潜んでいる可能性もあり，どのようにアプローチするのかが新たな課題である。さらに，早期発見だけに終わらず，支援を継続していったり，適切な機関につないでいく必要がある。そうした意味で，子どもの発達に関する専門的な知識を持ち，養育者の話に耳を傾け，関係を築くことができる臨床心理士などの専門家の役割がますます重要になっていくだろう。

（2）　子育て支援

　「子育て支援」という言葉には様ざまな意味があり，公園整備や待機児童対策のための保育園増設といったハードな面から，個々の家族，親子のニーズに合った支援を提供するといったソフトな面までを含んでいる。後者は「地域子育て支援」という枠組みで捉えることも可能である。

　元々「子育て支援」の施策は，1990年に合計特殊出生率が1.57となり，1966年の丙午（ひのえうま）の1.58を下回ったことを契機に，少子化対策として始まっ

た。その後，徐々に形を変えながら2004年には子どもへの支援を中心に据えた「子ども・子育てプラン」となり，2015年4月からは，単なる少子化対策ではなく，「子どもたちの健やかな成長をめざし，子どもと子育て世代を全世代で支えて，次世代の育成に参画する社会」を目指して，「子ども・子育て支援新制度」がスタートした（大日向，2014）。この制度は財源が確保された上での制度であり，保育所の増設や幼保一体化，貧困家庭への支援などが期待される一方で，地域子育て支援事業の新たな設置や人材確保など，サービスの充実につながると考えられる。

　それにともない，臨床心理士が子育て支援に関わる機会は，一層広がり，かつ増えていくと思われる。これまでも，前述の乳幼児健診における個別相談の仕事や，保健所において親グループの活動に関わるなど，臨床心理士の子育ての領域への関わりは実践されてきた（大塚・滝口他，2015）。また，保育園や幼稚園での障害児の巡回相談の歴史も長く，後述する保育カウンセリングも子育て支援の中の一つの活動として発展してきた。

　それに加えて，地域子育て支援活動にも臨床心理士が関わることが増えてきている。2003年に「次世代育成支援対策推進法」が制定され，各自治体に子育て支援事業の行動計画策定が義務付けられた。これを機に，市区町村において様ざまな子育て支援事業が立ち上げられ，子育て支援ひろばの活動の個別相談員として臨床心理士が配置されたり，グループの運営に携わることも多くなっている。こうした動きの中で，「子育て支援に携わる臨床心理士の専門性とは何か」ということが新たな課題として浮かび上がってきている。

　子育て支援の場は，臨床心理士や保育士に加え，栄養士や言語聴覚士，理学療法士など，様ざまな職種との協働によって成り立っている。そうした場で最も重要なことは，他職種の専門性を尊重し，話に耳を傾け，

それぞれの役割を大事にしながら自分の専門性を発揮することである。その中で臨床心理士は、子どもの心の内面を理解しようとする姿勢と、養育者の話を傾聴し、養育者としての努力を尊重する一方で、養育者や親子の関係において生じている問題を冷静にアセスメントする役割を求められている。さらに、アセスメントをとおして理解したことの《何を、誰に》伝えるのかを見極めること、またそれを適切なタイミングで伝えられることこそが、臨床心理士の専門性ではないかと思う。

(3) 保育カウンセリング

保育カウンセリングとは、上述した子育て支援の一環として、幼稚園や保育園、認定こども園などでカウンセリングを行うことである。「子ども・子育て支援新制度」の施行とともに、今後ますますその重要性が増すと考えられ、また地域子育て支援での関わりとは異なる面もあるため、本項で独立して取り上げることとする。

2008年に保育所保育指針が改訂された。この改訂には、保護者に対する支援や地域の子育て支援などが保育所の役割として加えられ、保育所の社会的役割を大きくした（厚生労働省、2008）。それを受けて、各保育所では地域に開かれた活動を定期的に実施したり、一時保育の枠の拡大などを行ってきた。また、保護者支援という意味で、親がうつ状態やその他の精神疾患を持つ子どもを優先的に措置したり、児童虐待が疑われる家庭の子どもを保育所で早期に発見し、関係機関との連携を取るなどの取り組みが行われるようになっている。このように年々保育所の役割が重くなる中で、通常の保育も充実させなければならず、保育士に過重な負担がかかるようになってきたため、保育カウンセラーなど心理の専門家が保育所に関わることが求められてきている。

滝口（2015）は「保育カウンセリングの役割は一人ひとりの子どもを

全人的な存在として尊重して，成長を支えること」としている。主役はあくまでも子どもであり，養育者の支援も「子どもの成長」のための支援であるという基本を忘れずに，必要以上に踏み込み過ぎずに関わることが必要となる。そういう意味では，臨床心理士が従来から行ってきている母親面接とは共通点もあるが，完全に同じとは言えない面もある。筆者は10年来保育園に臨床心理士として関わってきた経験から，保育カウンセリングは＜保育という場の中でのカウンセリングであること＞を考慮して以下ことを大切にしている。

1) 集団の中での子どもの様子をよく観察し，集団の中で伸ばせる点を見つけ，今その子どもが，生きやすくなる方法，生き生きできる方法は何かを考えること
2) 養育者には，保育の場でその子どもが伸びるためにできることの協力者になってもらうこと
3) 日々子どもと接している保育者をねぎらい，自信を持って子どもと関われるような支援をすること

　現時点での保育カウンセリングは，多くても週に１回，平均すると月に１回〜数カ月に１回という頻度で実践されていることがほとんどである。そのため，継続的な支援は難しく，通常のカウンセリングと同様の関わりはできないことも多い。保育者や養育者を否定せず，日々子どもと関わる保育者や養育者が，自信を持って子どもと関わることで，子どもが生き生きと活動できるようになり，さらにそれが保育者や養育者の関わりを変化させていくような支援ができることが理想である。そのためには，子どもの保育場面の観察や保育者からの日頃の様子の聴取が欠かせない。その上で，保育者にも養育者にも，自分で気付き，自ら子どもへの関わりを変えてみようと思えるような支援を心がける必要がある。

3. それぞれの現場から

　ここでは，地域子育て支援の場である，日本女子大学生涯学習センター（西生田）における子育て支援グループ《こぐま》と，保育カウンセリングの現場である横浜市の認可保育園での取り組みを紹介する。

(1) 子育て支援グループ《こぐま》

　日本女子大学生涯学習センター（西生田）の中に，実習施設としての心理相談室がある。そこでは，相談事業と子育て支援事業が行われており，いずれも大学院生と大学の教員が共同で運営に携わっている。子育て支援グループは利用する親子にとっての支援の場であると同時に，院生の教育の場という側面と教員の研究という側面を兼ね備えた子育て支援である。以前は，発達心理学の教員が中心となって行っていたグループと臨床心理学の教員と大学院生で行っていた子育て支援グループとがあったが，2015年度より統合し，発達心理学，臨床心理学両方の教員が関わって行うようになった（資料1）。

　対象は6カ月から3歳までの子どもとその養育者である。プレイルームに親子が一緒に入るが，子どもには院生スタッフがついて部屋の周辺に置かれた玩具で遊び，部屋中央のテーブルを囲んで母親同士が話し合いをする。臨床心理学を専門とする教員は，母親グループに参加し，母親の話に耳を傾けたり，必要に応じて助言などをするほか，母親同士が互いの意見を聞き合えるようにファシリテートすることを心掛けている。終了後，スタッフの院生と教員とが活動についての振り返りをする。院生スタッフからその日の子どもの様子を聞き，発達心理学の専門教員が子どもの発達や子ども同士の関係についての見立てを話したり，臨床心理学の教員が親の話を聞いて気付いたことや親子の関係について感じた

（資料1）

子育て支援事業

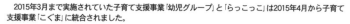

こぐま　対象年齢 0〜3歳

2015年3月まで実施されていた子育て支援事業「幼児グループ」と「らっこっこ」は2015年4月から子育て支援事業「こぐま」に統合されました。

子育てには成長する子どもだけでなく、親・祖父母・教育者・周囲の人々など、多くの世代の人達が関わりを持っています。

「こぐま」では、地域のこれらの人達と交流を通しての育児支援を目指しています。母親はスタッフを交えた話し合いに参加していただき、お母様同士が子育てや日常生活などについて話し合う時間を設けています。お子様は発達年齢に考慮しながら、いろいろな年齢の子どもに触れながら、集団遊びに参加することになります。

スタッフは人間社会学部心理学科に所属する教員（2015年度は4名の教員が随時参加）、院生、学部生です。教員や院生は臨床発達心理学や臨床心理学、発達心理学を専門としていますので、必要な場合には参加された方の育児相談にも個別に応じます。年に2回、お父さんの日（土曜日）も設けています。

〈主な活動〉　○週1回の親子の交流の場の提供
　　　　　　○年に2回、お父さん参加の交流の場の提供
　　　　　　○個別育児相談（適宜）

活　動　日：毎週金曜日 10:30〜11:30
会　　　場：日本女子大学生涯学習センタープレイルーム
対象年齢：生後6ヶ月〜3歳。原則として1年を通して参加できる方が条件となります。
参　加　費：1回につき500円の参加費（お母様250円＋お子様250円、お子様2人目からお1人120円）
　　　　　　※2〜3月分ずつを月の初めにお支払いください。
駐　車　場：ご希望の方は、お申し出ください。

募集は随時しておりますが、定員（約10名）になり次第、締め切らせていただきます。
詳しくは下記までお問い合わせください。

【お申し込み】生涯学習センター　044-952-6961
【お問い合せ】人間社会学部心理学科発達心理学岩立研究室
メール:koguma.jwu@gmail.com

お問い合わせ：生涯学習センター（西生田）Tel 044-952-6961　Fax 044-952-6962

ことを共有する。必要に応じて個別相談を実施することもある。(コラム14参照)。

　地域に開かれた子育て支援の場であり，幼稚園就園前に他の子どもと関わる機会や，他の親との情報交換の場として参加している親子がほとんどであるが，中には子どもの発達に心配なところがあり，専門家の見立てや助言を期待して参加するケースもある。発達や親子関係で気がかりなことに対する不安を早期に解消することや，子どもとの関わりについて助言することで，親子関係の緊張を和らげたり，子どもが本来持つ力を発揮できるようになることを目指して行っている支援である。

(2) 横浜市認可保育園における子育て支援

　筆者は，平成13年に横浜市に新設された認可保育園に新設当初から関わってきた。その役割は，保育士研修，保護者研修，保育士へのコンサルテーション，保育園の子育て支援活動への助言など様ざまである（塩崎，2007）。保育カウンセリングは，滝口（2015）のように母親に直接会ってカウンセリングを行うこともあるが，保育園の場合は養育者が仕事をしており，個別にカウンセリングをする時間が取れないことが多い。また，保護者の中には，潜在的には様ざまな問題があっても，自身では問題意識がない，あるいはカウンセリングを受けようという気持ちにはなれないという人も多い。だれかに相談しようという援助要請行動を取ることができない人たちにどのような形で支援するのかということは，心理臨床の今後の課題である。保育領域における心理的支援は，そういう意味で，相談や援助要請行動を自ら取らない養育者への支援の可能性があると筆者は考えている。

　保育所における保護者や地域への支援は形としては理想であるが，それを保育士だけで実践することは困難である。保育カウンセラーが，保

育士と話し合いを持ったり，子どもや保護者への関わりについてコンサルテーションすることで，保育士のそうした活動を支援することができる。筆者はそのような考えのもとに，ビデオによる保育観察を用いた保育士研修を実施している。

　この研修の中で，発達に偏りの感じられる子どもや，親子関係の中で何かの問題を抱えている可能性のある子どもについて話し合い，保育の中でできることを探っていく。遊びや集団活動の工夫，保育士との関係の工夫など，保育園内でできることを見つけ，それをとおして子どもが自信を持てるようになったり，発達が促進されていくことを目指す。子どもが成長することで，親との関係が変化することも多い（事例1）。また，親との関係で愛着が十分に形成されていない子どもに，保育士との間に愛着を築くことで，母親の養育行動に変化が生じることもある（事例2）。

　その他に，母親のリフレッシュや仕事のために活用される一時保育も継続的な利用になると，子どもの心身の成長を促すことにつながり，それによって母親の育児不安やストレスが軽減されることも多い。子育て支援の一つであるという意識を持って取り組んでいくことを大切にしている。このように，子どもの保育をとおしてできる支援を，保育士とともに探っていくことも保育カウンセラーの重要な役目である。

＜事例1＞

　4歳児のA君の母親は，保育ノートに「子どもがいじめられているのではないか心配」と書いてきた。ビデオ記録を見てA君の様子を観察すると，遊びに集中できずなんとなくふらふらしていることが多く，部屋の隅でブロックで遊んでいると，作りかけのビルを数人の子どもが蹴散らしていく場面も見られた。担任や園長，主任を交えて話し合いをし，クラスの活動が，活動的な子どもの関心に合わせて体を使った遊びに偏っていること，A君がそうした活動についていけず，クラスの集団から外れがちであることが共有された。その後，製作の時間を週に何回か活動に入れるようにし，A君が最後までやり遂げられるように気を付けて見ているようにしたところ，A君の表情が変わり，母親から「保育園の話をよくしてくれるようになりました」と報告があった。

＜事例2＞

　Bちゃんは，母親が産後から抑うつ状態とのことで1歳半健診で言葉の遅れを指摘されたことをきっかけにして保育園に入所することになった。母親はきちんとBちゃんの身の周りの世話をしており，保育園の送迎もできているが，表情が固くBちゃんへの声掛けが少なかった。入園後の様子を担任から聞くと，声を掛けないとずっと一人で遊んでいるとのことであった。そこで，まずは担当の保育士を決め，Bちゃんが一人遊びをしている時に，声を掛けたり，遊びに参加するように心掛けた。数カ月経つと，Bちゃんは保育士を安全基地として，不安になると助けを求めたり，膝に座ってくるようになり，保育士とのアタッチメント（愛着）が築かれたようであった。それにともない言語表現が豊かになり，Bちゃんから母親に話し掛けることが増えると，母親の表情が柔らかくなっていった。

4. まとめ

　乳幼児健診や，子育て支援，保育カウンセリングなどは，心理臨床の新しい領域であり，これまでの関わりとは違うスタイルを模索しながら実践が行われている。1回限りであったり，時間が限られていることも多く，その中で何ができるのかを瞬時に判断し，実践する行動力が求められることも多い。しかし，従来の相談室で来談する人を待つというスタイルでは支援の手が届かなかった，自ら援助を求めないが潜在的ニーズを持っている人たちへの関わりの可能性を開く領域である。様ざまな実践が試みられ，より意義のある方法が見つけられていくことを期待したい。

　放送授業では，日本女子大学生涯学習センター（西生田）を訪問し，子育て支援グループ「こぐま」の活動を紹介する。また横浜市港南つくしんぼ保育園を訪問し，一時保育を通した子育て支援の実際を紹介する。

＜コラム　14＞
子育て支援グループ「こぐま」での経験
日本女子大学西生田生涯学習センター心理相談室　小宮真芙美

　「こぐま」は，日本女子大学生涯学習センターが提供する子育て支援事業です。毎週金曜日の午前10時半から11時半に日本女子大学生涯学習センターのプレイルームで活動をしています。また，年に2回は父親参加の交流の場である「パパこぐまの日」が設けられています。スタッフは，人間社会学部心理学科に所属する教員と院生，学部生で構成されています。筆者は，2年間スタッフとして活動してまいりました。母親は

育児に関する情報をスタッフから学び，子どもは自由に遊びます。これを同じ部屋の中で行うのが，この事業の特徴です。同じ部屋で過ごすので，子どもたちは母親を安全基地として自由に行動することが可能となります。

　参加をしている子どもたちは，ボール・プールやプラレール，おままごとセットなどプレイルーム内にあるおもちゃで遊んだり，子ども同士で追いかけっこをしたり，お絵かきをするなどして，自由に過ごします。スタッフはファシリテーターとして，子ども同士の遊びを見守ったり，子どもと1対1で遊んだりします。子ども同士で遊んでいると，おもちゃの取り合いなど，ちょっとしたことでけんかになることもあります。そういった時，スタッフは「○○ちゃん，貸してと言おうね」「××ちゃん，偉いね。○○ちゃん，ありがとうって言おうね」というように子ども同士のコミュニケーションを代弁するような声掛けをします。このようなやり取りを繰り返すと，子どもたちは自然と「貸して」「ありがとう」などのポジティブなコミュニケーションを覚えていきます。同様に，例えば遊んでいる時に，転んでしまった子がいたとしたら，「痛かったね」と言いながらなぐさめます。このように，子どもたちのコミュニケーション能力や人をいたわる感情が育まれるように心掛けながら，スタッフは子どもたちに接しています。1年間をとおしてこうした活動を行うことで，参加している子どもたちは少しずつ自分の感情をコントロールする術を覚えたり，子ども同士がお互いを意識した遊びを展開したりします。当初はおもちゃを使う順番を守れなかったり，すぐにかんしゃくを起していたりした子どもが，一緒に遊んでいる子を気遣う姿を見ることができます。

　遊びをとおして子ども自身のコミュニケーション能力や感情を育む支援ができることが，「こぐま」の活動の魅力だと思っています。子どもたちのゆっくりとした成長を見守りながら，その子の個性にあった発達支援を目指しています。

学習課題

1. 個人カウンセリングと子育て支援や保育カウンセリングにおける関わりの違いについて考えてみよう。
2. 保育士や保健師と臨床心理士の専門性の違いはどのような面であるか考えてみよう。

引用文献

安藤智子（2013）.『妊娠・出産にリスクのある夫婦の抑うつに関する縦断的研究』文部科学省科学研究費補助金基盤研究（c）　平成22年度～24年度報告書

荒牧美佐子・無藤隆（2008）.「育児への負担感・不安感・肯定感とその関連要因の違い：未就学児を持つ母親を対象に」『発達心理学研究』19, 87-97.

平岩幹男（2014）.『乳幼児健診ハンドブック：発達障害のスクリーニングと5歳児健診を含めて』診断と治療社

厚生労働省（2008）.「保育所保育指針解説書」
　http://www.mhlw.go.jp/bunya/kodomo/hoiku04/pdf/hoiku04b.pdf.

厚生労働省（2010）.「「健やか親子21」における目標に対する暫定直近値の分析・評価」

厚生労働省（2014）.「児童虐待の定義と現状：子ども・子育て支援政策」
　http://www.mhlw.go.jp/seisakunitsuite/bunya/kodomo/kodomo_kosodate/dv/about.html

厚生労働省（2015）.「平成26年国民生活意識調査の結果から」

牧野カツコ（1982）.「乳幼児を持つ母親の生活と＜育児不安＞」『家庭教育研究所紀要』3, 34-56.

日本子ども家庭総合研究所（2015）.『日本子ども資料年鑑2015』中央出版

日本労働組合総連合会（2013）.『子ども・子育てに関する調査』
　http://www.jtuc-rengo.or.jp/news/chousa/data/20130621.pdf

日本臨床心理士会（2014）.『乳幼児健診における発達障害に関する市町村調査　報

告書』
岡野禎治・村田真理子・増地聡子・玉木領司・野村純一・宮岡等・北村俊則 (1996).「日本版エジンバラ産後うつ病自己評価票（EPDS）の信頼性と妥当性」『精神科診断学』7, 525-533.
大日向雅美 (2014).「子育て支援のこれまでとこれから―新たなステージを迎えて」『発達』ミネルヴァ書房, 140, 2-9.
大塚義孝・滝口俊子・香川克・嘉嶋領子・橘玲子・吉田弘道 (2015).「臨床心理士による子育て支援の展開とその課題」『日本臨床心理士報』26(1), 9-32.
佐藤達哉・菅原ますみ・戸田まり・島悟・北村俊則 (1994).「育児に関連するストレスとその抑うつ重症度との関連」『心理学研究』64(6), 409-416.
塩崎尚美 (2007).「子育て支援における臨床心理士の役割」『日本女子大学心理相談室紀要』6, 1-10.
総務省 (2010).「平成22年国勢調査：人口等基本集計結果」
http://www.stat.go.jp/data/kokusei/2010/kihon1/pdf/youyaku.pdf
菅原ますみ (1997).「養育者の精神的健康と子どものパーソナリティの発達―母親の抑うつに関して」『性格心理学研究』5(1), 38-56.
滝口俊子 (2015).『子育て支援のための保育カウンセリング』ミネルヴァ書房

12 | 臨床現場から2
教育センター・教育相談室

小林真理子

《目標&ポイント》 不登校やいじめへの対応，発達障害の可能性のある子どもへの特別支援など，教育センターや教育相談室など教育領域における心理臨床について学ぶ。臨床現場として，東京都北区教育委員会・教育相談所と立川市子ども未来センターを紹介する。乳幼児期・児童期における子どもと保護者への支援，多職種との協働，他部署機関との連携について考える。
《キーワード》 不登校，いじめ，教育相談，就学相談，特別支援教育，ネットワーク支援

1. 教育領域における心理的支援

（1） 教育センター・教育相談室とは

　学校教育の現場では，不登校やいじめをはじめとする様ざまな心理的問題が起きており，その専門的な対応が求められている。文部科学省の調査（2015）によると，全国の小学生を対象とした教育相談件数は2014年度では約4万9,000件，このうち「いじめ」は約4,500件，「不登校」は約1万件となっている。
　学校教育に関わる心理的問題について専門的な対応を行うことを目的として，都道府県または市区町村の教育委員会の下に教育センターなどが設置されている。自治体によって，教育センター，教育研究所，教育相談所，教育相談室などの名称が付与されている。その主な活動内容は，実際に問題を生じている子どもや保護者への教育相談活動のほか，小・

中学校の教員に対して教育相談的な対応を理解してもらうための研修業務，また今日的な教育課題に関する研究業務などである。この他，小・中学校における適切な児童生徒の就学先を相談する就学相談業務や，不登校の子どものための適応指導教室，スクールカウンセラーの学校への配置，その他，特別支援に関わる人員の募集や配置など，所轄の地域・学校において必要とされる様ざまな活動が教育委員会との連携の下に行われている。

(2) 教育相談活動について

　教育センターなどは教育委員会の組織に位置付けられることが多い。教育委員会は，地方教育行政の組織及び運営に関する法律により設置され，行政上，管轄地域の学校に対して管理・指導的な立場に位置付けられている。学校現場からの「報告・連絡・相談」に対して「指導・助言・援助」を行い，責任を共有する立場にある。2015年の改正により，教育委員会の役割と責任は明確化され，従来の指導・管理機能に加え，サポート機能，アドバイス機能が重視されるようになったとされる。特に，いじめ問題については迅速に対応するような仕組みが作られた。従来どおりの学校に対してのスーパービジョン的な役割もありながら，場合によってはコンサルテーション的に関わることで学校，子ども，家庭を支援する役割も担っていると言える。

　教育センターなどにおける相談の特徴は，地域の学校教育に関わる様ざまな問題への対応が期待され，他の相談機関と比較して学校との連携が最も密にとられていることであろう。学校の教職員にとっても身近な存在であり，子どもの心理的問題に関して最も紹介しやすい機関と言える。

（3）学校現場で行われる教育相談

　一方，学校現場で行われる教育相談は，2010年の文部科学省「生徒指導提要」において，「生徒指導の一環として位置付けられるものであり，その中心的な役割を担うもの」として明確に位置付けられている。学校での教育相談の目的は，伊藤（2011）によると，子どもに対して教師がカウンセリングの技法を参考にしつつも，治療相談機関のように治療目標を明確にした枠組みで相談を行うのではなく，あくまで学校内の教育活動の一環として相談を受け，様ざまな支援につなげていくこととされている。

　1960年代に，ロジャーズ（Rogers, C.R.）の来談者中心療法が日本に紹介されて以来，教師対象の研修機会が増え，学校現場でも1980年代半ばから90年代にかけて児童生徒の気持ちを理解し，受け入れようとするカウンセリング・マインドを持った非指示的な教育相談に関心が寄せられてきた。住田（2011）によると，どの教師にも教育相談やカウンセリングに関する一定程度の知識・技能を習得しておくことが求められている一方で，教師は教育活動の専門家であることから限界があるという。

　不登校やいじめ問題の増加を受け，教師だけでは現代の多様化・複雑化した子どもの心理的問題への対応に限界があるとの見方から，1995年に「スクールカウンセラー活用調査研究委託事業」（文部省）が始まり，学校に初めて教師以外の専門職が入ることとなった。以降，中学校のみならず，小学校や高等学校へとスクールカウンセラー配置の規模は拡大している。さらに，2016年現在，チームとしての学校のあり方（「チーム学校」）が検討されており新たな局面を迎えようとしている（これについては15章で取り上げる）。スクールカウンセリングについては，多くの文献があるので各自当たっていただきたい。また，教育相談の歴史的変遷については，コラム15に紹介されている。

2. 教育相談における心理職の役割

(1) 教育相談の担い手

　教育相談を担う相談員は，従来は教員経験者の再雇用が中心であったが，近年では，不登校，いじめ，暴力，発達障害など，子どもの心理的問題が増加・複雑化してきたことから，より心理面で専門的に対応できるスタッフが必要とされるようになり，臨床心理士などの専門スタッフも多く配置されるようになった。現在では教員経験者と臨床心理士，相互の協力による活動が多く見られる。自治体によっては，これに，指導主事（現役の教員）が関わっており，立場や経験の異なる職種の間で，共に子どもの心理的な問題の改善に向けていかに協力体制を作り上げていくかが課題となっている。

　教育相談として受けるケースは，地域の保護者から直接相談を受けるほか，学校から紹介される場合も多い。病院や民間の相談機関と異なり，相談料が無料であることも特徴である。学校と連携が密であること，相談が無料であることは，来談者にとって，学校に配慮してもらえるとの期待や経済的な相談のしやすさがある半面，学校に知られたくないことは話しづらいなどの限界もできやすい。さらに，公的相談機関である性質から，住民サービスとしての側面があり，気軽に相談に来て，過度の期待を向けられる場合もあり，一般の心理臨床の枠を設定することの難しさも指摘されている。心理臨床の専門性を活かしつつも，柔軟な対応にも開かれた姿勢が求められている場と言えるだろう。

(2) 教育相談の構造

　教育相談のケースは親と子どもをそれぞれ別の相談員が担当し，子どもの担当は主にプレイセラピーやカウンセリングなどの関わりをし，親

担当者が並行面接を行うことが多い。一般的には，年配の心理職あるいは教員出身の相談員が親を担当し，心理職が子どもを担当することが多いようである。病院などの他機関に比べると，2名の相談員がじっくりと時間をかけて対応できる利点がある。一方，個々のケースに時間をかけすぎると，増加している相談申込にすぐに対応できないという問題も生じる。また，心理職は非常勤という雇用形態が多く，長期間同じ職場にとどまることを難しくさせている面があり，教育相談を担う職場に必要とされる専門性を高める上での障壁となっている。教育相談の実際については，次節とコラム16を参照してほしい。

(3) 教育現場におけるネットワーク支援

　学齢期の子どもたちは，多くの時間を学校で過ごしており，学校で問題が表面化することが多い。しかしながら子どもの問題や不適応の背景には，多くの場合，家庭・地域・社会と関連する様ざまな要因が複雑に絡んでいる。学校担任の対応だけでは難しい場合があり，管理職，養護教諭，教育相談担当，スクールカウンセラー，スクールソーシャルワーカーなどをメンバーとして，学校全体でチーム会議を開くことも見られるようになってきた。さらに，学校内の対応だけでは難しい場合は，より専門的・継続的・個別的な対応を目指した，学校外の専門機関との協働によるネットワーク支援が必要となる。教育センターや教育相談室は，学校にとっての第一の外部連携機関として，子どもの状態と子どもを取り巻く環境をアセスメントし，子どもを医療機関に紹介すべきか，継続ケースとして受理するか，教育委員会全体として対応すべきかなどを検討し，学校への助言や支援を行うことが期待されている。

3. 北区教育委員会・北区立教育相談所

(1) 概要・心理職の配置

　東京都北区教育委員会は，区立の教育機関である幼稚園6園，小学校37校，中学校12校を管轄している（2015年度現在）。このうち特別支援学級については，知的障害学級が小学校9校，中学校5校に設置されており，他に通級の形で言語障害学級，情緒障害学級，難聴学級が設置されている。北区では「北区教育ビジョン2015」が策定され，教育を取り巻く環境の変化を踏まえ，行政だけでなく，家庭や地域，関係機関を含めた地域社会が一体となって課題に取り組むことが示された。特に，0歳からの発達段階に応じた育ちと学びを実現するために，就学前と就学後（小・中学校教育）の早期支援の実現に一層力を入れている。

　心理職は，以下の教育ビジョンによる取組の下に明確に位置付けられ，その目的に沿う形で活動している。具体的には就学相談や特別支援教室への巡回指導は「学校教育の充実」（柱Ⅰ）の〈個に応じた教育を推進する〉取組として，いじめ相談は〈豊かな心を育む〉取組の中に位置付けられている。また，教育相談やスクールカウンセリングは「教育環境の向上」（柱Ⅱ）の〈安全，安心な教育環境を整備する中に位置付けられている。2015年度現在，心理職の配置は，教育相談5名（うち，いじめ相談担当1名・特別支援教育指導員2名），就学相談3名である。この他，小・中学校全校にスクールカウンセラーを配置して，相談の充実を図っている。2015年1月に，元々中学校の校舎であった建物を区役所分庁舎として，教育委員会をはじめとする教育に関するすべての組織・部署が移転した。このことを機に，例えば就学相談について広く支援体制を築く必要がある場合に，特別支援教育担当に速やかに報告し，連携を取りながら課題解決を行えるようになるなど，より緊密な連携が可能

となった。

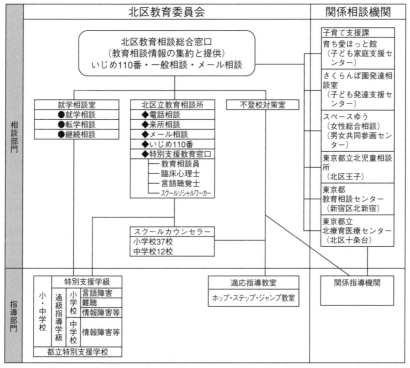

図12-1　東京都北区教育相談事業の組織図
（出典：「平成27年度版　北区の教育」（平成27年8月発行）東京都北区教育委員会, p.49）

（2）　教育相談所

　北区立教育相談所の構成員は元教育職（教育相談員）5名，臨床心理士5名，スクールソーシャルワーカー3名，言語聴覚士1名の計14名であり（2015年度現在），分担して以下の3つの業務を行っている。

①相談業務：月曜日から金曜日までの週5日の来所相談，電話相談，メール相談を行う（土曜日は電話相談のみ行っている）。
②研究・研修業務：教職員を対象にカウンセリングやロールプレイングなど学校現場で行う教育相談に必要な知識や技法についての研修を行う。
③特別支援教育に関する業務：通級指導学級（巡回指導教室）や巡回講師派遣の申請に関わる総合窓口として，通級支援・専門委員会の準備や資料作成を行う。

　ここでは，主に通常の教育相談（上記①）について紹介する。相談の対象は，北区在住または在園・在学の幼児・児童・生徒（高校生年齢まで）とその保護者である。相談の種類として，「一般相談」と就学前の幼児を対象とした「言語相談」があり，臨床心理士は一般相談を担当している。一般相談における相談内容は，不登校やいじめ，学業不振や対人関係の悩み，発達障害に起因する悩みなど多岐にわたっている。

　一般相談の流れとしては，①電話で相談の申し込みを受け，②受理面接（インテーク）を教育相談員または臨床心理士が行い，そこで得られた情報を基に，③インテーク会議を行って担当者や方針を決定し，④会議の結果を相談者に伝えて対応する。インテーク会議では，どのような形で関わっていくのがよいか，具体的には，カウンセリングやプレイセラピーの適応，知能検査の実施の有無や種類，他機関の紹介などの方針を検討している。また，北区では，いじめ防止と早期発見に力を入れており，教育相談所所属の臨床心理士1名をいじめ専門の相談員として配置し，各学校と教育委員会，家庭，スクールソーシャルワーカーなどと連携して対応している。

（3）就学相談室

　就学相談とは，主に翌年度就学予定の，発達に心配のある子どもを対象に学校教育の場について相談を受けるもので，子どもの状態に合わせて特別支援学級，特別支援学校，通常学級の中での巡回指導などの選択を保護者とともに考える場として機能している。

　北区での就学相談者は年々増加傾向にあり，2015年度の就学相談件数（転学含む）は約200件であった。特別支援教育や発達障害に対する保護者や教育関係者の関心が高まり，全体として相談件数が増加したものと推測される。相談員は元教育職4名，臨床心理士3名から成る。相談のきっかけとしては，在籍園や学校の先生が保護者に相談を勧める場合が多いが，保護者の意思を確認するため，保護者本人からの申し込みを原則としている。

　就学相談は，①保護者からの電話申込み，②受理面接，③発達検査の実施，④小集団での活動を観察する一斉相談，⑤在籍園での観察，⑥必要に応じて医師の診察，継続相談，就学希望学級（学校）の見学・体験，という流れで行われる。相談員は，これらの情報を基に，資料をまとめ，就学支援委員会に提供する。委員会では，教育学，医学，心理学などを専門とする委員により，子どもにとって最も適切な就学先を審議する。その結果を伝えられた保護者が就学先について了承することによって，就学相談は終了となる。また考えが異なる場合は相談を重ねていく。

　心理職の主な役割は，就学支援委員会に提出する資料のうち，子どもの行動観察記録と検査所見を作成することである。実際の相談の持ち方については，コラム17で紹介している。最近では，知的に課題がある子どもに加えて，知的に高い発達障害の子どもの相談が増えており，教育相談所と連携する事例が増加している。また，相談の中で不登校のケースや家庭環境が困難なケースでは，スクールソーシャルワーカーの協力

の下,学校との情報共有も欠かせない。就学相談に関わる子どもの多様化を受けて,心理職としても,子どものアセスメントのみならず,地域の教育制度や学校の仕組みを理解した上での関係者との連絡調整,関係部署との連携について適宜判断して活動する姿勢が求められている。

4. 立川市子ども未来センター

(1) センターの機能紹介

　東京都立川市子ども未来センターは,2012年に旧市役所跡地を改修し,子育て,教育,文化芸術活動,市民活動を支援する複合施設として開設された。子育て・教育については,子ども家庭支援センターと教育支援課を中心とした「総合的子育て支援の拠点」との位置付けで,ワンフロアーで福祉と教育に関する総合的な子育て支援を行っている(図12-2)。
　具体的な支援機能として,「教育相談」「就学相談」「子育て広場」「一時預かり」「子育て支援・啓発」「ファミリー・サポートセンター」「発達相談」「発達支援親子グループ」があり,「子ども総合相談受付」で,どこに相談すればよいか迷っている子どもや保護者の話を聞き,課題を整理して,関係機関と連携し支援につなげている。

(2) 教育相談と子ども家庭支援センターとの連携

　子ども未来センターへの教育相談機能の移転を機に,2013年度の相談件数は前年度と比較して約18%の伸びとなった。特に,小学生以下の相談割合が増加したことから,子ども家庭支援センターの発達相談などと連携した支援が軌道に乗り始めたことが報告されている(立川市教育委員会,2014)。
　教育相談では,子どもの様子をどのように理解したらよいか,子ども

第12章　臨床現場から2　教育センター・教育相談室 | 223

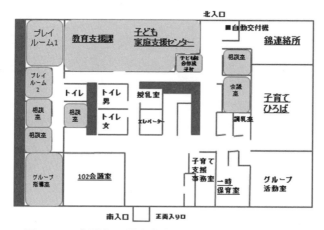

図12-2　立川市子ども未来センター1階のフロア図

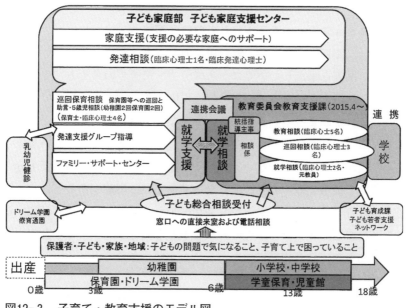

図12-3　子育て・教育支援のモデル図

（出典：波田野（2015））

の言動に対して親としてどのように関わったらよいかなどの「子育て」に分類される相談も増えている。来室相談の中で、ひとり親の割合が増加していることから、地域において、母親が自身の子育てについて葛藤を整理していける機会はいまだ少なく、教育相談の場が安心して語れる場として機能しているといえるだろう（波田野，2015）。

　子ども家庭支援センターからは、就学相談や障害受容に関わる相談をはじめとした母親の気持ちの整理やサポートを目的とした紹介が多くなっている。一方で、教育相談からは、子どもがひきこもりがちで来室が途切れがちな場合や、家庭生活の基盤が保てず福祉的な支援を必要とする場合、外国人家庭、離婚家庭などの複雑な問題が考えられる場合に子ども家庭支援センターとの連携をとって対応している。

（3）コミュニティ・モデルとしての教育相談へ

　波田野（2015）によると、教育相談のあり方は変化しており、教育行政の中で役割を果たしていくコミュニティ・モデルの考え方に立つことが求められるようになっている。学校現場から子どもを支援してほしいとのニーズが高まっていることで、多様な支援と定期的な面接が要請されている。一方、学校で目立たない子どもが不適応を起こしている場合は、学校からの要請が少ない分、行政に認知されず、教育相談で十分な面接機会を提供するゆとりがなくなってきている実態があるという。特別支援教育コーディネーターや、スクールカウンセラー、養護教諭、巡回相談員などのスタッフがこのような子どもの様子に気付くことで、行政に認知され、教育相談につながることが期待される。

　放送授業では、立川市子ども未来センターを訪問し、教育相談と子ども家庭支援センターとの連携の実際について紹介する。また、国際医療

福祉大学大学院の波田野茂幸先生にスタジオにおいでいただき，長年取り組んでこられた教育相談における心理臨床についてお話を伺う．

<コラム　15>
教育相談の変遷について
国際医療福祉大学大学院　臨床心理士　波田野茂幸

　我が国における教育相談の歴史は，明治時代の医師，石井十次による慈善的福祉事業から始まったと言われている．大正初期，児童教養研究所と呼ばれる民間施設における相談が始まり，東京目黒の児童相談所にて本格的な教育相談が開始されたという．当時は疾病以外の教育や養護に関することについて，保護者からの相談に応じていたようである．公立の教育相談機関としては，大正8年に大阪市立児童相談所が初めてでき，教育相談やそれに準じる機関が各地に設置されていった．昭和に入ると，各地の大学に児童を対象とした教育相談部が設置されるようになった．昭和20年代後半から30年代にかけて社会構造が変化していく中で，学校の外で生じている青少年の問題が注目されるようになり，公立の教育相談所が設置されていった．
　また，昭和30年代頃から友田不二夫先生らが，ロジャーズの理論と実践を教師やカウンセリングに関心のある人々に研修するようになり，児童生徒理解やその関わりに関する理論的支柱になっていった．同時期に，東京都教育委員会が発行した『教育相談の手引』（1964-1966）では，教育相談は相談室という場で行われる特別な活動というよりも『いつでも，どこでも，だれでも』行う教育活動の一つですべての教師に関わるものという考え方が示された．しかしながら，教育相談における教師の関わりと従来の生徒指導における関わりとの違いが明確ではないとされて普及しなかった．その後，心理相談や心理治療を主とした専門機関としての教育相談と，学校において児童生徒理解と自己実現を援助していくための学校教育相談に分かれ，両者は共に実践と研究が展開されていった．

現在は，特別支援教育の展開に象徴される学校教育全体の体制変化に加えて，平成26（2014）年8月に定められた「子供の貧困対策に関する大綱」など，国全体の施策の中で子供の貧困対策のための取組を教育支援の観点から学校に要請していこうとする流れも生じている。このような背景の変化を受けて，専門機関としての教育相談センターと，校内の校務分掌としての教育相談部や校内で支援に当たる専門家としてのスクールカウンセラー，スクールソーシャルワーカーなどの連携や協働が求められてきている。さらに，虐待や母国語が日本語ではない児童生徒や家族，ひとり親家庭など家族形態や家族の抱える課題が多様化していく中で，教育領域だけではなく，児童福祉の専門家との協働も求められている。クリニカル・モデルでスタートした専門機関としての教育相談センターもコミュニティ・モデルの発想で支援にあたる時代に入ったように思う。その意味で，教育領域における心理職もチーム対応や多職種連携が重視され，それに応じたスキルが求められている。

＜コラム　16＞
いじめによる傷つき体験のある子どもへのプレイセラピー

東京都北区立教育相談所　臨床心理士　小田島早紀

　公立教育相談機関では，主にいじめや虐待などで傷つき体験を負った子どもに対する心理的なケアを目的として，プレイセラピー（遊戯療法）が適用される。小学校4年生のEくんは，学校での友達からのからかいや物隠しなどのいじめを苦にして登校を渋るようになり，対応に困った母親に連れられて教育相談所に来所した。当初，プレイルームでのEくんの表情は固く，カウンセラーとのやり取りにおいてはうなずく程度であった。面接が進むと，Eくんは元々運動が得意であったこともあり，体を動かす遊具に興味を持つようになった。カウンセラーとキャッチボールをしながら，学校でのいじめについて話をするようになり，共感的に話を聴いていくと涙を見せることもあった。教育相談所の

カウンセラーは，学校の学級担任やスクールカウンセラーと連携をしながら，Ｅくんが学校に安心して通えるよう態勢を整えた。Ｅくんは少しずつ登校を試み，面接場面では学校での楽しかったことや嫌だったことなどの話をするようになった。カウンセラーは，本人の言葉にできる力を考慮し，プレイセラピーの中でも言語的なやりとりを意識して関わるようにした。最後の回でＥくんは，「いじめられている子に声をかけてあげられるようになりたい」という言葉を残し，学校に復帰していった。

このように，いじめられ体験のような心の傷を抱えた子どもたちは，自尊心の傷つきから自信を失っていたり，怒りや悲しみの感情を上手に出せないでいることが多い。プレイセラピーの中で，自分の得意なことで活躍できるような体験や，怒りや悲しみなどの代替表現をする体験をすることによって，心理的な安定が図られることがある。カウンセラーは，子どもの自己肯定感を高め，問題解決能力を引き出せるような促しや，「辛かったね」「悲しい気もちがしたね」など感情の言語化を促すような関わりを大切にしている。子どもの置かれた状況によって目指す適応状態は異なるため，プレイセラピーをどのように展開するかは子ども一人一人によって異なる。そのため，通常のカウンセリング同様，プレイセラピーにおいても，子ども個人や環境のアセスメントを行い，治療目標をイメージしながら進めることが大切である。プレイセラピーの場では「子どもが主役」であり，子どもの変化を見取りながら，「子ども自身が回復する力を見つける体験」を支えることがカウンセラーの役割であると感じている。

<コラム　17>

就学相談における心理職の役割

東京都北区就学相談室　臨床心理士　塩田このみ

就学相談は，公的なサービスとして，発達に心配のある子どもの学校教育の場を保護者と共に考える場となっている。心理職には，子どもの

心身の発達をアセスメントし，保護者と共有することをとおして，親子を支援する役割がある。ペアの相談員と共に，1年間で一人当たり50〜60ケースほど担当している。期待と不安を抱いて来られる保護者は，すでにお子さんの発達について健診や在籍園，周囲から様々な指摘を受け，子育てについて自信をなくしていたり，わが子の障害を認めたくなかったりと傷つきや葛藤を抱えておられることが少なくない。就学相談が適切な就学の場を相談するためにあるとの前提を踏まえ，北区では複数回の面接機会を設けて丁寧な関わりが可能となっている。心理職は，親子の来談から終結までの間，保護者の子どもに対する肯定的な気持ちや障害についての理解が促進されるように，そのプロセスを支える役割を担っている。

　心理職には子どもを直接担当する機会が主に2回あり，一つは行動観察である。親子のコミュニケーションのとり方や，初めての活動への反応，身体の使い方などを自由遊びや描画，パズルなどを用いて詳細に観察する。言葉では交流できず，「この子は対人関係がもてない」と言ってきた母親に，歌を通して交流することができたことを伝え，新たな気付きを得ていただいたこともある。課題に取り組む気力がないまま初回を過ごす子どももいて，こちらの方が無力感を覚えることもある。もう一つは，知能検査の実施とそのフィードバックである。「落ち着きがないと言われて」と困ってやって来た母親に対し，検査結果を基に，その背景に長い指示が覚えられないことがあり，自分が問題を解けないのが嫌で離席などの行動が起きているのではないかとの見立てをし，できている面も含めて伝えることで，子どもに対する新たな気づきを共有したりしている。

　心理職にできることは，傷つきながらも勇気をもって相談に来てくれたお子さんと保護者に，相談終結までの間丁寧に寄り添い，希望をもっていただくことだと考えている。そして，より幅広い視点からの親子支援につながるように，スタッフ同士がつながり，関係機関との連携ができるように心がけていきたい。

学習課題

1. 学校現場で行われる教育相談と学校外の教育相談室などで行われる教育相談における関わりの違いについて考えてみよう。
2. 教育相談のあり方がどのように変化してきたか，何が求められているかについて考えてみよう。

引用文献

波田野茂幸（2015）．臨床心理士子育て支援合同委員会，第11回子育て支援講座発表抄録：「立川市子ども未来センターにおける子育て支援の取り組み―教育・心理・福祉職でのチーム対応をめざして―」京都国際会議場（2015年7月5日）

伊藤亜矢子（2011）．「教育相談と児童・生徒指導」住田正樹・岡崎友典『児童・生徒指導の理論と実践』放送大学教育振興会，166-179．

住田正樹（2011）．「児童・生徒指導の現代的問題」住田正樹・岡崎友典『児童・生徒指導の理論と実践』放送大学教育振興会，224-236．

文部科学省（2010）．「生徒指導提要」第5章，教育相談

文部科学省（2015）．「平成26年度 児童生徒の問題行動等生徒指導上の問題に関する調査」

立川市教育委員会教育部特別支援教育課（2014）．「平成26年度特別支援教育課事業概要」

東京都北区教育委員会（2015）．「平成27年度教育指導課要覧」

参考文献・参考サイト

春日井俊之・伊藤美奈子（編）（2013）．『よくわかる教育相談』ミネルヴァ書房

文部科学省初等中等教育局児童生徒課（2016）．「学校における教育相談に関する資料」

立川市子ども未来センター：http://t-mirai.com/

文部科学省（2016）．「地方教育行政の組織及び運営に関する法律の一部を改正する法律について（通知）」
　http://www.mext.go.jp/b_menu/hakusho/nc/1350135.htm
東京都北区教育委員会（2015）．「北区教育ビジョン2015（概要版）」
　https://www.city.kita.tokyo.jp/k-seisaku/kosodate/kyoiku/vision/documents/visiongaiyou.pdf
東京都北区教育委員会事務局（2015）．「平成27年度就学相談ガイダンス」
東京都北区教育相談所「教育相談所のごあんない」パンフレット

（注）本稿の執筆にあたって，波田野茂幸先生（国際医療福祉大学大学院），東京都北区立教育相談所の相談員の皆様への取材内容を参考にさせていただきました。

13 | 臨床現場から3
　　　児童福祉施設・児童相談所

村松健司

《目標&ポイント》 施設における心理職は新たに加わった専門職であり、児童福祉臨床において社会的養護の仕組みを知ることは必須事項である。施設における心理職の働き方については、現在いくつかの立場がある。実際にどういった立ち位置を取るかは、施設の状況もあり簡単ではないが、「共同養育」という視点を基に、他職種（多職種）協働における専門職としての心理職の貢献について理解を深める。
《キーワード》 社会的養護、児童養護施設、施設における心理支援、連携・協働

1. 児童福祉の概要

（1） 社会的養護について

　「社会的養護の課題と将来像」（厚生労働省児童養護施設等の社会的養護の課題に関する検討委員会・社会保障審議会児童部会社会的養護専門委員会）によれば、社会的養護（Social Care）とは、「『子どもの最善の利益のために』という考え方と、『社会全体で子どもを育む』という考え方を理念」とし、保護者がいない子ども、あるいは保護者の下で適当な養育を受けることができない子どもを、「公的責任で『社会的に養育』」することなどを目的にしている。ここで注目すべきは、「社会全体で子どもを育む」という文言であり、社会的養護は一部の専門家や篤志家によるものではないということである。

さらに，社会的養護は下記の3機能から成るという。

① 「養育機能」は，家庭での適切な養育を受けられない子どもを養育する機能であり，社会的養護を必要とするすべての子どもに保障されるべきもの。
② 「心理的ケア等の機能」は，虐待等の様々な背景の下で，適切な養育が受けられなかったこと等により生じる発達のゆがみや心の傷（心の成長の阻害と心理的不調等）を癒し，回復させ，適切な発達を図る機能。
③ 「地域支援等の機能」は，親子関係の再構築等の家庭環境の調整，地域における子どもの養育と保護者への支援，自立支援，施設退所後の相談支援（アフターケア）などの機能。

そして，これらの機能は一部の子どもだけに用意されるものではなく，一般の子育て支援との連続性が謳われている。子育て，生活支援，心理ケアなどのニーズを必要としている家族，子どもに対し，我々一人一人が可能な支援に取り組んでいくことこそが社会的養護の理念に他ならない。

（2） 社会的養護の現状

厚生労働省「社会的養護の現状について（参考資料）」（2014）によれば，平成25（2013）年3月末現在で，約46,000人の子どもが社会的養護を受けている。我が国では，施設と里親委託の割合はおよそ9：1であり（才村ら，2009），諸外国と比較して低い状況にある。厚生労働省は，今後，児童養護施設，グループホーム，里親などをそれぞれ3分の1に，児童養護施設は小規模グループケアにすることを目指している(注)。

(注) 2017年8月に「新しい社会的養育ビジョン」が発表され，社会的養育のあり方にさらに変更が加えられた。

（3）児童相談所と児童福祉施設

1）児童相談所の役割

　児童相談所[注1]は児童福祉法第12条に規定された行政機関である。都道府県，政令市に設置義務がある。2014年（平成26年）4月現在，全国に207カ所設置されており，「児童相談所運営指針」には概ね人口50万人に1カ所設置することとされているが，およそ70万人に1カ所の設置にとどまっている（才村ら，2009）。

　児童相談所の業務は，子どもに関する相談，医学・心理学などからの判定，調査や判定に基づく指導，一時保護，里親への助言，施設入所などの措置，市町村が担う相談などの業務に関する市町村間の調整，情報提供，助言など多岐にわたっている。かつては人口10～13万人に児童福祉司1人が基準であったが，2005年に人口5万～8万人に1人，2012年には人口4万人～7万人に1人に改正され，約2倍の増員となった。それでも児童福祉司1人が担当するケースは非行，療育判定，不登校，虐待，養子縁組の斡旋(あっせん)など100ケースほどとされ，例えばアメリカのように一度に28名を超えるケースは管理できないシステム（粟津，2006）と比較すると人的配置はまだ十分とは言えない。

　なお，子どもは児童相談所の「措置」を経て施設に入通所するが[注2]，「措置」という耳慣れない言葉は「行政処分」を示す用語である。措置権者は都道府県知事であり，その執行は児童相談所長に委任されている。入所の場合，子どもに意見を聞くこともあるが，基本的に施設を決定するのは児童相談所長である。

注1：児童相談所を設置している自治体の約3割で，児童相談所が「子ども家庭センター」「子ども女性相談センター」などに改称されていることから，厚生労働省は児童相談所以外の名称を用いる場合，「（児相）」と付記するよ

う伝えることにした（毎日新聞，2016年8月14日）。

注2：平成18年から，障害児施設では措置制度に加え，新たに契約制度がスタートした。契約制度では，利用者がサービスを選択し，そのサービスに対して都道府県などが給付を行う給付費制度をとっている。

　児童相談所には，児童福祉司（ケースワーカー），児童心理司，医師などの専門職がおり，一時保護所(注3)では児童指導員や保育士が子どものケアに当たっている。

注3：一時保護所は原則子どもと保護者の同意を得ることになっているが，緊急性の高い場合はこの原則は当てはまらない。特別な場合を除いて，保護期間は2カ月を超えることはできない。なお，虐待を受けた幼児と非行傾向の子ども，障害を抱えた子どもが同じ場所でケアされる（「混合処遇」）ことから，現在のあり方は適切でないという指摘がある。

　2004年に改正された児童虐待防止法において，「地方分権の一環として，児童福祉に関わる相談業務の第一義的な窓口が市町村に改められた」（斉藤ら，2012）ことから，市町村が「子ども家庭支援センター」（地域によって名称が異なる）を設置し，児童相談所はその後方支援的な役割を担うことになった。しかし，まだ両者の役割分担は十分でないという指摘があり（斉藤ら，2012），警察，学校，病院などによる機関同士の効果的連携・協働のあり方が模索されている。

2）児童福祉施設の役割
　児童福祉施設は，その特徴から大まかに次ページの4つに分類される。これらの施設は全国におよそ33,000カ所設置されている（総務省統計

表13-1　児童福祉施設の分類

①助産院，保育所，児童厚生施設（児童館や児童遊園）など，子どもの誕生と成長を支援する施設
②何らかの理由で親子が家庭で共に生活することができず，子どものみが入所して支援を受ける入所施設（乳児院，児童養護施設，児童心理治療施設，児童自立支援施設）
③母子共に入所して生活基盤の構築を目指す施設（母子生活支援施設）
④障害児のための施設（知的障害児施設，肢体不自由児施設など）

（作表：村松）

局，2009）。②の子どもの入所施設は全国に約700カ所あり，40,000人ほどの子どもたちが生活を共にしながらそれぞれの課題に取り組んでいる。社会的養護は，1990年代から我が国における児童虐待の社会意識が高まって以降，障害を持つ入所児童の増加など，複雑化，多様化するニーズへの対応が求められている。児童福祉施設は現在，入所だけでなく，児童家庭支援センターによる「育児相談・育児支援」やショートステイ，トワイライトステイといった短期間の育児支援，里親への相談・援助など様ざまな支援を実施している。

3）児童養護施設の状況

　児童養護施設は虐待を受けた子どもの受け皿の一つであり，入所児童も多いため，詳しく取り上げたい。児童福祉法では以下のように規定されている。

「児童養護施設は，保護者のいない児童（乳児を除く。ただし，安定した生活環境の確保その他の理由により特に必要のある場合には，乳

児を含む。以下この条において同じ。）虐待されている児童その他環境上養護を要する児童を入所させて、これを養護し、あわせて退所した者に対する相談その他の自立のための援助を行うことを目的とする施設とする。」（児童福祉法第41条）

児童養護施設は，1997年の児童福祉法の改正で，養護施設から改称された。またこの時，結核児などを受け入れてきた虚弱児施設が廃止され，その多くが児童養護施設に移行した。児童養護施設への名称変更は，それまで施設が担ってきた養護機能に加え，子どもの自立支援と退所後のアフターフォローまでを含めた支援内容の拡大とリンクしている。

2011年には，「社会的養護の課題と将来像」（厚生労働省）がまとめられ，施設の小規模化や里親委託の推進などが謳われた。また，2012年には，厚生労働省雇用均等・児童家庭局長通知による「児童養護施設運営指針」が示され，「家庭的養護と個別化」が社会的養護のキーワードとなった。この指針では，「社会的養護は，従来の『家庭代替』の機能から，家族機能の支援・補完・再生を重層的に果たすさらなる家庭支援（ファミリーソーシャルワーク）に向けた転換が求められている。」と指摘され，家庭的養育や自立支援，また心理ケアのための多職種連携などの基本理念が述べられている。

国のこうした基本姿勢に呼応するように，施設は小規模化してきている（表13-2）。6人ほどの児童を分園でケアする「地域小規模児童養護施設」の設置も可能になった。

施設スタッフとして，1999年度から心理職配置が，2005年度からはファミリーソーシャルワーカーが配置され始めたことに代表されるように，児童養護施設は児童指導員，保育士といったいわゆる直接処遇職員（子どもの生活面のケアをするスタッフ）だけでない多職種連携が求め

表13-2　施設寮舎形態の推移　　　　　（複数回答）

寮舎の形態	規模	全体の割合	
		2008年	2012年
大舎	20名以上	75.8%	50.7%
中舎	13〜19名	19.5%	26.6%
小舎	12名以下	23.4%	40.9%

（作表：村松）

られる場となった。「家族機能の支援・補完・再生を重層的に果たすさらなる家庭支援」はまさに，施設入所児や家族を包む施設内外のネットワーク機能を構築していくことと見なすことができる。施設で働く心理職にとっても，他職種との連携・協働を通して，このネットワーク構築にどう関わるかが，重要な課題となっている。

2. 入所児童への支援

（1）児童養護施設での子どもの生活

　施設というと大部屋に何人もの子どもがひしめいているという印象を持つ人がいるかもしれない。かつてはそんな状況も部分的に見られたが，先に述べたように，施設は小規模化，ユニットケアが進められている。ユニットケアは，施設によって違いはあるが，おおよそ4LDKのマンションを想像してもらえるとよい。そこに6名ほどの子どもが起居を共にしている。ユニットにはスタッフがおり（宿直者もいる），ユニットごとで調理している施設もある。

　子どもは幼児から高校生まで幅広い年齢層のため，幼児は幼児ユニットで生活し，地域の幼稚園に通っていることが多い。施設は伝統的に

「縦割り」と呼ばれる異年齢集団を生活の単位にしてきたところがあるが，比較的年齢が近く，同性の集団が志向されつつある。子どもは校区の学校に通学している。

見学程度なら，家庭に近い穏やかな生活を垣間見ることができる。しかし，以下で述べるように，障害や虐待体験など様ざまな困難を抱えている入所児が多い。そのため，心理職が配置され，施設独自の働き方をしている。

(2) 障害を持つ子どもの増加

厚生労働省が5年おきに発表している「養護施設入所児童等調査結果の概要」によれば，平成10（1998）年以降，児童養護施設では障害のある子どもの割合が上昇し，平成25（2013）年は平成10年の約2.8倍となっている（図13-1）。表13-3にその内訳を記載した。

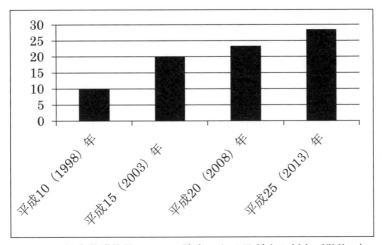

図13-1　児童養護施設における障害のある子どもの割合（単位％）
　　　　（出典：「養護施設入所児童等調査結果の概要」厚生労働省）

表13-3 障害の内訳(重複回答あり:単位%)
注:AD/HDは平成15年,LDと広汎性発達障害は平成20年から調査項目として加わった。

	平成10(1998)年	平成15(2003)年	平成20(2008)年	平成25(2013)年
身体虚弱	2.1	2.5	2.4	1.9
肢体不自由	0.5	0.4	0.4	0.3
視聴覚障害	0.8	0.8	0.8	0.7
言語障害	1.1	1.4	1.3	1.0
てんかん	1.4	1.4	1.2	1.2
知的障害	4.2	8.1	9.4	12.3
AD/HD		1.7	2.5	4.6
LD			1.1	1.2
広汎性発達障害			2.6	5.3
その他の障害等	3.2	8.3	7.3	7.7

(単位 %)
(作表:村松)

　身体虚弱,肢体不自由,聴覚障害,言語障害,てんかんの割合は15年間ほとんど変化がない。対照的に,知的障害は約3倍に増加している。AD/HDやLD,発達障害児の割合を考えると,児童養護施設には複合的な困難,それもいわゆる「目に見えない障害」を抱えた子どもたちが入所してきていることが分かる。
　表13-4は,平成25(2013)年の同調査における「知的障害」と「学習に遅れがある」入所児童の割合である。知的障害を抱えた子どもの割合は児童養護施設,児童心理治療施設,児童自立支援施設(以下,自立

表13-4 学業に遅れと知的障害のある子どもの割合

	学習に遅れがある	知的障害
児童養護施設	28.2%	12.3%
児童心理治療施設	51.5%	14.0%
児童自立支援施設	59.3%	13.5%

(出典:「養護施設入所児童等調査結果の概要」厚生労働省)

支援施設）でほとんど変わりがない。しかし，「学習に遅れのある」子どもの割合は大きく異なる。この一つの要因として，児童心理治療施設と自立支援施設は多くの場合，施設内に校区の分級が設置されているため，子どもの学習状況を把握しやすいことが考えられる。児童養護施設入所児は，校区の学校に通学している。知的障害，発達障害を抱えた子どもの割合を考えると，彼らの学習，あるいは学校適応の困難が想定される。

児童養護施設入所児の変化に合わせて，学校教育も「指導から支援へ」の転換が求められている。そして，彼らの育ちの基盤となる学校－施設連携，あるいは地域との連携があらためて検討される必要がある。その際に，心理所見に基づく子ども理解は支援方針の共有に役立つ。他職種（あるいは多職種）協働の一環として，心理職による学校コンサルテーションの意義は大きいと言える。

(3) 児童福祉施設における心理職

虐待を受けた子どもの受け皿となっているのは，乳児院や児童養護施設，児童心理治療施設などである。厚生労働省「平成25年度社会的養護施設に関する実態調査」によれば，虐待体験を持つ子どもの割合は，乳児院（35.5%），児童養護施設（59.5%），児童心理治療施設（71.2%）となっている。

入所児における被虐待児の増加と並行して，すでに配置済みの児童心理治療施設以外の施設に心理職が採用されてきた。2007年度には全国児童養護施設の66.5%で心理職が配置された（吉村，2010）。ただ，児童福祉施設は基本的に子どもの生活施設であることから，心理職の業務として生活支援（生活指導）を求められることがある。

従来の心理療法モデルでは，原則クライエントの現実生活に直接関わ

ることはない。例えば，カウンセラーがクライエントである子どもと一緒に食事をしたり，他児とのケンカの仲裁を直接行うことはまずないであろう。現実の生活支援はケースワークの領域とされており，心理臨床においては現実と非現実の境界を安易にまたぐことは適切でない行為とされてきた。ただ，施設における心理職の働き方は，施設のニーズがあるため心理療法の理論どおりに行うことが難しい。現在，各施設での状況に合わせながら，心理面接の構造を維持しようとする立場（「面接志向モデル」），「生活場面面接」(The Life-Space Interview；レドルら，1951)[注4]を取り入れ子どもの生活環境全体を治療的（援助的）に構成しようとする立場（「環境療法モデル」）[注5]という2つが施設における心理支援の潮流と考えられる。心理面接（心理療法）と生活支援（生活指導）の位置付けに基づく心理職のオリエンテーションは図13-2のようにまとめられる。

注4：施設入所児は，日常生活の中で重要なことを心理職やケアワーカーに語ることがある。その自然な語りに対し援助的に関わることが概ね「生活場面面接」と理解されている。この設定事態が，スタンダードな心理面接にはないものである。ただ，レドルによる「生活場面面接」は，基本的に生活場面で起きる出来事への介入と言語面接に導入する前段階としての目的という狭義なものであった。

注5：環境療法の代表的な実践として，我が国では施設における「生活療法」があるが，生活療法は元々，統合失調症の症状を生活のありようから理解する実践であった。

施設における心理面接は，しばしば「治療契約」が不十分なまま行われる。今後，施設における心理職の専門性を確立していく際には，あら

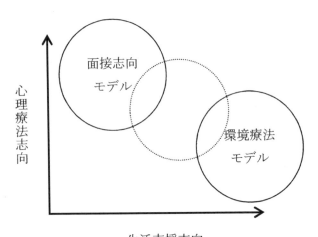

図13-2 施設における心理職のオリエンテーション
(作図：村松)

ためて心理面接の意義と目的を他職種と共有した上で，治療モデルに基づく心理面接の構造化と心理アセスメントのフィードバックが必要になると考えられる（図13-2の点線の領域）。子どもの「症状」や行動問題を力動的にアセスメントし，子どもの成長につなげる方法として，「力動的ケースフォーミュレーション」の実践を筆者らは提案した（村松ら, 2014）。児童福祉の領域に心理職が配置されて15年ほどがたち，心理職の専門性と多職種協働はいかにあるべきかという理論化が問われていると言えよう。

（4） 子どもの育ちとソーシャルネットワーク

施設における心理支援は，心理面接だけでは十分ではない。心理面接という「非日常」は，「日常」の現実生活にある程度の安定（強度）があって初めて成り立つものだからだ。施設入所児の日常の安定にとって

重要な要素は何であろうか。

　カーン（Kahn, R., 1980）らは，個人のストレスを緩衝し，より幸福な生活に導く要因にソーシャルサポートがあり，生涯にわたるソーシャルサポートのネットワークとして「コンボイ（護衛隊）」を想定した。コンボイは，「役割モデル」と「アタッチメントモデル」から成り，その個人の役割（例えば「子ども」「青年」など）とアタッチメントのあり方によって生涯変化していく。通常であれば，コンボイを形成する他者は7～8人ほどとされているが，社会的保護下にある子どもたちは養育者の離職，離婚，転居など流動的な生活を経験してきた上に，家族からの分離を余儀なくされている。さらに保護された施設はスタッフの離職率が高く，安定した他者（大人）関係を持ちにくい状況がある。彼らにとってのコンボイは限定的，流動的にならざるを得ない。

　子どもにとってのマイナス要因である「流動的な生活状況」をどう考えればいいのだろうか。デンマークの社会的養護を紹介した佐藤（2014）の論考によれば，デンマークでは施設入所や里親委託といった「家庭外ケア」から予防的介入を重視した「家庭内ケア」にシフトしてきており，その実践において特筆されるのは「学校や保育所との連携であり，そこに社会的養護分野と普遍的子育て支援施策の連続性がある」という。我が国においても，江戸時代には「仮親」という共同養育システムがあった（香山，2009）。やまだ（2009）は，母親から離れて育つことは「中世においては常態であった」とし，その喪失を家族，社会，文化がどう認知し，受容できるかによってその体験が持つ意味が異なってくると指摘している。流動化し，多様化する社会の中で，子育てを担うのは「家族」であり，一部の「養育者」（主に母親）であるという偏った認識が児童虐待に至る遠因であるとすれば[注6]，子育てに最終的責任を持つのは社会であるという「共同養育」の発想が求められてくる

のではないか。実際に，ヒトがチンパンジーなどの類人猿と異なるのは，「共同繁殖」のシステムを獲得したことによるという（長谷川，2011）。

注6：母親の20%が子どもを虐待しそうになったという報告や，育児負担に関する数々の研究，あるいは高齢者虐待の状況などを踏まえれば，家族に社会福祉の一部を代替させることを基本にした我が国の社会福祉システムには無理があると指摘せざるを得ない。

筆者は最近，都心の電車内で大声で泣く我が子をあやす母親を気遣った初老の女性2名が「本当に，大変ねえ」とさりげなく声をかけ，親子の下車駅ではベビーカーを下ろすことを手伝い，そのまま皆が一緒に下車した光景に出くわしたことがある。たまたま下車する駅が一緒だったのかもしれないが，少子高齢化の時代に，それぞれが次世代を担う子どもとその養育者をどうサポートできるかを考えさせられることとなった。「共同養育」の合意形成とシステム作りは容易なことではないが，児童養護施設でのケアは「共同養育」の一形態とも見なすことも可能だ。そして，流動的な生活を余儀なくされてきた子どもだからこそ，成長の節目を共に実感し，祝えるようなきめの細かい支援が必要となる。「中学生会」「高校生会」を組織し，子どもの成長を喜ぶとともに，その意見を施設処遇に反映させる実践を行っている施設もある。いわゆる「出世魚」のように，子どもは成長とともに姿形だけでなく，生活スタイルや生活状況が変化していく。ただ，変化は，例えば青年期が「疾風怒濤」となぞらえられるほどに，危機を秘めてもいる。「共同養育」としての施設ケアは，子どもの発達，成長を見据え，「節目節目に必要な大人が現れ続ける」多職種協働の実践の場であり，心理職もこの支援チームの一員であることを強く認識する必要がある。

放送授業では，児童養護施設和敬学園，児童養護施設東京家庭学校を訪問し，ユニットケアとグループホームの実践について紹介する。

＜コラム　18＞
「児童養護施設における心理職の生活支援について」
―生活場面面接の実際―
首都大学東京学生相談室（元　社会福祉法人天使園今井城学園）　増田なつ子

　ここでは，児童養護施設（以下，施設と略す）における心理職の仕事，特に生活支援について紹介したい。
　施設において，心理職は，心理面接を行うだけではなく，会議に出席したり，職員とのコンサルテーションを行うなど様ざまな仕事があるが，生活支援も行う。施設によって方針が異なり，心理職が宿直して，直接子どもに処遇するところもあるようである。筆者の勤務先の施設では，心理職が生活場面に入って，子どもの様子や職員の関わりについて気になることがあったら指摘してほしいという要望があり，指導はせず，生活場面面接を行っている。一緒に遊んだり，宿題を見たりする中で，気になる様子があると，後で職員と話し，その子について共に理解を深めていき，時には心理面接や医療につなげることもある。特に，一緒に食事を摂ると，物理的な距離だけでなく，心理的な距離も縮まると感じている。それは，子どもだけでなく，職員も同じである。心理職は，施設においてはそもそも異業種であり新参者であって，その分一歩離れて客観的な立場から心理学的視点からの意見を言えるのだが，職員から信頼を得て，信頼関係を築いていくことはなかなか難しいことである。そのような中でみんなで食事を共にすると，職員ともコミュニケーションが円滑になり，仕事もしやすくなると実感している。
　子どもと食事を摂っていると，「何か心理テスト出して」とリクエストされることがある。そんな時は，「3つ願いが叶うとしたら何？」と聞くことにしている。3つのうち，どれかに本音が見えたりするからで

ある。施設入所児は、本人の学力のほか、家庭や経済的事情などでその多くが高校卒業後、社会人として働くことになる。卒園前になると不安が高まり、不穏な状態になる場合もある。しかし、大概は、それまでその年代特有の素っ気ない態度であったのに、それとなく近づいてきて、愚痴を言ったり、アドバイスを求め、社会人の先輩からの言葉として素直に聞くようになると感じる。

つい最近も、高校3年のF君と一緒に食事を摂っていると「何か心理テスト出して」とリクエストされることがあった。筆者が「3つの願い」を聞くと、どれも外見のことで、あえてなのか自覚がないのか本音は出さない。「夢もない」というが「異性に好かれたい」気持ちはあるようである。「働きながら何かやりたいことが見つかるといい」ということや「好きな趣味を続けていれば出会いがあるかもしれない」とさり気なく伝えると、「バスケをやっていたら出会うかも」と、軽口を叩くような会話の中にも、真剣に考えているようだった。

生活場面面接では、時間も空間もきっちり定まっている心理面接とは異なり、1回限りで緩い枠の中であるが、困っていること、本人に自覚はないが課題であることなどについて耳を傾け、状況に応じて、言葉を選びながらも伝えるべきことは伝えるように心掛けている。

<コラム　19>
ケアワーカーと心理職の連携

社会福祉法人武蔵野会　武蔵野児童学園　臨床心理士・家族心理士　大塚　斉

児童福祉施設に心理職が本格的に導入され始めたのは、児童虐待防止法が制定された2000年からである。その当時から働き続けている臨床心理士は、15年くらいの経験を有するようになってきているが、大学院を修了して、若い臨床心理士が初めての臨床現場として児童福祉領域に入ってくることも多い。私もその一人だった。臨床心理士としてのアイ

デンティティを形成する時期と，領域で専門家として機能することを目指す作業が同時並行で進んでいく。とかく，肩に力も入りやすくなる。私自身，経験の浅いうちは，「セラピーでこんな展開になっているので，少し退行するかもしれません」「個別の時間を取ってあげるとよいかも知れません」などを伝えることもあった。今から振り返れば，タダでさえ忙しいケアワーカーの業務を増やすようなお願いだっただろうと思う。

　ケアワーカーとの連携のコツがつかめたのは，こんな経験からだった。入職1年目の頃，ケアワーカーが子どもの対応を相談しに来てくれた。臨床心理士としても領域の専門家としても自信のなかった私は，専門的なことをあれこれ伝えてみたが，ケアワーカーの顔は，曇ったままだった。何がニーズなのかつかめないまま，自分の伝えていることが届いていないことだけは分かった。そこで「今までどうされてきたんですか？」と尋ねてみると，自分が試みてきたことをいっぱい話してくれた。「もう十分やってきたんですね」と伝えると「そうですかねえ」と嬉しそうな顔になった。「あとやれるとしたら，こんなことですかね？」「G君は○○な体験をしてきているから，その対応はすぐに効果がなくても，続けるのが大事ですね」と伝えると，顔が晴れた。ケアワーカーの苦労やニーズをよく聞くと，生活の中で役に立つコンサルテーションができるようになっていった。ケアワーカーに"使える"と思ってもらえると，連携は次々に広がっていった。

　連携とは，関わる人たちで援助の物語を共有することであろう。その中で心理職には，生育歴や生活上の具体的なエピソードを共有した上で，アセスメントを伝える力と，具体的な対応策を示せることが必要となる。領域の法律や動向を踏まえつつ，領域に合った心理的援助を実践し，援助の物語を，他職種と共有できる言葉で紡ぐ力が求められている。援助の物語を共有できると，ケアワーカーの担う役割，心理職の担う役割が相互に尊重され，子どもの育ちを支えるチームが構築できる。

<コラム 20>
地域との関わりと心理職
東洋学園大学　人間科学部　塩谷隼平

　児童養護施設の心理職は元々，被虐待児の心理療法のために配置されたが，その役割は拡大し続け，外部機関との連携などを含めた「施設の子どもを取り巻く環境を整える支援」も期待されるようになった（塩谷, 2014）。
　施設の子どもたちは地域の学校に通っており，施設にとって学校は重要な外部機関である。子どもたちにとっても学校は社会体験を積む大切な場所であり，そこでの適応は子ども時代だけでなくその後の人生にも大きな影響を与える。都内にあるX児童養護施設では，入所児が通う学校との連携は基本的にケアワーカーが担っているが，必要があれば心理職が学校教員とのコンサルテーションを実施することもある。例えば，発達障害を抱える入所児の対応について小学校が困っているときに，クラス担任に施設に来てもらい，心理職から発達障害の特徴や対応方法について説明した。その後，その理解を基に上手に工夫して対応したことで学校への適応が促進されていった。
　また，児童養護施設から里親家庭に措置変更する子どもが少なくないことから，2012年から里親支援専門相談員が配置されるようになるなど，児童養護施設にそれまでの子育ての専門性を活かして里親家庭への支援が求められるようになった。X児童養護施設でも，施設心理職が実施している職員研修に里親家庭にも参加してもらい，虐待を受けた子どもの心理や子どもの心理的発達などについて伝えている。さらには，心理職が里親家庭の勉強会に呼ばれて研修講師を担当することもあった。
　学校や里親との連携の基礎となるのは施設への信頼であり，そのためには何よりもまず児童養護施設のことを知ってもらう必要がある。X施設では夏休みに子どもが通う小学校の教員との連絡会を実施しており，施設内を見学してもらい心理療法についても説明している。また，施設

で開催するフェスティバルやもちつき大会などのイベントに教員や里親家庭を積極的に招待することで，地域とのつながりの土台を築いている。これからよりいっそう施設が地域に開かれ，地域の子育てへの支援が期待される中で，施設心理職にも入所児の心理療法だけでなく，地域との関わりがますます求められていくと考えられる。
（文献：塩谷隼平（2014）児童養護施設における心理職の役割の発展　東洋学園大学紀要22，pp.19-29）

学習課題

1．子どもの育ちにおけるソーシャルネットワークの意義について，自らの体験を踏まえて考察してみよう。
2．心理職として他職種と連携・協働することを想定し，相手の職種の独自性，専門性は何か，できるだけ想像を働かせて考えてみよう。

引用文献

粟津美穂（2006）．『ディープ・ブルー——虐待を受けた子どもたちの成長と困難の記録』太郎次郎社
長谷川寿一（2011）．「人間行動進化学の動向」『学術の動向』
Kahn, R. & Antonicci, T. C. (1980). Convoys over the Life Course Attachment, Roles, and Social Support. LIFE-SPAN DEVELOPMENT AND BEHAVIOR, vol3, 253-286.
Redl, F. & Wineman, D. (1951). Children who hate: the disorganization and breakdown of behavior controls（『憎しみの子ら』大野愛子・田中幸子（訳）（1975）．全社協）
香山リカ（2009）．「ニッポン　母の肖像」『NHK 知る楽　歴史は眠らない』日本放

送協会出版

厚生労働省（2014）.「社会的養護の現状について」（参考資料）
　http://www.mhlw.go.jp/bunya/kodomo/syakaiteki_yougo/dl/yougo_genjou_01.pdf

村松健司・妙木浩之・金丸隆太他（2014）.「児童養護施設におけるケースフォーミュレーション・プログラムの開発」『平成22年度～24年度科学研究費補助金研究成果報告書』

才村　純・芝野松次郎・松原康雄（編著）（2009）.『児童や家庭に対する支援と子ども家庭福祉制度』ミネルヴァ書房

齋藤幸芳・藤井常文（編著）（2012）.『児童相談所はいま―児童福祉士からの現場報告』ミネルヴァ書房

佐藤桃子（2014）.「デンマークにおける子どもの社会的養護：予防的役割の重要性」『年報人間科学』, (35), 53-71.

やまだようこ（2009）.「生涯発達をとらえるモデル」『生涯発達心理学とは何か―理論と方法』金子書房

山下　洋・増沢　高・田附あえか（2007）.「被虐待児の援助と治療」『子どもの虹情報研修センター平成19年研究報告書イギリスにおける児童虐待の対応視察報告書』

吉村　譲（2010）.「児童養護施設における心理療法担当職員の活動の場作りについて―岐阜県内の児童養護施設の心理療法担当職員の活動から考える―」『東邦学誌』, 39(2), 13-30.

14 | 臨床現場から4
小児科・児童精神科

小林真理子

《目標＆ポイント》 身体の病気や発達上の問題，心身症，精神疾患など，小児科や児童精神科における子どもと家族への心理臨床の実際について学ぶ。臨床現場として，自治医科大学とちぎ子ども医療センターを紹介する。多職種によるチーム医療の中での心理士の姿勢や果たす役割について理解を深める。
《キーワード》 小児科，児童精神科（心の診療科），チーム医療

1. 小児医療における心理的支援

　医療領域において心理士が働く診療科として多くの方がイメージするのは精神科であろう。実際に，日本臨床心理士会医療保健領域委員会が2014年度に実施した「医療保健領域に関わる会員を対象としたウェブ調査」（回答者1,416名）によると，勤務先診療科は精神科が68.1％と最も多く，次いで心療内科31.6％，3番目に多いのが小児科14.0％であった。児童精神科（児童・思春期精神科と言われることもある）は精神科の一部門であるが，近年では小児病院（子ども病院・子ども医療センターなど）の中に開設され，他科との連携の中で診療が行われるようにもなっている。

（1）小児科における支援

　小児科は子どものあらゆる病気や障害に関する受診の最初の窓口とな

りやすい。身体の様ざまな疾患のみならず，発達に関する問題，不登校などの不適応状態，心身症，被虐待の疑いのある子どもなど，その対象の種類や重症度は多岐にわたる。心身未分化な段階にある子どもにおいては，体の問題と心の問題は連動しやすく，どちらが主なのか判断できない場合も多い。例えば，喘息(ぜんそく)は苦しい身体の症状であるが，その発現には身体的要因のみならず，心理的な要因や家庭や学校といった環境ストレスが大きく関与している。子どもの嘔吐(おうと)や頭痛，腹痛などの身体症状も心身症として生じる場合もある。このような発達に関する問題や心身症が疑われる場合，心理士に心理アセスメントや心理療法の依頼がなされることが多い。

　また，小児がんや慢性難病など重い身体疾患を抱えた子どもと家族への心理的支援も求められている。病気や治療そのものへの不安や苦痛はもちろん，家庭から離れての長期の入院生活が子どもの発達や家族関係，学校への適応に与える影響は大きい。厳しい治療がその後の子どもの身体機能や脳機能の発達に与える影響も懸念されている。そのような子どもの発達の様相や情緒的な状態をアセスメントし，経過をフォローアップしていくことが必要になる。病名告知，検査結果の知らせや治療選択など，身体医療においては厳しい局面に何度も遭遇し，本人・家族の精神的苦悩は計り知れない。小児科において心理士は，乳幼児の発達支援から緩和ケアに至るまでその領域は広く深く，様ざまなニーズに応えていくことが期待されている。

（2）　児童精神科における支援

　子どもの発達の問題や精神病理への対応には専門性が要求されるが，児童精神科の専門外来や病棟のある病院や施設は少ないのが現状である。児童精神科を専門とする医師（認定医）[注1]は少なく，児童精神科を

標榜（ひょうぼう）する病院やクリニックは予約による診療待ちの状態である場合が多い。中には初診までに数カ月かかり，受診後さらに心理検査などの予約待ちということも稀ではない。なお，児童精神科は，近年では，「子どもの心の診療科」（自治医科大学），「こころの発達診療部」（東大病院），「子どもメンタルクリニック」といった診療科名を掲げているところが多くなっている。

注1：一般社団法人日本児童青年精神医学会認定医（「認定医」）は，児童青年精神医学に関して広汎な専門知識と豊かな臨床経験を具えている臨床医であると学会が認定したものをいう。2015年11月15日現在，269名が認定されている。

　児童精神科は，幼児期から思春期まで（対象年齢は機関によって異なるが，概ね3歳くらいから高校生年代まで）の子どもが対象である。自閉症スペクトラム障害，注意欠如・多動性障害（AD/HD）などの発達障害，不安障害，摂食障害，心身症，強迫性障害，統合失調症やうつ病，虐待や事件・災害後の外傷後ストレス障害など，様ざまな問題や症状を持つ子どもたちが受診している。

　児童精神科には心理士が勤務しており，患者である子どもや家族の心理的支援を行っている。その具体的内容は病院や施設によるが，以下のような内容が含まれる。

1)　患者である子どもに対して：①心理検査，②心理療法（遊戯療法，心理面接，認知行動療法など），③個別療育，④グループ療法（SSTグループ，病棟グループなど），⑤病棟プログラム，⑥デイケア（幼児療育デイケア，思春期青年期デイケアなど）
2)　養育者・家族に対して：①家族面接（インテーク，親自身のカウンセリング），②家族グループ（親の会，ペアレントトレーニングなど）

3) チームの一員として：①他職種のコンサルテーション，②カンファレンスへの参加，③院内研修へ参加・発表
4) その他：①他機関への紹介・連携，②調査研究　など

(3) 心理アセスメントの重要性

　小児医療，特に児童精神科の業務の中で多くの割合を占めるのは，心理検査を含む心理アセスメントであろう。患者は発達途上の子どもであるため，発達・知能検査を実施して発達レベルやその特性を把握することは大切である。発達障害が疑われる子どもの場合，知能検査やその障害のスクリーニングをするための検査も含めて実施することは，診断と治療のために欠かせない。また，投映法などの性格検査も含めてテストバッテリー[注2]を組んで行う心理検査の結果は，精神科診断の鑑別や病態水準を把握するための情報として役立ち，子どもへの治療に活かされる。心理アセスメントによって，患者の発達段階や発達の特性，性格傾向や適応スタイルを理解し，親子関係・家族力動を把握することで，子どものみならず家族への介入の方向性を示すことにつながっていく。心理アセスメントとは，心理検査の結果のみならず，受診に至った主訴，生育歴や家族の状況，医学的な情報，学校での様子，行動観察など，得られるあらゆる情報を統合して，多面的に患者の特性や状態像を描き出していくものである。

　小児科・児童精神科で行われる主な心理検査については，表14-1に発達・知能検査，表14-2に性格検査をまとめて記した。なお，発達障害のアセスメントについては，8章に詳しく紹介されている。

注2：テストバッテリーとは，個人の心理的諸側面を理解するために，複数の検査を組み合わせて実施すること，及び，組み合わされたテスト全体をいう。

表14-1　小児科・児童精神科で用いられる主な発達・知能検査

名　称	対象年齢	内　容
田中ビネー知能検査V	2歳～成人	ビネー式の知能検査。1歳級から成人級まで年齢段階に応じた課題の構成。精神年齢MA，知能指数IQが算出される
WPPSI（Wechsler Preschool and Primary Scale of Intelligence）	3歳10カ月～7歳1カ月	ウェクスラー式による幼児用知能検査（＊WPPSI-Ⅲ日本版が2017年刊行予定）
WISC（Wechsler Intelligence Scale for Children）－Ⅳ	5歳0カ月～16歳11カ月	ウェクスラー式による児童用知能検査　10の基本検査から全体的な知的能力を表す全検査IQと，4つの指標得点が算出される
日本版KABC（Kaufman Assessment Battery for Children）－Ⅱ	2歳6カ月～18歳11カ月	認知能力と学力の基礎となる習得度を測定する
新版K式発達検査2001	0歳～成人	「姿勢・運動」，「認知・適応」，「言語・社会」の3領域と総合した全領域の発達指数を測定する
乳幼児精神発達診断法（津守式）	0歳～7歳	項目は日常生活場面の観察などから作成された「運動」「探索・操作」「社会」「食事」「理解・言語」の5分野。発達年齢を算出し，プロフィールを作成。回答は養育者が行う
遠城寺式・乳幼児分析的発達検査法	0歳～4歳7カ月	「移動運動」「手の運動」「基本的習慣」「対人関係」「発語」「言語理解」の6領域についての発達状況を測定する。養育者からの聞き取りと子どもの観察により行う
KIDS（キッズ）乳幼児発達スケール Kinder Infant Development Scale	0歳1カ月～6歳11カ月	乳幼児の自然な行動全般から発達を捉える。質問紙への回答は保護者または保育者が行う

（2016年2月現在）　　　　　　　　　　　　　　　　　　　　　　（作表：小林）

表14-2　小児科・児童精神科で用いられる主な性格検査

名　称	対象年齢	内　容
小児 AN エゴグラム	小学生低学年用 小学生高学年用 中学生用 高校生用	交流分析理論に基づいて心の仕組みや働きを5つの項目から評価する
新版 TEG II 東大式エゴグラム Ver.II	15歳以上	交流分析理論に基づいて心の仕組みや働きを5つの項目から評価する
SCT（文章完成法）	小学生用 中学生用 成人用	短い刺激文に続く文章を書いてもらい、個人の性格をほぼ様ざまな領域から理解できる
ロールシャッハテスト	言語表現ができる年齢	インクのしみ（カード）を見て、何に見えるかを答えてもらい、その表現の分析をとおして思考過程や心の状態を推定する
P-F スタディ（絵画欲求不満テスト）	児童用 青年用 成人用	日常的によく経験する欲求不満場面が描かれたイラストに、セリフを書き入れてもらい、人格特徴を評価する
描画テスト	全年齢	バウムテスト（木を描く）、HTP（家木人を描く）、統合型 HTP（家木人を一枚の紙に描く）、風景構成法（アイテムを決められた順番に描いて風景を完成させる）など。心のエネルギー、心的内界と外界との関係、自己像など、それぞれの課題・理論背景を基に評価する

(作表：小林)

2．チーム医療における心理士の役割

（1）　チーム医療

　近年，医療の質や安全性の向上および高度化・複雑化に伴う業務の増大に対応するため，「チーム医療」が様ざまな医療現場で実践され，重要視されている。チーム医療とは，一人の患者に複数の医療専門職が連

携して，治療やケアに当たることをいう。異なる職種のスタッフが連携・協働し，それぞれの専門スキルを発揮することで，入院中や外来通院中の患者の生活の質（Quality of Life: QOL）の維持・向上，患者の人生観を尊重した療養の実現をサポートしていくものである（チーム医療推進協議会[注3]）。

注3：チーム医療推進協議会は，医療専門職の様ざまな団体が意見交換を行う会として，2009年に発足した。臨床心理士の職能団体である日本臨床心理士会も2010年から参加している。2016年2月時点で18の専門職団体で構成されている。

　厚生労働省は，2010年に「チーム医療推進会議」を立ち上げ，チーム医療を推進するための方策を検討してきた。チーム医療を推進する目的は，専門職種の積極的な活用，多職種間協働を図ることなどにより医療の質を高めるとともに，効率的な医療サービスを提供することにある。また，チームアプローチの質を向上するためには，職種間で尊重し合い，明確な目標に向かってそれぞれの見地から評価を行い，専門的技術を効率よく提供すること，そのためにカンファレンスを充実させることが重要であるとした（厚生労働省，2010）。
　臨床心理士もチーム医療の一員であり，糖尿病チーム，緩和ケアチームなどにおいて，チームの構成員として活躍してきている。

（2） 小児科におけるチーム支援

　小児医療においても，様ざまな職種が協働して子どもと家族をサポートしている。小児科でのチーム医療の分かりやすい例として，「子どもの入院支援チーム」の取り組み（表14-3）を見てみよう。チームの目

的は，学齢期の子どもが入院治療をしながら，教育を受ける権利を保障し，成長に合わせた学びや楽しむ場を提供することでQOLの向上を図ることである。その目的達成のために，表14-3に挙げられた多くのスタッフがそれぞれの専門の立場で関わり，チームカンファレンスで情報の共有や取り組みの評価をしている。なお，リハビリテーションスタッフとは，理学療法士（PT），作業療法士（OT），言語聴覚士（ST）などであり，子どもの身体運動機能や生活における作業能力の向上，言語発達の支援などを担う（他の職種の役割は，表中の説明を参照のこと）。このチームの一員として臨床心理士は，子どもの発達や性格特性について，心理検査や心理面接を通してアセスメントし，その結果から効果的な支援の方法を提案する役割を担っている。また，親子関係の観察や親への面接を通じて家族力動についてのアセスメントを行い，また親の精神的な苦悩を受け止める存在としてカウンセリングを担当することもある。医療領域の多職種の中にあって，臨床心理士は，子どもの正常発達のみならず，発達の偏り（発達障害）や精神病理（心身症，神経症，精神病など）の知識を持ち，本人だけでなく家族の心理アセスメントを行うことができる専門職である。そのような視点から，子どもと家族の理解と支援のためにチームの中で貢献できる可能性は非常に大きい。

(3) 聖路加国際病院小児科での取り組み

　チーム医療を実践している小児科での取り組みについて紹介したい。聖路加国際病院は東京都中央区にある総合病院である。早くからトータルケアを目指した小児科部長の考えにより，1968年に「小児心理室」が開設され非常勤心理士1名が配置された。2016年現在，非常勤心理士2名も含め3名体制で，子どもと家族の心理面での相談であれば全診療科から面談やコンサルテーションの依頼を受けている。

表14-3　小児科におけるチーム医療（子どもの入院支援チーム）の取組例

チームの名称
子どもの入院支援チーム
チームを形成する目的
入院中の子どもの教育を受ける権利を保障し、病気を抱えながらも規則正しい生活を送り、子どもの成長に合わせて学びや楽しむ場を提供することで、QOLの向上を図る。
チームによって得られる効果
・安定した環境で療養生活を送ることができる ・年齢・病状に応じた遊びと教育を受けることで、成長発達課題の達成につながる ・年齢や理解度に応じた説明を受け、治療に参加できる ・両親やきょうだいなども支援を受けられる ・退院後の療養生活が継続できる
関係する職種とチームにおける役割・業務内容
医　師：診断・治療過程で、院内学級への通級または訪問の許可をする。 **看護師**：子どもを中心としたチームがスムーズに連携できるようにコーディネート。 **リハビリテーションスタッフ**：子どもの発達課題や生活を考慮しながら、遊びを中心とした作業活動や運動能力を向上させる。 **管理栄養士**：食事摂取困難児には、摂取方法や時間帯の検討等、個別対応を行う。 **医療保育士**：遊び・学習・レクリエーション・食事等に関わりながら、子どもの様子や両親の面会時の様子等を把握し情報提供する。 **院内学級教諭**：学び、楽しむ時間と場を提供しQOLの向上を図る。 **臨床心理士**：子どもの発達を評価し、効果的な支援方法を提案する。 **社会福祉士**：入院生活や退院後の生活や経済的な相談に応じ、社会資源を円滑に導入する。 **音楽療法士**：音楽療法によって、子どもの感情表現や苦痛の発散を支援する。 **チャイルドライフスペシャリスト**：検査・手術プリパレーション、検査、処置中の心理的支援、感情の支援遊び、きょうだい支援　など。 **ピアサポーター**：病気や障害のある子どもを育てた経験者としての精神的支援。
チームの運営に関する事項
・看護師は子どもの成長・発達、病状をアセスメントし、医師と相談しながら、効果的なチーム員の支援体制をコーディネートする。 ・家族・教諭を含めたミーティングを持ち、患者情報の共有や、評価を行う。 ・チーム員はそれぞれの活動状況を理解し、スキルアップしたチーム作りにつなげる。
具体的に取り組んでいる医療機関等
昭和大学病院、独立行政法人　国立成育医療研究センター病院、 　聖路加国際病院、神奈川県立こども医療センター

（出典：厚生労働省・チーム医療推進会議（2011）：「チーム医療推進のための基本的な考え方と実践的な事例集」PDF資料，p.178）

ここで，小児科での実践についてご寄稿いただいたコラム21に目を通してほしい。小児がん治療のために入院していた発達障害が疑われる小学生男児への関わりについて，Hくんの状態や特性のアセスメントを基に，チームで支援方法を共有した上で役割分担を行って，親も含めたチームで療養生活を支えた様子がうかがえる。また，阿佐美（2008）は，小児がん領域に関わる上で重要なこととして，①入院当初から継続的に関わること，②多職種チーム内で有機的な連動をすること，③狭義の心理療法に限定せず，ニーズに応じて柔軟な心理臨床活動を展開すること，を挙げている。なお，小児がん医療の領域で働く心理士は増えつつあり，2015年より日本心理臨床学会において，「小児血液・がん領域における心理臨床」と題する自主シンポジウムが開かれるようになった。

3. 自治医科大学とちぎ子ども医療センター

（1）　センターの概要

　さてここで，小児病院における心理臨床について紹介する。2015年現在，全国には小児病院（子ども病院・センター）が32施設あり，それぞれ独自の特徴を持っている。自治医科大学とちぎ子ども医療センターは，大学病院に併設された日本では新しいタイプの小児病院であり，総合周産期母子医療センターとともに2006年に開設された。地域の医療機関と連携して主に高度・専門的医療を提供している。また大学病院併設のため，成人各科との連携も図ることができるという利点を持っている。

　院内には，特別支援学校の分教室（院内学級）[注4]があり，長期入院学童の教育も担っている。また，国内においては初の大学病院併設型となるドナルド・マクドナルド・ハウス[注5]が設置されており，遠方から治療に訪れる患者・家族をサポートしている。

注4：院内学級とは，長期間入院している児童・生徒が治療を受けながら通えるように，病院内に設けられた学級。設置形態は，①病院に併設されている「特別支援学校」（分教室），②その病院を校区に含む小中学校が病院に開設している「院内学級」，③病院近くの特別支援学校から病院に教師が派遣される「訪問教育」などがある。

注5：ドナルド・マクドナルド・ハウスとは，病気の子どもとその家族が利用できる滞在施設であり，日本には2016年現在，11カ所のハウスがある。コンセプトは「我が家のようにくつろげる第2の我が家」で，日常生活がスムーズにおくれるように，個室のほか，共有スペースにキッチンやリビング，ダイニング，ランドリーやプレイルームが完備されている。家族の費用負担を軽減するため，1人1日1,000円で利用できる（詳しくはHP参照）。

（2） とちぎ子ども医療センターにおける心理士の役割

センターには5名の常勤心理士がおり，子ども医療センターに4名，総合周産期母子医療センターに1名が配置されている。全診療科から依頼を受けて対応するが，中でも小児科と子どもの心の診療科からの依頼は他科に比べて非常に多い。子ども医療センターでは主に，入院中の患者や家族と面接を行ったり，患者の心理検査を担当したりする。また，治療方針を検討するカンファレンスにも参加するほか，病棟レクリエーションにも出席している。総合周産期母子医療センターでは，主にNICU（Neonatal Intensive Care Unit：新生児集中治療室）やGCU（Growing Care Unit：継続保育室）の患者家族の面接やNICUを出た子どものフォローアップを行っている。

また，様ざまな疾患の治療チームやカンファレンスに参加し，心理学的な視点から治療のサポートを行っている。いずれのカンファレンスにも複数の科の医師や看護師，コメディカル[注6]が出席して情報共有をし，

適切な治療や支援のあり方を検討している。心理士に求められる役割は，患者や家族の心理アセスメント（知能・発達検査などを含む），心理サポートに加え，患者への対応方法などをスタッフに伝えるコンサルテーションがある。心理士が参加する治療チームやカンファレンスは次のとおりである。(星子, 2014)
①定期的に開催されるもの：小児緩和ケアチーム，口唇口蓋裂治療チーム，二分脊椎カンファレンス，子育て支援カンファレンス
②必要に応じて開催されるもの：遺伝カウンセリングカンファレンス，虐待対策カンファレンス，（自分が担当する子どもの）治療カンファレンス

注6：コメディカルとは，医師，看護師以外の医療従事者を指す。具体的には，臨床検査技師・薬剤師・理学療法士・作業療法士・栄養士・心理士・ソーシャルワーカーなどを言い，コメディカルスタッフとも呼ばれる。コメディカル（co-medical）は和製英語で，英語圏の正しい呼称はパラメディカルスタッフ（paramedical staff）である。看護師もコメディカルに含むという見方もある。

1）小児科での業務
　小児科では，一般外来のほかに，神経，心臓，肝消化器，腎臓，内分泌，心理，移植，血液，膠原病，喘息・アレルギー，発達，遺伝，新生児の各専門外来が開設されている。また，救急医療は1次から3次救急まで扱っており，病棟は周産期センター新生児部門（NICU）36床，急性期病棟38床，慢性期病棟38床，計112床のベッド数を有している。
　小児科での心理検査は，神経外来からの知能・発達検査，新生児外来からの極低出生体重児のフォローアップのための発達検査などであり，

WISC-Ⅳ知能検査が最も多い。低出生体重児の定期的なフォローアップには新版Ｋ式発達検査，およびWISC-Ⅳを主に用いている。心理面接は，心身症，不登校などの適応障害，発達障害の二次障害への対応などの相談や，入院している子どもの心理面のケアを担当している。また，担当児に関わる医療スタッフや学校・地域機関との連携も積極的に行っている。子どもに対しては，言語による面接，遊戯療法，臨床動作法，芸術療法などを用いてカウンセリングを行い，併せて家族の相談にものっている。2014年1月から12月の間に行われた心理検査は小児対象238件，新生児対象154件，心理面接は延べ1,016件であった。

2）子どもの心の診療科での業務

　子どもの心の診療科では，主に小学生から中学生年代の適応障害，心身症，摂食障害，自閉症スペクトラム障害，多動性障害，気分障害，統合失調症など，あらゆる小児期の精神疾患を対象としている。専門的な診察や医学的検査，薬物療法と並行して，心理検査によるアセスメントや子どもの発達段階に応じた心理療法が行われる。また必要に応じて，学校や児童相談所などの教育・福祉機関との連携もしている。

　外来は新患を含めてすべて予約制で，本人が受診したがらない場合は，養育者や関係機関の相談にも応じている。入院治療では，4床の大部屋1室，3床の大部屋2室，個室5床の全15床の専門病棟にて，薬物療法，個人精神療法，家族療法，遊戯療法，箱庭療法，芸術療法（絵画療法，コラージュ療法），集団精神療法，スポーツ・レクリエーションなどの多面的な治療を展開している。また，短期入院による心理教育として，摂食障害対象のプログラムと発達障害対象のプログラムが用意されている。

　2014年1月から12月の間に行われた心理検査は延べ200件，心理面接

は延べ1,465件であった。検査の依頼は WISC-Ⅳ などの知能検査が最も多く，その他，ロールシャッハを主とする投影法，SCT などの質問紙法，描画法などを用いてテストバッテリーを組んで実施している。一方，心理面接については，幼児から小学生では遊戯療法や芸術療法を中心に行っていることが多い。小学校高学年以上では言語による面接を行うことが多いが，語ることや問題の意識化が難しい場合には臨床動作法や芸術療法が用いられることもある。基本的には個別面接だが，必要に応じて親子同席面接を行う。心理面接の実際については，コラム22を参照してほしい。

(3) 短期入院心理教育プログラム

　ここでは，とちぎ子ども医療センターで実施されている摂食障害心理教育入院クリニカルパスを紹介する。これは，摂食障害の子どもを対象に，病気についての理解を深めることを目的とした4泊5日の入院プログラムである。本人に対しては，医師が病気の特徴や治療に関するレクチャーを行っている。また，栄養士による栄養指導も行われ，家族に対しては心理教育が提供される。心理士は心理検査（性格傾向や食に関する意識を知るための自記式質問紙など）を担当するほか，すべての心理教育のセッションに参加し，スタッフの振り返りミーティングの中で，心理検査の結果を踏まえて心理的視点からの見立てをスタッフに伝えている。

　放送授業では，自治医科大学とちぎ子ども医療センターを訪問し，小児病院の中での心理臨床について紹介する。

第14章　臨床現場から4　小児科・児童精神科　｜　265

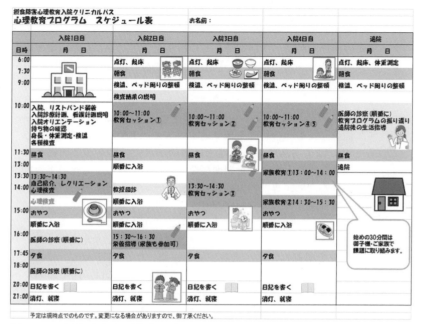

図14-1　摂食障害心理教育入院クリニカルパス
（出典：自治医科大学とちぎ子ども医療センター）

＜コラム　21＞
小児がん患児・家族への入院中の心理支援
―療養生活をチームで支える―

聖路加国際病院こども医療支援室　阿佐美百合子

　総合病院の小児科で常勤の「小児心理士」として勤務している。外来では，集団不適応，情緒不安定，発達障害，心身症，神経症，虐待などのケースにお会いする。病棟では小児がんのケースが最も多く，医師，看護師，保育士，医療ソーシャルワーカー，チャイルドライフスペシャ

リストなどの多職種によるチーム医療を実践している。チームによる，何気ない毎日の遊び，勉強，行事などの機会の提供，家族や友達，スタッフとの関係，経済・生活保障などの積み重ねが，子どもの治療と療養，家族の生活を支えている。心理士は小児がんの子どもに，入院・退院時に必ずお会いする。入院中は積極的に介入する場合もあれば，病棟スタッフの相談に応じる形で，環境調整の裏方として関わる場合もある。

がん治療のために入院した小学校高学年のHくんは，病棟ルールを守れず，注意してもその行動を繰り返す，スタッフや他の患児が困惑している，と医師・看護師から心理士に相談がきた。Hくんと面接したり，知能検査を実施したり，母親面接をするうちに，軽度発達障害の可能性が疑われたため，専門の医師にも治療チームに入っていただいた。専門医から軽度発達障害の診断がおり，ご両親にそのことが伝えられ，皆でHくんの療養生活を応援していこうという話になった。そこで，発達障害についての勉強会を開き，スタッフ皆で対応を考えていった。病棟のルールを明確に伝え，入院生活の短期目標をHくんと一緒に決めることで意欲的に過ごすようになった。困った時には，Hくんのプライマリーナース（相談窓口の看護師），心理士などに話したらよいということを理解し，自ら話してくるようになった。他にも，飛行機が好きなHくんのために，共通の趣味を持つ医師が時間を見つけては，飛行機談義に花を咲かせた。Hくんは，治療の苦しい副作用，本人にとってはストレスの多い集団生活によく耐え，心理面接，気心の知れたスタッフとの会話，訪問学級の授業など，楽しい時間を支えに入院生活を乗り切り，無事，退院を迎えた。退院当日，皆が見守る中，目標を立派に達成したことを称える表彰状を，Hくんは大喜びで受け取った。入院前の学校生活でもトラブルが多く，親子ともに居場所がない中，育児をしてきたHくんの母は，感慨深げであった。

小児がん領域における心理臨床においては，狭義の心理面接のみならず，ベッドサイドで子どもや家族と関わりながら，心理士としてしっかり相手の状況を見立てていくスキルが必要である。それと同時に，病棟での子どもと家族の居場所を皆で築いていくために，心理士がチーム内で有機的に連動して動ける，他職種との信頼関係が必要であり，心理臨床の応用問題と言えるだろう。

<コラム　22>

子どもと家族をつなぐこと

自治医科大学とちぎ子ども医療センター　臨床心理士　星子真美

　子どもの心理臨床においては，子どものセラピーだけではなく，親やその子に関わる人々に，いかに良き理解者・協力者になってもらうかということが重要なポイントになってきます。そのためにどのようなことが求められるのでしょうか。

　ある小学校高学年のトゥレット症候群のＩ君は，ご家族がその症状を理解して受け入れることが長い間困難でした。彼は強い孤独感や家族への不信感を抱き，家庭内で暴言や暴力を繰り返すようになりました。一方，ご家族はＩ君への拒否感がますます強まり…という悪循環で，家庭内は殺伐としていたようです。セラピー場面でも苛立ちが表現され，セラピストを拒否するような態度が続きましたが，彼が辛く困っていることは明らかでしたので，セラピストはＩ君の味方であることと困っていることを一緒に考えていきたいことを，様ざまに工夫をしながら根気強く伝えていきました。それと同時にご両親のセラピーも開始し，不安や苦悩に共感しつつ，疾患の理解を求めていきました。

　ある日，カードゲームに誘ってみると珍しくＩ君がのってきました。遊んでみると思ったよりも楽しそうな様子でしたので，こんな穏やかな楽しい時間を家族と共有できたら…と感じ，いつものセラピーパターンではないけれども，お母さんを誘って一緒に遊ぶことを提案してみました。彼は，「やってくれるかな…。きっとやってくれないからいいよ。」と返答しました。しかし，それまでのご両親との面接の手ごたえから，きっとお母さんが協力してくれるだろうという確信的な思いが湧いた私は，不安そうなＩ君を横目にお母さんを誘いました。予想どおり，お母さんは一緒にゲームをしてくれました。その日，Ｉ君がとてもうれしそうに，「家族団らんっていいね」と述べ，お母さんが「楽しかったね。またやろうよ」と声を掛け合いながら帰宅していく後ろ姿がとても印象

的でした。その後，I君は人が変わったかのように落ち着き，トゥレット症候群の症状は続いているものの，暴言を吐くことや苛立って暴力を振るうことはめっきりなくなりました。この時，I君がお母さんに受け入れてもらえ，お母さんもI君と穏やかに時間を過ごす体験ができたことがとても貴重で意味のあることだったのだろうと思います。

　このように，子どもの心理臨床においては，その子に誠実に向き合うことが大事なのはもちろんですが，その子とご家族とをつないでいくこと，そしてその子を取り巻く環境を包括的に支援することが必要だと思います。そのために，セラピストには，子どもとご家族を適切に見立てる力や，積極的かつ柔軟な姿勢が求められているのではないでしょうか。

学習課題

1. 児童精神科（子どもの心の診療科）では，どのような心理的アプローチがなされているか調べてみよう。
2. チーム医療における臨床心理士の役割についてまとめてみよう。

引用文献

阿佐美百合子（2008）．「小児病棟の風景―小児がん患児・家族との関わりを中心に―」『臨床心理学』8巻6号，817-822，金剛出版

星子真美（2014）．「心理面接・心理検査の活用」自治医大院内研修会資料（2014.9.25）

厚生労働省（2010）．「チーム医療の推進について」
　http://www.mhlw.go.jp/shingi/2010/05/dl/s0512-6g.pdf

厚生労働省・チーム医療推進会議（2011）．「チーム医療推進のための基本的な考え方と実践的事例集」http://www.mhlw.go.jp/topics/2012/01/dl/tp0118-1-77.pdf

日本臨床心理士会医療保健領域委員会（2015）．2014年度「医療保健領域に関わる会員を対象としたウェブ調査」(2013年度状況) 結果の概要，日本臨床心理士会雑誌, 78, 54-58.
チーム医療推進協議会 HP：http://www.team-med.jp/

参考文献・参考サイト

花村温子・津川律子（2016）．「チーム医療の一員としての臨床心理士（5）」，一般社団法人日本臨床心理士会雑誌, 80, pp.44-45.
自治医科大学とちぎ子ども医療センターHP
　http://www.jichi.ac.jp/hospital/top/jcmct/
公益財団法人ドナルド・マクドナルド・ハウス・チャリティーズ・ジャパンHP
　http://www.dmhcj.or.jp/house/index.html
小山充道編（2008）．『必携 臨床心理アセスメント』金剛出版
日本臨床心理士会監修（2012）『臨床心理士のための医療保健領域における心理臨床』遠見書房
小川俊樹（2014）．「臨床心理アセスメント1・2」（7章＆8章）小野けい子（編著）『心理臨床の基礎』放送大学教育振興会
佐藤泰三・市川宏伸（2002）．『臨床家が知っておきたい「子どもの精神科」』医学書院

（注）本稿の執筆にあたって，星子真美先生（自治医科大学とちぎ子ども医療センター）への取材内容を参考にさせていただきました。

15 | 子どもの心理臨床のこれから

塩﨑尚美

《目標＆ポイント》 今日の日本社会は，所得格差や家族の価値観の多様化など，早いテンポで激しい変化が起きている。そうした変化は，子どもの発達にどのような影響を及ぼしているのかを考え，それにともない多様化する子どもの心理臨床の新たな役割と方向性を探っていく。
《キーワード》 心理臨床の社会的役割，予防的介入，チーム支援，多職種との連携と協働，コミュニティ支援

1. 子どもを取り巻く環境の変化

（1） 子育て環境の多様化

子育て環境に及ぼす影響が大きいのは，親や家族の状況である。子どもの年齢が小さいほど，その影響力は強くなる。その親や家族の状況が，今日の日本では急速に変化し，また多様化してきている。

その一つに所得格差や貧困の問題がある。1997年ごろから，企業の正社員削減，非正規雇用への切り替えが急増し，フリーターや，まじめに働いても貧困にあえぐワーキングプアとなる人が増えていった。厚生労働省（2014a）の『非正規雇用の現状と課題』によると，非正規労働者は，1994年に20.3％（役員を除く雇用者全体の割合）となり，2004年までの間に31.4％まで増加し，以後，現在（2014年に37.4％）まで緩やかに増加している。正規雇用の1時間当たりの平均賃金が1,937円に対して，非正規雇用の平均賃金は1,229円と低く，また雇用も不安定であり，常に失職の不安を抱えなくてはならない。

完全失業率は，2009年の5.4%をピークに緩やかに低下してきており，2015年12月には3.3%と徐々に雇用状況は改善してきている。しかし，年齢別に見ると，子育て世代である25〜34歳の完全失業率は，2015年3月時点で5.3%であり，他の年齢層よりも高くなっている（総務省，2015）。つまり，子育て世帯における失業率は依然として高く，子どもの発達への影響も少なくないと考えられる。

さらに，9章でも述べたように，母子家庭は，二人親家庭や父子家庭に比べて収入が少なく，非正規雇用の割合も高いことから，働いても収入が増えないワーキングプアの状況に陥っている家庭もある。このような状況がすべて子どもにマイナスに影響するというわけではないが，母親の不安や日々の生活の中でのストレスが高くなったり，長時間親が不在という家庭環境を生みだし，子どもの不安や不安定感を高めるリスクにつながっている可能性がある。

（2） 共働き世帯の増加

平成26年労働力調査によれば，女性の年齢別就業率は，30〜34歳で最も上昇しており，10年前に比べて10.9ポイント上昇したことが指摘されている。有配偶者の就業率も30〜34歳で最も上昇しており，共働き世帯が多くなっていることが示されている。これは，子育期の女性の就業率も高いという可能性を示唆している。「イクメン」が社会的ブームになったり，男性の育児休暇取得が話題となったりする中で，父親が家庭で担う役割が多様となり，伝統的性役割観は大きく転換してきた。しかし，家事育児の分担はきれいごとでは済まず，父母間での葛藤を生みだしたり，仕事と家事育児の負担の大きさからどちらかあるいは父母ともに抑うつ状態になっていることもある（福丸，2000）。

(3) 社会で子どもを育てる

11章でも述べたように，新しい「子ども・子育て支援新制度」は，次世代育成政策でもあり，すべての世代で子育て世代を支援し，社会全体で協力して子育てをしていこうという政策である。核家族化が進み，実の親の支援が必ずしも受けられない中で，地域の子育てを終えた世代が，共働き世帯や親が抑うつなどの精神的な問題を持っていたり，虐待が起こっている（その可能性がある）家庭などを支えるシステムが必要となるだろう。こうしたシステムの中で，臨床心理士がどのような役割を担うことが求められるのかを検討していくことが，これからの子どもの心理臨床に課せられた課題である。本章では，これから注目されていくと考えられる「予防的介入」と「他職種との連携と協働」「チーム支援」「コミュニティ支援」について述べる。

2. 予防的介入

本科目の7章や8章，11章で述べているように，発達障害や児童虐待，親の抑うつなどは，できるだけ早期に兆候を把握し，介入することが望ましい。このように，早い段階からその後の問題が深刻化することを予防するために支援を始めることを「予防的介入」という。これからの臨床心理士には，問題が生じた際にその支援を行うだけでなく，少しでも早い段階から「予防的介入」を行うことが，ますます重要な役割となると考えられる。ここでは，子どもの心理臨床において「予防的介入」が行われている領域について再度触れながら，臨床心理士の役割についてまとめていく。

（1） 乳幼児健診・子育て支援・保育カウンセリング

　11章でも述べたように，乳幼児健診や子育て支援の場は，多くの親子が利用する。支援の必要性を意識していなかったり，意識していても支援を求めるのには抵抗がある保護者も，こういう場には訪れる。そういう意味では，乳幼児健診や子育て支援の場は，支援の必要性が潜在している親子をすくい上げる重要な機能を持っていると言える。しかし，兆候が見いだされたとしても，問題を指摘するだけではだめであり，実際に支援につなげていくためには，親子に関する多面的な見立てと，親との関係形成が必要である。例えば，子どもの発達の偏りが気になりながらも，それを否定したい気持ちや，どんなところでだれに相談すればいいのか分からず，行動に移せないでいた母親が3歳児健診に訪れたとする。保健師の問診で，子どもの発達を指摘され個別相談を勧められる。この段階では，母親には「子どもの問題は個人差レベルであって，特別な支援が必要な状態ではないのではないか」という思いが強いかもしれない。個別相談を担当する臨床心理士に求められることは，母親が子どもの特性を理解できるように助言しながら，子どもが抱える困難に母親自身が気付けるように支援することである。そのために，子どもと関わりながら，子どもの特性や発達的な課題をアセスメントするとともに，現時点で母親がどの程度子どもの問題を受け入れることができるかを見極め，母親ができそうな助言をすることが求められる。それとともに，経過観察のための次の相談に母親が足を運ぼうという気持ちになれるように，関係を築くことが必要となる。関係を築くためには，親の言葉に耳を傾け，不安や葛藤を理解した上で関わることが基本であり，4章で述べられている親面接の方法のような，相談室に訪れる親の面接を多く経験する中でそうした力を培っていかなければならない。それは，虐待の傾向や抑うつの傾向がある親の場合でも同じである。つまり，早期介

入から継続的支援へとつないでいくところに，臨床心理士の専門性が活かされるのである。

　また，子育て支援や保育カウンセリングも予防的介入ができる場となる。子育て支援広場に子どもを遊ばせるために来ている母親の中に，育児不安が強かったり，抑うつ的な母親がいることがある。そうした母親の話をさりげなく聞き，子育ての苦労をねぎらうとともに，必要に応じて助言をしたり，子どもの肯定的な面を伝えることで，親子関係の緊張を和らげたり，母親の抑うつ気分を軽減できる。それは，結果的に，親子関係の問題や子どもの発達への否定的影響を予防することにつながると考えられる。

　保育カウンセリングは，上記のような親への直接的な支援だけでなく，保育士と子どもとの関係に対する支援をとおして，親子の間に起こる可能性のある問題を予防することもできる。親が変わることは，親自身の成育歴の影響も強く容易ではない。親が変われないからだめだとあきらめることなく，子どもへの介入を活用できることが，保育カウンセリングの強みであろう。

(2) 教育現場・スクールカウンセリング

　予防的介入が求められるもう一つの場は，教育現場である。特にスクールカウンセラーには，相談室における相談業務だけでなく，いじめや不登校などの子どもの心の問題を予防するための介入が求められている。心理教育的援助サービスは，すべての子どもの援助ニーズに応じる「一次的援助サービス」，困難を抱え始めたあるいはその危険のある子どもへの「二次的援助サービス」，特別の援助ニーズを持つ子どもへの「三次的援助サービス」の3段階に分けられる（石隈，1999）。予防的介入は「一次的援助サービス」であり，不登校やいじめの予防だけでな

く，社会性と情動の学習を目指して様ざまなプログラムが行われている。子どもの自己への気付き，他者への気付き，対人関係スキル，責任ある意思決定力を高めることを目指すプログラムである（小泉，2015）。

坪田（2016）は，スクールカウンセラーに期待する子どもの心理的問題への予防的対応として，「定期的なストレスチェックとそれに応じたストレスコントロール教育を，教員と協力して実施すること」を挙げている。ストレスコントロールは，いじめが生じるような子ども同士の関係のゆがみの是正にもつながる。いじめは，教師や親などには見えにくく，個人への介入だけでは解決しないことも多い。いじめの予防のために，自己表現や感情表現，感情抑制，他者の気持ちへの配慮や他者を尊重する気持ちなど，今日の子どもたちには育てていかねばならない課題がたくさんある。こうした力は家庭で育てるべきことであり，学校でやるべきことではないとの批判もあるが，9章でも触れたとおり，核家族化，少子化が進み，共働き世帯やひとり親世帯が増加する中で，家庭に子どもの成長の責任のすべてを負わせることには無理があると言えるだろう。だれがやるべきという議論は不毛であり，本章の冒頭にも述べたように，社会全体で子どもを育てていくという意識を持ち，そのために，できる場でできることをするという意識を持って，取り組んでいく必要がある。そういう意味でも，学校における子どもの心理的問題の予防的介入に，臨床心理士が積極的に取り組んでいくことの意義が大きいと言えるだろう。

（3） 心理教育・啓発活動

予防的介入には，心理教育のための講演やリーフレットの作成のような間接的なものも含まれる。9章で述べた，離婚・再婚家庭の子どもたちの抱える問題について，社会的理解を促進するための啓発活動が求め

られている。臨床心理学の知見と臨床経験を生かした心理教育の実践や啓発活動は，これから臨床心理士が力を入れるべき課題であろう。

　スクールカウンセラーや保育カウンセラーによる，学校や幼稚園・保育園での講演活動も，発達障害や子どものストレス，メンタルヘルス，いじめなどについて保護者に理解してもらうことができる機会となる。親自身のメンタルヘルスについての啓発も必要であろう。

　スクールカウンセラーは，定期的に「カウンセラー通信」のようなものを発行し，心理的問題について保護者に伝える活動もしている。保育カウンセラーも同様の活動をしている（滝口，2015）。その内容は，できるだけ平易な言葉を使い，分かりやすいものでなくてはならない。

　以上のような活動をとおして，できるだけ多くの保護者に心の問題に関心を持ってもらい，大きな問題にならないうちに対処し，また早めに支援を求めるよう伝えることが，早期対応の機会を作ることにつながるのである。また，身近な大人が皆支援者となりうる社会システムを作ることを目指し，多くの大人に，子どもたちに起こる問題に対して自分のできる支援をするという意識を育てていく啓発活動が今後重要となるだろう。

3. 他職種との連携からチーム支援へ

　今日，臨床心理士が働く様ざまな職場で，他職種との単なる連携にとどまらず，互いに協働して行うチーム支援が必要であるという認識が持たれるようになってきている。連携は互いに連絡を取り合い，情報を共有してものごとを行っていくことであり，協働は共通の目的のために対等の立場で，互いの専門性を理解しながら共に働くことであるとされる（中嶋，2015）。その詳細は，13章に児童福祉施設での例，14章にチー

ム医療の例が挙げられているが，ここで再度チーム医療について概観し，さらに2016年現在，新しい取り組みとして検討され始めた「チーム学校」について述べる。

（1） チーム医療

　医療の対象の拡大と，それにともなう責任と業務の増大は，各専門職が独立して対応できるレベルを越え，多職種で連携・協働しなければ対応できない状況を生んできた。このような課題の解決に向けて，厚生労働省は多職種協働のチーム医療を提案した。子どもの心理臨床の分野では，小児科や児童精神科のほか，周産期母子医療センターなどで，チーム医療の一員として臨床心理士が配置されている。鈴木（2008）は，その中での臨床心理士の役割は，①心理職固有の専門技能を発揮してチーム医療に貢献すること，②患者と医療者の橋渡しをすること，③他職種が心理的問題に対処する際のコンサルティングであるとしている。

　①の中でも特にアセスメントは，医療の現場では臨床心理士の専門性を発揮できる重要な役割であることは14章でも述べたとおりである。こうしたアセスメント結果を，いかにしてチーム医療のメンバーに伝え，患者の支援に役立てていくのかが心理職の役割として重要である。松澤（2015）は，他職種にアセスメント結果を伝える際には，「読み手が知りたいことが活用できるような形で提供される必要がある」と述べている。そのためには，依頼者がどのようなことに関心を抱いているのかを知っておく必要があり，日頃からのコミュニケーションをとおして，チームメンバーを理解しておかなければならない。

　②の橋渡しについては，子どもの場合は医療スタッフへの橋渡しだけでなく，親への橋渡しも必要になることがある。子どもから聞いた話だけでなく，一緒に遊んだり，好きな本やゲームなどの話，行動から子ど

もの思いを理解し，それを大人に分かる言葉に翻訳して伝える力が求められる。具体的な仕事については，14章のコラム21，および22に述べられている。

（2） チーム学校

　チーム医療の実践の意義が明確になる中で，教育領域でも同様の機能の重要性が指摘されるようになり，チーム学校の構想が検討されるようになった。チーム学校とは，「教員を中心に，多様な専門性を持つスタッフを学校に配置し，校長のリーダーシップの下，教職員や様ざまな専門スタッフがチームとして適切に役割分担することで，教員が子どもの指導に専念できるように，他の専門職を含めた流れを作ろうという発想」（坪田，2015）である。今後，チーム学校に関する法案が国会などで議論されることが予定されている。この法案が成立すれば，スクールカウンセラーが法令として，学校の中で専門職として位置付けられることになると坪田（2015）は述べている。

　チーム医療と同様に学校組織もチームとして，多彩な専門スタッフが様ざまな業務を分担し，また適切な連携と協働を行うことによって学校の組織力・教育力の向上を目指すこととなる。その中での心理職の役割は，①児童・生徒へのカウンセリング，②児童・生徒への対応に関しての，保護者や教員への心のケア，③事件・事故などの緊急対応における児童生徒等の心のケア，④教職員のカウンセリングマインドに関する研修活動，⑤子どもの心理的問題への予防的対応，である。こうした役割を積極的に担うとともに，それぞれの専門家同士が互いに尊重しあい，協働関係を作れるように，関係をつないだり調整することも心理職の役割として重要であろう。そのためには，組織全体を見渡せるようなコミュニティ支援のセンスを磨くことも課題である。

4. 危機支援

　チーム支援における臨床心理士の役割の一つでもあるが，今後ますます求められる臨床心理士の役割として，危機支援が挙げられるだろう。
　大規模災害や学校・幼稚園・保育所などにおける事故・事件などの危機的な状況が発生したときに，臨床心理士がどのような役割を担うべきかについては，阪神・淡路大震災や東日本大震災の経験をとおして明らかにされてきた。その詳細は，10章で災害後の子どもの心理支援について述べられている。こうした災害時以外にも，学校や幼稚園・保育園などで不審者侵入による事件や子どもが巻き込まれるような大きな事故などが起こったときには，子どもたちは大人が想像する以上に心理的に影響を受ける。苦悩を言葉にして訴えることが少ない子どもの心の問題は，気付かないうちに潜行する可能性があるため，子どもの状態に目を配り，変化に気付くことが不可欠である（八木，2015）。そのために，ストレスを受けた際の心理的反応，子どものトラウマ反応の特徴と適切な対処方法について学び，10章で取り上げられているサイコロジカル・ファーストエイドを，どの領域で働く臨床心理士も学んでおく必要がある（瀧野，2012）。また，そうした事態におちいった時に，子どもの症状の背後にある問題について，他職種に平易な言葉で分かりやすく解説し，学校や保育の現場に取り入れられやすいような具体的な手立てに変換して伝えられる技術と共感力が求められる（八木，2015）。さらに，災害や事故・事件の際に，子どもへの対応のフロントラインとして働く教員や保育士の心理的支援も心掛けておく必要がある。

5. コミュニティ支援

　今日の子どもたちの支援には，機関内の連携だけでなく，それぞれ機関同士が互いにその専門性を理解し，役割を明確にして協働しながら子どもの育ちを支えていくことが求められている。このような地域の機関同士の協働によって行っていく支援をコミュニティ支援と呼ぶ。子どもを取り巻く社会的・人的支援には図15-1や表15-1に挙げたように多様な機関が関連している（武藤・井上，2005）。これらの機関同士が情報共有などの連携にとどまらず，積極的な協働ができるようなシステムが構築されていくことがこれからの課題である。

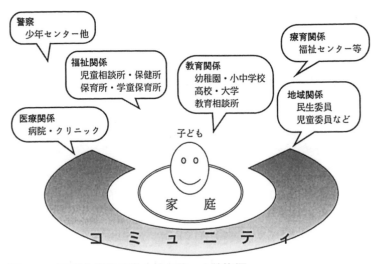

図15-1　子どもを取り巻く社会的・人的資源
（出典：武藤安子・井上果子（分担執筆：高野久美子）（2005）『子どもの心理臨床―関係性を育む―』建帛社，p.149）

表15-1　子どもの支援に関わる機関

機関・制度名	構成員	機能
幼稚園・小学校	教員・スクールカウンセラー（保育カウンセラー）栄養士・事務主事・校医ほか	教科学習だけでなく，多様な経験を通して人格形成・社会性の獲得・生活習慣の確立など子どもが大人になるための教育と援助を行う。
保育所	保育士・看護師・栄養士・巡回相談員・保育カウンセラー	（保護者の就労等により）保育に欠ける乳幼児を保育する。児童虐待の発見や親の養育機能を高める支援などの役割も担う。
学童保育	指導員・巡回相談員	放課後に帰宅しても保護者がいない家庭の児童を対象に行われる保育。
療育機関	心理技術職・保育士・言語聴覚士・作業療法士・理学療法士・医師ほか	0歳から就学前の子どもを対象に，発達上の問題（身体面・精神発達面）で援助を必要とする子どもとその保護者に対して個別相談・療育，グループ療育，機能訓練などを行う。
教育相談室・教育センター（幼児～18歳）	臨床心理士・教職経験者	学校教育や子どもの育ちにかかわる心理的な問題や発達の問題についての相談を行う。保護者と子どもの相談を並行して行うことが多い。
児童相談所（0歳～18歳）	医師・児童福祉司・心理判定員など	児童およびその家族に関する問題についての相談，指導などを行う。養護・身体障害および知的発達障害・非行関係・育成の各相談業務がある。児童虐待では，保護などの措置を行う。
子ども家庭支援センター	行政職・心理技術職	子育てに関する相談と子どもの一時預かり保育の実施。子どもと家庭支援の関係機関の連携・調整の窓口。
保健所	医師・保健師・心理技術職・ソーシャルワーカーなど	地域住民の心身における保健サービスを行っている。乳幼児健診とその後の個別相談，グループ支援，家庭訪問などを行う。
医療機関	医師・看護師・心理技術職など	身体疾患の治療や健診の実施とともに，発達障害や児童虐待などの初期発見の機能を担う。発達障害の診断と治療・訓練や身体疾患にともなう心理的支援なども行う。
警察・少年相談	警察官・心理技術職など	非行傾向のある子どもの相談や親の相談を行う。非行防止のための地域巡回や犯罪被害者の支援も行っている。
民生・児童委員	都道府県知事が推薦し厚生労働大臣が委嘱する民間ボランティア	地域の身近な相談役として，担当地域の親の相談や子どもの支援に当たる。住民と行政のパイプ役も担う。

（出典：武藤安子・井上果子（分担執筆：髙野久美子）（2005）『子どもの心理臨床―関係性を育む―』建帛社，p.150より一部改変）

例えば，先に述べた子どもの発達の偏りが気になっている親が，保健所では「専門的な支援が必要だから療育機関に行って検査を受けた方がいい」と言われ，子育て支援広場では「パワーがあるお子さんだけれども心配ない」と言われたとする。こうした異なる情報を得ると，親はどちらの言葉を信じればいいのか分からず混乱したり，対応に戸惑う。このような例は少なくない。こうしたことを防ぐためには，そのコミュニティの中の子どもの支援に関わる機関同士が，互いの役割を理解しあい，役割の分担を意識しておく必要がある。例えば，子育て支援広場の支援員と保健所や療育センターが，子どもの発達の偏りや発達障害について共に学ぶ機会を持ち，専門機関につなぐ必要がある発達的な特徴を共通認識しておくことができれば，上述したような問題は起こりにくくなるだろう。子どもの問題によって，連携・協働する機関は異なる。常にすべての機関が協働しなければならないわけではない。連携機関の規模は大きくなりすぎるとその弊害も出てくる。どの機関と連携・協働していくことが，その子どもにとって適切であるのかを判断し，事例ごとのネットワークがオーダーメイドで作られることが望ましい（武藤・井上, 2005）。そのためには，日頃から各機関の支援者同士がコミュニケーションを取り，互いの持ち味を理解しあい，頼りあえる関係を築いておく必要がある。一方で，こうした協働を行う際に，守秘義務をどのように守っていくのかについても，注意深く検討する必要があるだろう。情報を他機関と共有する際には，必ず当人に説明し，できる限り了解を得ることが求められる。本当に共有する必要がある情報は何かを常に考えて，取捨選択していかなければならない。

　特に7章，8章，9章で取り上げた児童虐待や，発達障害，離婚家庭の支援などでは，こうしたコミュニティ支援が求められている。現時点では，コミュニティの中の機関同士の協働はまだ十分には行われておら

ず，心理臨床の新たな課題と言えるだろう。機関同士の機能的な協働を可能にするには，それぞれの機関の役割を互いに理解しあうための連絡会や研究会などが行われる必要がある。そこで互いの得意分野を理解し，どの機関でどのような支援を担当するのか，また利用する親子にとってそれぞれの機関がどのような流れでつながるのが利用しやすいのか，支援の流れを共有できるようなフローチャートを作成していく必要がある。例えば発達障害の子どもが最初の窓口として訪れる保健所や医療機関・子育て支援広場，発達の偏りが認識される保育所や幼稚園・学校などから，スクリーニングをするための機関（保健所）につながり，M-CHAT（8章参照）などを用いて経過を観察し，必要があれば専門の療育機関につなぐという流れである（図15-2）。こうした流れがスムーズに進められるように，関係機関に働きかけて，行政機関に協力を求め，支援システムを構築していくことが，新たな課題となっていくだろう。

6．おわりに

2015年9月に公認心理師法が成立し公布された。それによって，心理職が社会で果たす役割は，ますます広がっていくことと思われる。同時に，その責任も重くなり，幅広いニーズに対応できるように，研鑽をつみ，これまで以上に身を引き締めて責務を果たしていかねばならない。また，多職種との連携や協働が，一層重要な役割となっていくと思われる。そのためには，伝える力やコミュニケーション力を高めていくことも課題となる。さらに，社会に対する責任を果たすべく，心理教育や啓発活動を積極的に行うだけでなく，臨床心理的支援がもたらす効果を実証的に検討し，エビデンスに基づいてその結果を公表していく努力が今後ますます求められるようになるだろう。心理臨床が子どもの心の支援

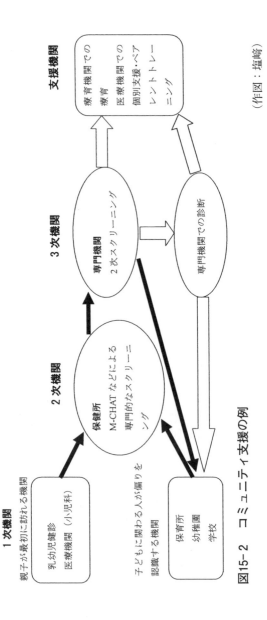

図15-2 コミュニティ支援の例

(作図：塩崎)

にとってどのような意味を持つのかを，チームとして関わる他職種や，法律を制定したり国のシステムを作っていく各省庁の人たちなど，広く世間の人に理解されるようにしていかなければ，心理臨床の発展はないからである。

このような中で，一方では効率的な支援技法やプログラムの開発が期待されるようになると予想される。例えば本科目でも取り上げている認知行動療法やグループアプローチには，より効果的な技法を開発するニーズが高まると考えられる。そうした期待に応えることはとても重要なことである。しかし，心理臨床の原点は，支援の対象となる人と真摯に向き合い，心を通わせ，丁寧な関わりをすることである。それは，効率とは相入れない性質のものである。その原点が，社会からの要請や時流の波によって見失われることがないように，常に自分の立ち位置を見定め，地に足のついた実践をすることも忘れてはならない。

学習課題

1. 「チーム学校」を実践していく上で，問題となる点はどのようなことか考えてみよう。
2. これからの心理臨床の仕事として社会から期待されることはどのようなことであると思うか想像してみよう。

引用文献

福丸由佳（2000）.「共働き世帯の夫婦における多重役割と抑うつ度との関連」『家族心理学研究』14(2)，151-162.
石隈利紀（1999）.『学校心理学―教師・スクールカウンセラー・保護者のチームに

よる心理教育的援助サービス』誠信書房
小泉令三（2015）．「予防教育・心理教育の方法」『臨床心理学』15(2)，178-181，金剛出版
厚生労働省（2014a）．「非正規雇用の現状と課題」
　　http://www.mhlw.go.jp/file/06-Seisakujouhou-11650000-Shokugyouanteikyokuha kenyukiroudoutaisakubu/0000103648.pdf,
厚生労働省（2014b）．「平成26年国民生活基礎調査」
　　http://www.mhlw.go.jp/toukei/saikin/hw/k-tyosa/k-tyosa14/dl/02.pdf
松澤広和（2015）．「心理アセスメントとチーム医療」『臨床心理学』15(1)，39-42．
武藤安子・井上果子（2005）．『子どもの心理臨床―関係性を育む―』建帛社
中嶋義文（2015）．「チーム医療―コンサルテーション・リエゾン」『臨床心理学』15(1)，34-37．
総務省（2015）．「平成27年　労働力調査」 http://www.stat.go.jp/data/roudou/sokuhou/tsuki/
鈴木伸一編（2008）．『医療心理学の新展開―チーム医療に活かす心理学の最前線』北大路書房
滝口俊子（2015）．『子育て支援のための保育カウンセリング』ミネルヴァ書房
瀧野揚三（2012）．「サイコロジカル・ファーストエイド（PFA）とその活用のために」『日本保健医療行動科学会年報』，6，105-114．
坪田知広（2016）．「チーム学校の構想と心理職への要望」（第2回全国都道府県臨床心理士会会長・事務局担当者懇談会）『一般社団法人日本臨床心理士会雑誌』，24(2)．
八木淳子（2015）．「危機支援」『臨床心理学』15(2)，金剛出版

索引

●配列は五十音順　＊は人名を表す。

●あ　行

愛着障害　125, 126, 127
アスペルガー障害　141
アタッチメント　26, 27, 28, 29, 30, 31, 52, 70, 116, 124, 125, 135, 159, 208, 243
アンガーマネジメント　18, 92
アンナ・フロイト（Freud, A.）＊　64
いじめ　10, 11, 12, 13, 15, 16, 17, 20, 23, 40, 87, 208, 213, 214, 215, 216, 218, 220, 274, 275, 276
エインズワース（Ainsworth, M.D.S.）＊　28, 29, 124
エリクソン（Erikson, E. H.）＊　36, 37, 38, 39
親支援プログラム　164
親本人治療　64, 77

●か　行

カーン（Kahn, R.）＊　243
学習障害（LD）　23, 139, 140, 142, 239, 241
家族システム論　123
家族面接　253
家族療法　123, 263
片親疎外症候群　162
カタルシス　43, 45, 109
家庭内ケア　243
家庭内暴力　117
家庭問題情報センター　161, 163
カプラン（Kaplan, H.I.）＊　120
考えのくせ　90
考えのわな（Thinking trap）　90, 91, 95
感情コントロール　49, 55
危機支援　279
基底的想定グループ　108

虐待心性尺度　122
教育ネグレクト　119
共生期　27, 31, 32, 36
共同養育　167, 231, 243, 244
具体的操作期　39, 103
クライン（Klein, M.）＊　42, 51, 58
グリーフサポート　175, 181, 184, 185
グループアプローチ　24, 100, 101, 102, 105, 106, 109, 110
グループカウンセリング　101
グループケア　232
グループダイナミクス　100, 108
グループホーム　232
グループ療法　253
形式的操作期　39
芸術療法　263, 264
ケースフォーミュレーション（CF）　82, 86, 87, 88, 89, 93, 242
限局性学習障害（Specific Learning Disorder）　138, 142, 148
言語自己感　35
ケンドール（Kendall, P.C.）＊　82
ケンプ（Kempe, H.）＊　116
広汎性発達障害　141
国際疾病分類　139
心のケア　175, 179, 180, 182, 183, 186, 278
こころのサポート授業　175, 182
子育て支援グループ　204
子ども家庭支援センター　120, 222, 224, 234
子ども・子育て支援新制度　202, 272
子ども支援プログラム　164
子ども女性相談センター　233
子ども中心療法　58

子どもの貧困　13
コミュニティ・モデル　224
コミュニティ支援　19, 21, 272, 278, 280, 282, 284
コメディカル　261, 262
コンジョイントセラピー　110
こんにちは赤ちゃん事業　120
コンバインドセラピー　110

●さ　行
サイコロジカル・ファーストエイド　175, 176, 177, 178, 279
再婚家庭　156, 165, 166, 275
再接近期　27, 34
サポートネットワーク　95
サリヴァン（Sullivan, H.S.）＊　102, 103, 104
自我機能　47, 48, 54, 55, 72, 73
自己感の発達　26, 34, 35
次世代育成支援対策推進法　201
児童虐待　10, 13, 116, 117, 118, 119, 120, 122, 124, 125, 126, 130, 135, 195, 197, 198, 199, 200, 202, 235, 243, 272, 282
児童虐待防止法　116, 234
児童福祉法　120, 233, 235, 236
児童養護施設運営指針　236
自閉期　27, 31, 32, 36
自閉症　23, 126, 138, 139, 140, 141, 145, 146, 197, 253, 263
自閉症スペクトラム障害（ASD: Autism Spectrum Disorder）　23, 141, 138, 140, 141, 142, 143, 144, 145, 146, 147, 150, 197, 199, 253, 263
シャイドリンガー（Scheidlinger, S.）＊　100
社会的養護　125, 231, 232, 235, 243
就学相談　213, 214, 218, 221, 222, 224

集団精神療法（集団心理療法）　100, 101, 263
集団遊戯療法　175, 181, 182, 183, 186
主観的自己感　35
受理面接　220, 221
ジョイニング　123
小児自閉症評定尺度第2版　147
神経発達障害　140
新生自己感　34, 35
心的外傷後ストレス障害　121
親面接　24, 50, 64, 65, 66, 67, 68, 69, 70, 71, 72, 74, 75, 76, 77, 78, 79, 273
心理教育　19, 82, 83, 84, 87, 88, 95, 101, 167, 168, 169, 181, 263, 264, 265, 274, 275, 276, 283
心理・社会的発達理論　26, 36, 37, 38
スーパービジョン　78, 214
スクリーニング検査　148
スクールカウンセリング　274
スターン（Stern, D.N.）＊　34, 35, 36, 41
スタラード（Stallard, P.）＊　83
ステップファミリー　166
ストレスコントロール　275
ストレス症状　95
ストレス反応　21, 177, 179
ストレンジ・シチュエーション法　29, 124
生物-心理-社会モデル（Bio-Psycho-Social model）　10, 19
摂食障害　158, 253, 263, 264, 265
ソーシャルサポート　116, 184, 243
ソーシャルスキルトレーニング　18
ソーシャルネットワーク　242, 249
ソロモン（Solomon, J.）＊　124

●た　行
脱抑制性社交障害　125

チーム医療　23, 251, 256, 257, 258, 259, 268, 276, 277, 278
チーム医療推進会議　257
チーム学校　23, 215, 277, 278, 285
チーム支援　182, 257, 270, 272, 276, 279
注意欠陥障害（ADD: Attention Deficit Disorder）　139, 141
注意欠如・多動性障害（AD/HD）　18, 23, 126, 138, 140, 141, 143, 147, 149, 197, 239, 253
中核自己感　35
デイケア　253
ディブリーフィング　176
適応障害　263
統合失調症　241, 253, 263
闘争－逃避　108
特別支援学級　116, 128, 218, 221
特別支援教育　23, 149, 213, 218, 220, 221, 224
ドメスティック・バイオレンス　118
トラウマ　10, 17, 95, 116, 119, 121, 122, 123, 135, 176, 177, 178, 179, 182, 279
トラウマ焦点化認知行動療法　123

●な 行
内的ワーキングモデル　73
殴られた子どもの症候群（battered child syndrome）　116
ナラティブ・エクスポージャー・セラピー　122
日本版エジンバラ産後うつ病自己評価票（Edinburgh Postnatal Depression Scale）　196, 199
乳児家庭全戸訪問事業　120
乳幼児健診　21, 195, 197, 198, 199, 200, 201, 209, 273, 284

認知行動療法（CBT: Cognitive Behaviour Therapy）　24, 82, 83, 84, 85, 86, 87, 89, 90, 92, 94, 96, 97, 122, 253, 285
ネグレクト　13, 118
ネットワーク支援　213, 217

●は 行
発達課題　26, 36, 38
発達障害　13, 21, 23, 125, 126, 127, 138, 139, 140, 141, 143, 144, 145, 148, 150, 151, 153, 197, 198, 199, 200, 213, 216, 220, 221, 239, 240, 253, 254, 258, 260, 263, 272, 276, 282, 283
反応性愛着障害　125, 126
ピアジェ（Piaget, J.）＊　39, 103
東日本大震災　175, 176, 179, 180, 181, 182, 183, 184, 192, 279
ひきこもり　18, 125, 178, 224, 253
被虐待　127, 197, 240, 252
人見知り反応　28, 32, 41
人見知り不安　32
ひとり親家庭　12, 156, 157, 160, 169
ファミリーソーシャルワーク　236
不適応行動　18, 82
不登校　10, 13, 14, 15, 16, 18, 23, 65, 67, 87, 88, 89, 119, 185, 213, 214, 215, 216, 220, 221, 233, 252, 263, 274
ブラウン（Brown, C.F.）＊　158, 159
プレイセラピー　110, 121, 216, 220
プレイルーム　52, 53, 54, 56, 59, 60, 204, 261
フロイト（Freud, S.）＊　42
分化期　27, 32
分離－個体化理論　26, 31
ペアリング（つがい）　108
ペアレントトレーニング　149, 152, 253,

284
ヘザリントン（Hetherington, E.M.）＊ 160
ベネデック（Benedek, E.P.）＊ 158, 159
保育カウンセリング 195, 198, 202, 203, 204, 209, 211, 273, 274
ボウルビィ（Bowlby, J.）＊ 28, 36, 124
母子家庭等就業・自立支援センター 157
ホロン（Hollon, S.D.）＊ 82

●ま 行

マーラー（Mahler, M.）＊ 31, 32, 36, 41
マラン（Malan, D.）＊ 50, 51
ミッチェル（Mitchell, J.T.）＊ 176
ムーア（Moore, M.K.）＊ 111
メイン（Main, M.）＊ 124
メスメル（Mesmer, F.）＊ 101
メナサ（Menassa, B.M.）＊ 42, 59
メルツォフ（Meltzoff, A.N.）＊ 111
面会交流 156, 162, 163, 164, 166, 167, 169, 171
モニタリング 84
モレノ（Moleno, J.）＊ 101

●や 行

ヤーロム（Yalom, I.D.）＊ 109
薬物療法 19, 82, 122, 263
遊戯期 38
ゆりかごサービス 121
幼児期初期 37
抑うつ 104, 121, 195, 196, 198, 199, 200, 208, 271, 272, 273, 274
予防的介入 195, 243, 270, 272, 274, 275
予防プログラム 82, 94

●ら／わ 行

来談者中心療法 42, 58, 64, 215

ライフストーリーワーク 122
リフレイミング 123
レドル（Redl, F.）＊ 241
練習期 27, 33
ロールプレイング 220
ロジャーズ（Rogers, C.R.）＊ 64, 101, 215
ワークグループ 108

●英 文

ADI-R 147
CPT 147, 148
DSM-5 121, 138, 139, 140, 141, 142, 147, 148, 151
DV 18, 117, 118
EMDR 122
EPDS 196, 199
FAITプログラム 165, 167, 168
Family In Transition 165
FRIENDSプログラム 94
ICD-10 139, 140
IP 123
M-CHAT 145, 146, 199, 283, 284
NET 122
PAAI 122
PFA（Psychological First Aid） 175, 176, 178, 179
PRECISE 84, 85
PTSD 88, 121, 122, 180
QOL（Quality of Life） 104, 257, 258, 259
SLD 138, 148
Social Care 231
SSP 124
TF-CBT 123
TRTプログラム 95, 96
WISC-Ⅳ 148, 263, 264

コラム執筆協力者リスト

(五十音順・敬称略　所属は執筆当時)

阿佐美百合子（聖路加国際病院　こども医療支援室）：コラム21（p.265）
石川菜津美（東京大学医学部附属病院　こころの発達診療部）：コラム8（p.151）
浦本　真信（岩手県巡回スクールカウンセラー）：コラム11（p.188）
大塚　　斉（社会福祉法人武蔵野会　武蔵野児童学園）：コラム7（p.134）・コラム19（p.246）
小川　洋子（日本女子大学西生田生涯学習センター　心理相談室）：コラム9（p.169）
小田島早紀（東京都北区立教育相談所）：コラム16（p.226）
小宮真芙美（日本女子大学西生田生涯学習センター　心理相談室）：コラム14（p.209）
近　　紀子（㈱セーフティネット相談部）：コラム13（p.191）
佐藤　舞子（児童家庭支援センター大洋）：コラム10（p.187）
佐藤　葉子（宮城学院女子大学　発達科学研究所）：コラム12（p.190）
塩田このみ（東京都北区就学相談室）：コラム17（p.227）
塩谷　隼平（東洋学園大学　人間科学部）：コラム4（p.113）・コラム20（p.248）
波田野茂幸（国際医療福祉大学大学院）：コラム15（p.225）
樋口亜瑞佐（児童養護施設　和敬学園）：コラム5（p.131）・コラム6（p.132）
星子　真美（自治医科大学　とちぎ子ども医療センター）：コラム22（p.267）
増田なつ子（首都大学東京　学生相談室）：コラム18（p.245）
松丸　未来（東京認知行動療法センター）：コラム3（p.96）

分担執筆者紹介

(執筆の章順)

吉田　弘道（よしだ・ひろみち）
・執筆章→3・4

新潟県生まれ。
1976年　早稲田大学第一文学部心理学科　卒業
1986年　早稲田大学文学研究科博士課程後期単位取得満期退学
現在　　専修大学人間科学部心理学科教授
専攻　　発達臨床心理学
主な著書　『ライフサイクルと心理臨床』（編著　八千代出版　2004）
　　　　　『ナルシシズムの精神分析』（分担執筆　岩崎学術出版社　2008）
　　　　　『遊戯療法．二つのアプローチ，復刻版』（共著　福村出版　2010）
　　　　　『心理相談と子育て支援に役立つ親面接入門』（単著　福村出版　2013）
　　　　　『新しい時代の子どもの保健』（分担執筆　日本小児医事出版社　2014）
　　　　　『子どものこころの医学』（分担執筆　金芳堂　2014）
　　　　　『実践保育学』（共編著　日本小児医事出版社　2014）
　　　　　『保育と心理臨床をつなぐ—保育者・心理職・保護者の協働をめざして』（分担執筆　ミネルヴァ書房　2018）

村松　健司（むらまつ・けんじ）　・執筆章→6・7・13

長野県生まれ。
1989年　信州大学教育学部教育学科　卒業
1992年　千葉大学大学院教育学研究科修士課程修了　博士（教育学）
現在　　※首都大学東京学生サポートセンター教授
専攻　　臨床心理学
主な著書　『遊びからみえる子どものこころ』（分担執筆　日本評論社　2014）
　　　　　『暮らしの中の心理臨床　うつ』（分担執筆　福村出版　2015）
　　　　　『情動と発達・教育　子どもの成長環境』（分担執筆　朝倉書店　2015）
　　　　　『暮らしの中の心理臨床　パーソナリティ』（分担執筆　福村出版　2016）
　　　　　『遊戯療法：様々な領域の事例から学ぶ』（分担執筆　ナカニシヤ出版　2017）
　　　　　『施設で暮らす子どもの学校教育支援ネットワーク「施設―学校」連携協働による困難を抱えた子どもとの関係づくりと教育保障』（単著　福村出版　2018）

※2020年4月より東京都立大学に名称変更

編著者紹介

小林真理子（こばやし・まりこ）
・執筆章→1・5・10・12・14

香川県生まれ。
1986年　上智大学文学部心理学科　卒業
2018年　東京医科歯科大学大学院医歯学総合研究科博士課程修了
現在　　放送大学教授・博士（医学）・臨床心理士
専攻　　臨床心理学・児童臨床・がん緩和ケア
主な著書　『芸術療法ハンドブック』（共訳 誠信書房 1997）
　　　　　『がんとエイズの心理臨床』（分担執筆 創元社 2013）
　　　　　『心理臨床の基礎』（分担執筆 放送大学教育振興会 2014）
　　　　　『心理臨床と身体の病』（編著 放送大学教育振興会 2016）
　　　　　『臨床心理学特論』（分担執筆 放送大学教育振興会 2017）
　　　　　『臨床心理面接特論Ⅰ』（共編著 放送大学教育振興会 2019）
　　　　　『臨床心理面接特論Ⅱ』（分担執筆 放送大学教育振興会 2019）

塩﨑　尚美（しおざき・なおみ）・執筆章→2・8・9・11・15

静岡県生まれ。
1986年　上智大学文学部心理学科　卒業
2002年　お茶の水女子大学大学院人間文化研究科人間発達学専攻博士課程　単位取得満期退学
現在　　日本女子大学教授，放送大学客員教授・臨床心理士
専攻　　臨床心理学・乳幼児精神保健
主な著書　『子どもを知る：臨床心理学』（共著　北大路書房　2005）
　　　　　『実践に役立つ臨床心理学』（共編著　北樹出版　2008）
　　　　　『子育て支援の心理学』（共著　有斐閣　2008）
　　　　　『保育相談支援―保育内容・方法を知る』（北大路書房　2011）

放送大学教材　1529218-1-1711（テレビ）

乳幼児・児童の心理臨床

発　行　　2017年3月20日　第1刷
　　　　　2020年2月20日　第3刷
編著者　　小林真理子・塩﨑尚美
発行所　　一般財団法人　放送大学教育振興会
　　　　　〒105-0001　東京都港区虎ノ門1-14-1　郵政福祉琴平ビル
　　　　　電話　03（3502）2750

市販用は放送大学教材と同じ内容です。定価はカバーに表示してあります。
落丁本・乱丁本はお取り替えいたします。

Printed in Japan　ISBN978-4-595-31707-1　C1311